Friedrich Sander

HOCH UND HEILIG

Impressum

---

*Alle Rechte vorbehalten,
auch die des Nachdrucks im Auszug,
der fotomechanischen Wiedergabe
und der Übersetzung.*

© *1993 by Verlag Hans Schöner GmbH
   Friedrich-Ebert-Straße 7-9
   D-75203 Königsbach-Stein*

*dtp-Satz:
MdV, 22113 Oststeinbek*

*Druck:
Konkordia Druck GmbH
77815 Bühl*

Printed in Germany 3.12.1993

ISBN 3-923765-27-4

Friedrich Sander

HOCH UND HEILIG
Kosmische Symbole und ihre Deutung

Verlag Hans Schöner GmbH

Vorwort

*Was Sie schon immer wissen wollten:
Was ist "hoch" und was ist "heilig"?*

Friedrich Sander erklärt in diesem Buch eine große Zahl von Begriffen, die in diesem Zusammenhang stehen.

Viele Symbole und deren Bedeutung kennt man. Doch werden manche nicht richtig angewandt, bei anderen sind Herkunft und Bedeutung, die sich über Jahrhunderte hinweg erhalten hatten, verschüttet.

Halbwahrheiten, Vermutungen, Andeutungen verursachen Unsicherheit. Die Folge: man kann bei aktuellen Gesprächen über unsere Vergangenheit und Zukunft nicht mitreden, geschweige denn mitentscheiden; doch nur wer die Vergangenheit kennt, kennt auch die Zukunft!

Nach der Lektüre dieses Buches ändert sich das sofort.

Der Autor hat in seinem Werk ein geradezu umwerfendes Wissen sachgerecht, nach Stichworten geordnet, zusammengetragen. Er stellt darin eine Vielzahl geheimnisvoller Symbole, Mythen und Phänomene dar, deren Deutungen auf dem Welt- und Menschenbild der Evolution beruhen.

Dem Autor ist natürlich bewußt, daß es neben diesen Deutungen auch noch andere Erklärungen gibt. Sie gründen auf der Annahme, daß in vorgeschichtlicher Zeit Bewohner anderer Planeten auf unserer Erde gelandet waren. Wegen ihrer überragenden Fähigkeiten erschienen sie den Erdbewohnern als "Götter", obgleich sie natürliche Wesen waren. Sie blieben nur eine begrenzte Zeit und verschwanden dann wieder. Die Erinnerung an sie findet sich später in Mythen, Sagen und Märchen wieder. Aber auch in der Intelligenz, die sie den Menschen gebracht hatten, leben sie weiter. Wohl deshalb sind mancherlei Wissen, Kenntnisse und Kulturgüter vorhanden, die ohne die "Götter" den Menschen nicht vermittelt worden wären.

Dem Autor gelingt es - in 29 Kapiteln, auf fast dreihundert Seiten, mit 204 Zeichnungen, Bildern und Symbolen - Klarheit in vieles, was bisher nur unbewußt in uns schlummerte, zu bringen. Er deckt überraschende Zusammenhänge auf, die bisher unterschiedliche Begriffe und Andeutungen plötzlich in einer neuen Erkenntnisstufe erscheinen lassen.

Wenn Sie also Fragen zum Thema "hoch und heilig" haben - Friedrich Sander kennt gewiß die passenden Antworten! Das excellente "Nachschlagewerk" fasziniert durch oft verblüffende Schlußfolgerungen. Selbst der umstrittene Themenbereich "UFO´s" wird angemessen berücksichtigt.

"HOCH UND HEILIG" ist ein Werk, das sich zeitweise spannend wie ein Krimi liest. Es fasziniert von der ersten bis zur letzten Seite, weil es Antworten auf die Fragen gibt, die wir schon immer wissen wollten.

Keinesfalls möchte sich der Autor an den Spekulationen um Sein oder Nichtsein von "Außerirdischen" beteiligen. Ihm erscheint die Welt der Symbole - auch abgesehen von extra-terrestrischen und prähistorisch-astronautischen Aspekten - interessant genug, um sie darzustellen. Insbesondere auch deshalb, weil die von ihm behandelten Symbole, Mythen und Phänomene auch ohne einen Bezug dazu außergewöhnlich interessant sind.

Weitergehende Deutungen bleiben offen. Deren Realität wird sich allerdings erst in der Zukunft erweisen.

Königsbach, im Dezember 1993   Hans Schöner
                                                             Verleger und Herausgeber

Inhalt

	Seite
1. Die dritte Dimension	1
2. Irminsul	6
3. Atlantische Himmelsstützen	15
4. Säulen- und Sonnentüren	20
5. Geheimnisvolle Menhire	35
6. Omphalos - Nabel der Welt	46
7. Die jonische Säule	51
8. Der Weltenbaum	59
9. Lebensbaum - Heiliger Baum	68
10. Mond- und Maienbäume	76
11. Jupitersäule und Viergötterstein	83
12. Die Himmelsmühle	94
13. Phallische Symbole	99
14. Etemenanki	110
15. Donnerbesen und Windmühle	116
16. Das einfachste Bild der Welt: Das Kreuz	122
17. Himmelfahrt	133
18. Bildstock und Steinkreuz	144
19. Solare Sinnbilder	154
20. Guter Mond	167
21. Die Planeten	187
22. Der Tierkreis	199
23. Fata Morgana	216
24. Das Ufo-Phänomen	225
25. Der Regenbogen	236
26. Blitz und Donner	242
27. Wolken	253
28. Der Wind - Atem der Erde	256
29. Besuch von Hawaiki	262
30. Literatur	267
31. Anmerkungen	276
32. Nomina	280

HOCH UND HEILIG

Die dritte Dimension 1

Gott schuf den Menschen zu seinem Bilde - so bekennt christlicher Glaube. Die Naturwissenschaft hat erkannt, daß die Menschwerdung nicht von einem Augenblick zum andern geschah, sondern

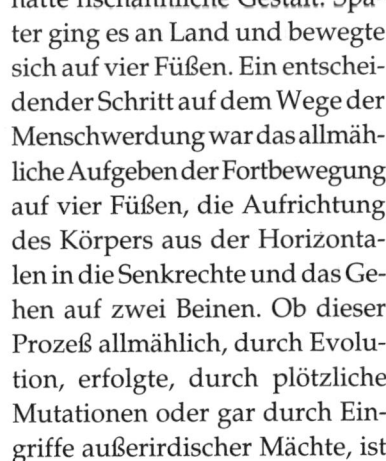

Menschwerdung

1
Die Entwicklungsgeschichte des Menschen von meerkatzenähnlichen Wesen bis zum Homo sapiens zeigt die Aufrichtung aus der Horizontalen in die Vertikale.

in Jahrmillionen. Dabei durchlief das Geschöpf viele Stadien der Entwicklung. In einem frühen Stadium lebte es im Wasser und hatte fischähnliche Gestalt. Später ging es an Land und bewegte sich auf vier Füßen. Ein entscheidender Schritt auf dem Wege der Menschwerdung war das allmähliche Aufgeben der Fortbewegung auf vier Füßen, die Aufrichtung des Körpers aus der Horizontalen in die Senkrechte und das Gehen auf zwei Beinen. Ob dieser Prozeß allmählich, durch Evolution, erfolgte, durch plötzliche Mutationen oder gar durch Eingriffe außerirdischer Mächte, ist für unsere Überlegungen unerheblich.

Blick in die Höhe   Jedenfalls sind die Folgen dieser Veränderung für das Leben des Mensch gewordenen Geschöpfes weitreichend. Wie ein Kind einen größeren Gesichtskreis bekommt, wenn es das Krabbelalter hinter sich läßt und heranwächst, so erweitert sich der Horizont des zum Menschen heranwachsenden Geschöpfes. Das gilt im physischen und im geistigen Sinne. Für den Vierbeiner sind praktisch nur zwei Dimensionen wichtig: die Länge und die Breite des Reviers, in dem er sein Futter findet. Wie sein Leib im wesentlichen horizontal gerichtet ist, so auch sein Blick und seine Bewegung. Der Mensch aber richtet seinen Blick über den Horizont hinaus in die Höhe. Was er dort sieht, ist großartig, geheimnisvoll und - erschreckend. Er sieht die Sonne, den Mond und den nächtlichen Sternenhimmel, und das alles in majestätisch kreisenden Bewegungen. Voll Staunen erahnt und erkennt er die Größe des Alls und seine eigene Winzigkeit. Er beginnt nachzudenken und kommt zu dem Schluß: Irgendwo "da oben" über dem Sternenzelt muß Der wohnen, der das alles gemacht hat und in seinen Händen hält. Er versucht, Beziehungen anzuknüpfen zu dem mächtigen Schöpfer und Herrn der Welt. Sein Staunen wird zur Anbetung. Seine Angst läßt ihn um Hilfe flehen und Opfer darbringen. Seine Seele verlangt nach Anschauung und Vergegenwärtigung des Ewigen. Das Leben, Denken und Streben des Menschen wird von der "dritten Dimension" beherrscht, von dem, was oben ist, von der Höhe, von dem was hinauf- und herabwirkt. Die Hopi-Indianer nennen es "das mächtige Etwas". Es hat nach ihrer Überzeugung seinen Ort oberhalb und unterhalb der horizontalen Ebene unserer Alltagswelt, "und man erreicht es über eine vertikale Achse, die durch den Suchenden verläuft"[1]. Die horizontalen Dimensionen kann der Mensch durch Gehen, Reiten und Fahren zu Wasser und zu Lande erkunden, aber die Höhe, das Oben bleibt ihm verschlossen, bleibt Objekt seiner Träume, seiner Phantasie, seiner Neugier und Sehnsucht, die auch durch die Luftfahrt und Astronautik unserer Zeit noch nicht befriedigt worden ist.

Die Achse der Transzendenz   Aus der universalen menschlichen Erfahrung des sich in west-östlicher und nord-südlicher Richtung erstreckenden, nach oben aufsteigenden und nach unten abfallenden Raumes

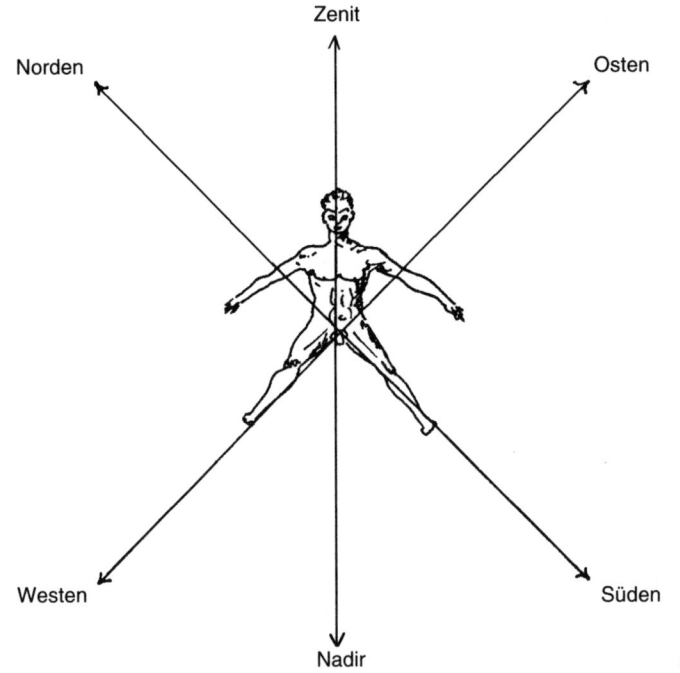

2

ergibt sich das Bild eines Kosmos, der durch drei Achsen bestimmt ist. Es sind die sich kreuzenden Nord-Süd- und Ost-West-Achsen und die durch den Kreuzungspunkt gehende Vertikale, die zum Zenit aufsteigt und zum Nadir abfällt. Die imaginären Endpunkte dieser Achsen und ihr Schnittpunkt ergeben die symbolische Siebenzahl. Im Zentrum dieses Weltbildes steht der Mensch, über sich den "Himmel", unter sich den Abgrund. "Die vertikale Verbindungsachse durch diesen Punkt wird manchmal als Weltachse oder Lebensbaum, als heiliger Berg, Jakobsleiter oder als Mittelpfeiler eines Hauses symbolisiert, und manchmal sogar als Kirchturm"[2]. Die oberen und unteren, dem Menschen unzugänglichen Regionen in diesem Weltbild sind zuerst gewiß als kosmische Realitäten verstanden worden. Aber in jüngeren Kosmologien werden sie auch als innere Seinszustände aufgefaßt, beispielsweise im Schamanismus. Da wird die vertikale Achse zur "Achse der Transzendenz, zu der man durch die visionäre Suche gelangt, und auf der die wahre Wiedergeburt des Menschen beruht"[3].

Und er aß Gras wie die Ochsen

Die über alles Irdische wie ein Pfeil hinausweisende Senkrechte ist aus dem Leben des Menschen nicht mehr wegzudenken. Sie ist zu einer dem Menschen und seiner Welt eigentümlichen Dimension geworden. Wo der Mensch aus Irrtum oder Verblendung nicht mehr über sich hinausblickt, da verliert er seine Menschlichkeit und fällt zurück auf die eigentlich längst hinter ihm liegende Stufe des Tiers. Das ist der Sinn jener alten Erzählung von dem König Nebukadnezar, der Gottes vergaß und sich selbst göttliche Herrlichkeit anmaßte. "Da der König auf der königlichen Burg zu Babel ging, hob er an und sprach: Das ist die große Babel, die ich erbaut habe zum königlichen Hause durch meine große Macht, zu Ehren meiner Herrlichkeit! Von Stund an ward Nebukadnezar verstoßen von den Leuten hinweg, und er aß Gras wie die Ochsen, und sein Leib lag unter dem Tau des Himmels, und er ward naß, bis sein Haar so groß wie Adlersfedern und seine Nägel wie Vogelklauen wurden". Sein Menschentum und sein Königtum werden ihm erst wieder zuteil, als er seine Augen aufhebt zum Himmel "und kam wieder zur Vernunft und lobte den Höchsten. Ich pries und ehrte den, der ewiglich lebt, des Gewalt ewig ist und des Reich für und für währt, gegen welchen alle, die auf Erden wohnen, als nichts zu rechnen sind. Er macht`s, wie er will, mit den Kräften im Himmel und mit denen, die auf Erden wohnen; und niemand kann seiner Hand wehren noch zu ihm sagen: Was machst Du? Zur selbigen Zeit kam ich wieder zur Vernunft, auch zu meinen königlichen Ehren, zu meiner Herrlichkeit und meiner Gestalt... Darum lobe ich, Nebukadnezar, und ehre und preise den König des Himmels; denn all sein Tun ist Wahrheit, und seine Wege sind recht, und wer stolz ist, den kann er demütigen"[4].

Das Heilige ist oben

Nicht zu allen Zeiten und bei allen Völkern war die Hinwendung zu dem Ewigen so bewußt und so klar wie im Alten Testament. An die Stelle des einen Gottes traten häufig mehrere oder viele Götter. Glaube und Aberglaube, Erkenntnis, Irrtum und Spekulation, Phantasie und Erzählerfreude durchdrangen sich gegenseitig und bewirkten eine bunte Vielfalt von Vorstellungen über Gott und die Welt. Aber immer und überall erhielt sich die Vorstellung, daß das Heilige und Göttliche "oben" ist, hoch, erhaben, ragend und überragend.

Der Mensch hat ein tiefes Bedürfnis, für seine Erkenntnisse und Vorstellungen Symbole zu erfinden und zu benutzen: Worte, Bilder, Zahlen, Tiere, Pflanzen, Gegenstände, Bauwerke. Diese Symbole haben eine ganz bestimmte Funktion. Sie wollen nichts erklären, nichts verhüllen oder mit dem Schleier des Geheimnisses umgeben. Vielmehr hat das Symbol einen ganz praktischen Zweck: es dient der Veranschaulichung und der Vergegenwärtigung. Wo man das Symbol vor Augen hat, da hat man die Sache selbst vor Augen. Die dem Symbol dargebrachte Aufmerksamkeit und Verehrung gelten dem durch das Symbol Dargestellten. Aber auch die Angst und Ehrfurcht, welche "das mächtige Etwas" erzeugt, stellen sich beim Anblick des Symbols ein. So dient das Sinnbild dazu, die lebendige Beziehung zu den überirdischen Mächten herzustellen und darzustellen, ihre Macht zum Trost, zur Warnung und zur Verehrung durch den Menschen gegenwärtig zu machen.

Vergegenwärtigung durch Symbole

Aus der Fülle der Symbole ragt - in des Wortes buchstäblicher Bedeutung - eine Symbolfamilie besonders hervor; es sind die Säulen, Menhire, Stelen, Obeliske, Türme, Pyramiden, die heiligen Pfähle, Steine, Bäume und Berge, die sich überall auf der Erde finden. Sie begegnen uns in Mythen, Sagen, Märchen und heiligen Büchern, aber auch als mehr oder minder kunstreiche Bauwerke, in unterschiedlichster Gestalt und Bedeutung - und doch alle miteinander verbunden durch den Blick des Menschen nach oben, durch sein Staunen und Erschauern vor dem, was sein Verstehen übersteigt und ihn seiner Kleinheit und Ohnmacht bewußt werden läßt.

Eine "hervorragende" Symbolfamilie

Die Absicht dieser Arbeit ist es, aus der Fülle kosmischer Sinnbilder etliche herauszugreifen und ihren Sinn zu erhellen. Das scheint zunächst eine rein geschichtliche Aufgabe zu sein, ohne aktuellen Bezug. Aber für die Beschäftigung mit ihr gilt, worauf Mircea Eliade in seiner Essay-Sammlung "Die Sehnsucht nach dem Ursprung"[5] hingewiesen hat, daß nämlich mit der interpretativen Bemühung um Mythen und Symbole eine beträchtliche Bereicherung des Bewußtseins verbunden sein kann, weil Mythen und Symbole nicht nur von einer lang abgestorbenen Vergangenheit sprechen, sondern grundlegende existentielle Situationen enthüllen, die von unmittelbarer und zeitloser Bedeutung für den Menschen sind.

Der aktuelle Bezug

2 Irminsul

Heiligtum der Sachsen

Im Jahre 772 begann der Frankenkönig Karl, der spätere Karl der Große, den Krieg gegen die Sachsen. Seine Truppen eroberten im gleichen Jahr die sächsische Grenzfestung Eresburg und zerstörten sie. Dieser Sieg hatte über das rein militärische und politische Ergebnis hinaus auch eine hohe geistige Bedeutung. Denn bei der Eresburg befand sich ein berühmtes Heiligtum der Sachsen, die Irminsul. Die Zerstörung der Säule muß auf die Sachsen in hohem Maße demoralisierend gewirkt haben. Zwar wissen wir nicht genau, welches die eigentliche Bedeutung der Irminsul gewesen ist. Man hat in ihr ein Bild des Kriegsgottes Irmin sehen wollen; man hat sie in Verbindung gebracht mit der Weltesche oder dem Weltenbaum der Germanen; man hat sie für ein Abbild der Weltachse gehalten. Welche Bedeutung auch immer zutreffen mag: die Irminsul genoß bei den Sachsen eine hohe Verehrung. Sie war der Inbegriff ihres Glaubens. Ihre Zerstörung mußte bei ihnen die Frage wecken, ob denn nun der alte Glaube noch aufrecht zu erhalten sei, oder ob der Glaube an den Christengott, den die Franken mitbrachten, vorzuziehen sei. Und eben dies war - neben allen rein machtpolitischen Zielen - die Absicht Karls: den heidnischen Glauben der Sachsen zu erschüttern und den Christenglauben an seine Stelle zu setzen.

3
Irminsul

Mächtiger Eichenstamm

Die fränkischen Soldaten hatten große Mühe mit der Zerstörung der Irminsul. Sie brauchten mehrere Tage dazu, das Heiligtum zu vernichten. Nach einem Bericht des Bischofs Rudolf von Fulda (um 800) bestand es aus einem mächtigen Baumstamm, wahrscheinlich Eiche, der von Ästen und Rinde befreit unter freiem Himmel auf einer dreistufigen steinernen Pyramide aufgerichtet war. An seinem oberen Ende hatte man zwei einander gegenüberstehende starke Äste stehen lassen, so daß der Baum die Form eines flachen Ypsilon bekam.

Eine der bekanntesten alten Abbildungen der Irminsul befindet sich auf dem Relief an der Nordseite der Externsteine in Westfalen. Die Arbeit stammt aus dem 11. Jahrhundert. Das Relief stellt die Abnahme des Leichnams Jesu vom Kreuz dar, ein bekanntes Motiv der bildenden Kunst. Auf diesem Bildwerk befindet sich anstelle der sonst üblichen Leiter eine rechtwinklig geknickte Irminsul. Auf ihr steht eine bei der Abnahme des Leibes Jesu behilfliche Gestalt, wahrscheinlich Josef von Arimathia. Allerdings sind dieser Figur irgendwann die Beine abgeschlagen worden. Aber es ist klar ersichtlich, daß die Gestalt auf der geknickten Irminsul steht. Goethe hat 1824 eine Abhandlung über die Externsteine geschrieben. Er erwähnt auch die Irminsul, ohne sie als solche zu erkennen und zu benennen. Goethe spricht nur von einem "umgebrochenen

Hier irrt Goethe

4
"Kreuzabnahme"
an den Externsteinen

IRMINSUL 7

Baum", der dort anstelle einer Leiter stehe. Dabei ist deutlich zu erkennen, daß es sich um eine vierkantige, reich profilierte Säule handelt.

Nicht alle Forscher, die sich mit den Externsteinen befaßt haben, erkennen an, daß es sich bei dem fraglichen Detail des Reliefs tatsächlich um eine Abbildung der Irminsul handelt. Aber die auch aus andern Quellen bekannte charakteristische Form des sächsischen Heiligtums ist auch in der geknickten Gestalt des Externstein-Reliefs unschwer zu erkennen.

Mittelalterliches "Schimpfbild"

Außerdem wird bei der Beurteilung dieser Frage meistens der zeitgeschichtliche Zusammenhang übersehen. Es bleibt unbeachtet, wie überaus sinnvoll und wirkungsvoll eine solche Darstellung der Irminsul unter dem Kreuz Jesu in der Zeit der Christianisierung der Germanen gewesen ist. Hier wird die Überlegenheit oder der Sieg des christlichen Glaubens über den heidnischen Glauben in sinnfälliger Weise dargestellt: die Irminsul befindet sich unter dem Kreuz; sie ist geknickt und wird von Josef von Arimathia mit Füßen getreten! Alles eindeutige Motive, die im Mittelalter auf sogenannten "Schimpfbildern" üblich waren.

5
Schimpfbild der Irminsul

Übrigens ist die Verstümmelung der einen Figur auf dem sonst gut erhaltenen Bildwerk sicher kein Zufall. Vermutlich war hier ein Eiferer für den alten Glauben am Werk. Er hat das Stehen auf der heiligen Säule ganz richtig als "Schimpf" empfunden und in "heiligem Zorn" mit gewiß nicht geringer physischer Anstrengung der Figur die Beine abgeschlagen und damit deutlich sichtbar gegen das Sakrileg protestiert.

Der Heidenheimer Stern

Im Münster zu Heidenheim am Hahnenkamm befindet sich der sogenannte "Heidenheimer Stern", der ebenfalls die drei genannten Merkmale eines Schimpfbildes aufweist. Wer die Basilika betritt, sieht weit unterhalb des Kruzifixus im hohen Chor, am Boden des Mittelganges, einen großen sechszackigen Stern, in kunstloser Mosaikarbeit aus Backsteinen zusammengefügt. Im Mittelfeld des Sterns befindet sich, ebenfalls in Mosaikarbeit, eine dreistufige Pyramide, auf der eine rechtwinklig geknickte Säule mit zwei nach unten weisenden Ästen oder Armen steht. Wer zum Altar geht, muß dieses Mosaik mit seinen Füßen berühren. Wir haben es hier also mit den gleichen Motiven zu tun wie auf dem Relief der Externsteine. Heidenheim war, bevor das Christentum in Franken Einzug hielt, ein Zentrum des Heidentums. Vermutlich befand sich an der Stelle des Heidenheimer Sterns eine Irminsul oder ein ihr ähnliches germanisches Heiligtum. Als der irische Mönch Wunibald das Evangelium nach Heidenheim brachte und ein Kloster gründete, hat er wahrscheinlich das heidnische Heiligtum nach bewährtem Muster zerstört und an seiner Stelle das Schimpfbild des Heidenheimer Sterns anbringen lassen.

Trotz allem Eifer christlicher Missionare hat sich in Deutschland eine Irminsul bis in die Gegenwart erhalten: in Questenberg bei Bennungen im Südharz. Dort steht auf steilem westlichen Bergeshang über dem Dorf ein gewaltiger, zehn Meter hoher

Der Questenbaum

IRMINSUL 9

geschälter Eichenstamm. An seinem oberen Ende hängt an einem 3,50 m langen Querholz ein riesiger Kranz. Zu beiden Seiten des Kranzes hängen Quasten aus Buchen- und Birkenzweigen herab. An der Spitze des Eichenstammes ist ebenfalls ein mannshohes Laubbündel befestigt. Nach diesen Quasten heißt die Irminsul im Volksmund die "Queste", woher auch der Ort seinen Namen Questenberg hat. Das Denkmal wird schon in der "Deutschen Mythologie" von Grimm erwähnt. Hermann Wirth hat es vor dem zweiten Weltkrieg gesehen und das alljährlich um die Pfingstzeit mit der Queste verbundene Brauchtum beschrieben.[6] Dieses Brauchtum wird auch heute noch alljährlich unter großer Anteilnahme der Bevölkerung gepflegt.

Das Questenfest Werner Ohnesorge von Leipzig hat dem Questenfest beigewohnt und 1980 einen ausführlichen Bericht darüber geschrieben. Hier ein Auszug aus Ohnesorges Schilderung:

Ob die Anfänge unseres Festes auf die Bräuche germanischer Siedler zurückgehen, läßt sich nicht beweisen. Zumindest beeinflußten ihre Vorstellungen das Ritual des Festes...Eine Woche vor Pfingsten zieht die Questenmannschaft aus, um Stebbeln zu schlagen. Die Äxte mit Birkenreisig geschmückt, begleitet von einer Blaskapelle, steigt der Zug den Berg zum Festplatz hinauf. Im Forst, gleich hinter den Wällen der früh-geschichtlichen Burg, werden geeignete Bäume ausgesucht und geschlagen. Gabelförmig zurechtgestutzt, gebraucht man die Buchenstämme später als Stützen und Hebel bei den Arbeiten am Questenbaum. Der Transport unterliegt festen Regeln. So tragen alle unverheirateten Männer die erste Stebbel, dann folgen die Ehemänner, ein etwas kleinerer Stamm bleibt der älteren Generation vorbehalten, und zum Schluß packen alle an. Jedes Alter wird während der Arbeit von einem bestimmten Musikstück begleitet. Wie man den EICHENSTAMM für den Questenbaum aus dem Wald holt, konnten wir nicht miterleben. Früher bestimmte die Forstverwaltung jedes Jahr eine Eiche aus dem Rückfeld, später verlängerte sich die Zeitspanne auf sieben bis zehn Jahre. Einst zur Himmelfahrt gefällt, trugen die Männer den Stamm zur Queste, dort wurde er geschält und blieb liegen. Die Überlieferung verbietet den Einsatz von Rädern und Wagen, alle Arbeit mußte die

Questenmannschaft allein bewältigen. Geführt werden die Männer vom Questenhauptmann. Ihm untersteht ein Feldwebel, der mit gewaltiger Stimme, selbst tüchtig zupackend, die Arbeit leitet. Die schwerste Stebbel wiegt ca 500 kg, der Questenbaum erreicht 3 Tonnen, und das Gewicht des Kranzes mit seinem 3,5 m Durchmesser läßt sich nur schätzen.

Das Gebot, nach dem beim Questenfest alle Räder stillstehen, entspricht dem Brauchtum aus der Zeit der Sommersonnenwende. Auch im Verlauf des Johannistages, den einst von der Kirche eingeführten Ersatz für die Mittsommerfeier, sind bestimmte Arbeiten verboten, darunter fällt das Benutzen von Wagen. Im Verlauf des Pfingstsonnabends richtet sich jeder im Ort auf das nahe Fest ein. Am Nachmittag fahren die unverheirateten jungen Männer in den Wald, um Birken zu fällen. Gegen 19 Uhr beginnen sie rund um den Platz vor der Gaststätte "Zur Thüringer Schweiz" 20 Birken, die Lauerhütte, aufzubauen. Im Zentrum des umfriedeten Bezirkes errichtet man eine 12 m hohe Setzmaie, den Schutzbaum des Festplatzes. Gegen Mitternacht sollen die Käsemänner aus Rotha kommen. Im Ort ist es ruhig, etwas müde warten wir Zuschauer bei der Lauerhütte. Doch sehr bald verändert sich das Bild, immer mehr Menschen versammeln sich, und endlich kommen sie. In der alten Kleidung der Fuhrleute gehen die Käsemänner auf den Festplatz zu. Der Bürgermeister empfängt sie, und mit dem seit Jahrhunderten unveränderten Satz

Ich bin der Mann aus Rothe
und bringe die Käse mit dem Brote

überreichen die Käsemänner ihre traditionellen Gaben dem Bürgermeister von Questenberg.

Der Abordnung folgend, strömen alle in die Gaststätte. Hoch geht es her. Jeder bekommt etwas vom Brot und vom Käse ab. Die drei Rothaer werden freigehalten.

Durch Brot- und Käseopfer versöhnte man die Geister. Dabei genügte es, die Speisen in gedachter Gemeinschaft mit ihnen zu verzehren. Nachweisbar ersetzte Brot die Tier- und Menschenopfer aus alter Zeit. Das Questenfest läßt unter bestimmten Gegebenheiten noch heute das Schlachten eines Ochsen zu.

In der Gaststätte bei der Lauerhütte wird getanzt. Einige Stunden vor Sonnenaufgang versammelt sich die Questenmannschaft. Schweigend geht es den Weg zur Queste hinauf.

Feierliche Ruhe herrscht im Ort. Oben auf dem Plateau beginnt die Questenmannschaft, den alten Kultbaum abzubauen. Zuerst wird der Busch abgenommen, dann folgt der Kranz, man legt ihn auf den Festplatz nieder. Jetzt versammeln sich die Männer, um zusammen den Stamm Stück für Stück aus seinem Sitz zu wuchten, die letzte Stebbel kann weggenommen werden, und krachend fällt der Baum. Es ist eine klare Nacht mit vielen Sternen.

Man verbrennt den Busch, dann umringen wir den alten Kranz. Die Questenmannschaft nimmt in seiner Mitte Platz. In einer kurzen Ansprache gedenken sie ihres Festes und der Generationen, die es vor ihnen feierten. Die Worte erreichen uns, wir alle sind ergriffen, keiner fotografiert. Ein rituelles Morgenmahl fängt an, Sauerkraut und Kuchenbrot werden gereicht, die Branntweinflasche beginnt zu kreisen. Gespräche lösen die Stille der Nacht auf, bald muß die Sonne aufgehen. Am Steilabfall des Berges erwarten wir sie. Immer heller wird es, dann erscheint glutrot die Sonne am Arnsberg

Unser Lied begrüßt sie. Begleitet von der Kapelle überwindet jeder seine Scheu und singt mit den andern das alte Lied:"Dich seh ich wieder, Morgenlicht".

Nur wenige Stunden Ruhe bleiben, gegen Mittag beginnt das Finale. Vor der Lauerhütte tritt die Questenmannschaft an. Es folgt die Meldung an den Questenhauptmann. Anschließend zieht die Fahnenabordnung zum Gemeindehaus, hier empfängt sie die Fahnen. Im Zuge werden geführt: die Fahne unserer Republik, die Arbeiterfahne und die beiden Questenfahnen. Fotografien aus dem Jahre 1929 zeigen die bis zur Unkenntlichkeit zerfetzten alten Questenfahnen. Im ersten Drittel unseres Jahrhunderts führte man neue Fahnen mit neuen Symbolen ein. Leider waren schon damals die vorangegangenen Sinnbilder nicht mehr rekonstruierbar.

Den Fahnen folgend marschieren wir zum Ort hinaus, hoch zur alten Volksburg. Die Questenmannschaft steht jetzt vor dem schwierigsten Teil ihrer Aufgaben, der neue Eichenstamm muß aufgerichtet werden. Unter vereinten Anstrengungen heben die Männer den Stamm an und unterstützen ihn mit den vorbereiteten Stebbeln. Langsam richtet sich der Baum auf, bis er zuletzt in sein Fundament rutscht. Jetzt holen sie frisches Buchen- und Birkengrün. Der Busch wird zusammengestellt. Anschließend erhält der Kranz mit seinen Quasten eine neue Lage aus grünen Zweigen. Nachdem der Baum seine neue Krone erhielt, trägt die Questenmannschaft mit Gesang den geschmückten Kranz zum Eichenstamm. In einem vorbestimmten Aststumpf wird ein Flaschenzug aufgehängt. Jetzt packen alle mit an und ziehen und heben das 3,5 m große Rad des Questenkranzes an seinen Platz.

Früher gab die Questenmannschaft nach getaner Arbeit drei Salven durch den Kranz ab und eröffnete damit den Tanz um den Kultbaum. Der Reigentanz um den Questenbaum symbolisiert den Lauf der Sonne, dabei umtanzte man das Zentrum im Uhrzeigersinn, bewegte sich also mit dem Sonnenlauf. Leider geriet auch dieses Detail in Vergessenheit. Einige Heimatforscher glauben, in den Handlungen eine ursprüngliche Sommersonnenwende zu erkennen. Beim Questenfest bestehen Symbole der Vegetation und des Sonnenkultes nebeneinander.

Nicht alle Bestandteile des Rituals konnten bisher erklärt werden. Doch unabhängig davon bemerkt der Teilnehmer am Questenfest bald, wie ihn der zeitlose allgemeingültige Gedanke des alten Volksfestes erfaßt. Es ist ein besonderes Erlebnis, wenn man in der Gemeinschaft den Sonnenaufgang feiert und bewußt Freude aus einem sonst alltäglichen Vorgang in der Natur schöpft".[7]

Soweit Ohnesorges Bericht über das Questenfest. Zweifellos hat der Verfasser recht, wenn er den Ursprung der Queste und des mit ihr verbundenen Rituals sehr weit in die Vergangenheit zurückdatiert. Interessant ist die Tatsache, daß der Questenbaum inmitten eines durch ein Wallsystem geschützten Plateaus steht, von dem man weiß, daß sich hier vor ca. 2600 Jahren eine germanische Volksburg befand. Den gleichen Verbund von germanischer Festungsanlage und Heiligtum finden wir in der von Karl dem Großen 772 zerstörten Eresburg mit der Irminsul.

Ohne Rad und Wagen

Bemerkenswert ist weiter die Tatsache, daß beim Transport des Eichenstammes die Überlieferung den Einsatz von Rädern und Wagen verbietet und daß die Questenmannschaft den Transport und die Aufrichtung des Stammes nur mit Hilfe der "Stebbeln", also ohne moderne technische Hilfsmittel, ausführt. Solche Überlieferungen weisen zurück in eine Zeit, in der man modernes Gerät noch nicht kannte. Als solches in späteren Jahrhunderten zur Verfügungt stand, verzichtete man bei kultischen Handlungen auf seinen Einsatz aus Ehrfurcht vor der heiligen Tradition. Eine Parallele hierzu finden wir in Platos Atlantisbericht.[8] Plato schildert den alle fünf oder sechs Jahre an der Poseidonsäule stattfindenden Gerichtstag der zehn Atlantiskönige.[9] Dort heißt es: "Unter den als geweiht frei im Heiligtum des Poseidon herumlaufenden Stieren veranstalteten sie, zu zehnt allein bleibend, nach einem Gebet zu Gott, sie möchten ein ihm genehmes Opfer ergreifen, ohne Eisengerät, nur mit Holzknüppeln und Schlingen eine Jagd". Die Erklärung für diese seltsame Erschwerung der Jagd auf den Opferstier liegt darin, daß die kultische Jagd, von der Plato berichtet, in einer viel früheren Kulturstufe entstanden war, als noch keine metallenen Jagdwaffen in Gebrauch waren, also in der Zeit der Jäger und Sammler, während Platos Atlantis in eine spätere Zeit gehört, in der man Geräte und Waffen aus Kupfer und Eisen verwendete. Aber aus Treue gegenüber der heiligen Tradition verzichteten die Könige bei ihrer Stierjagd auf den Gebrauch von Eisengeräten.[10] Die gleiche Erklärung dürfte auch auf den Nichtgebrauch von Rädern und Wagen bei der Aufrichtung des Questenbaumes zutreffen.

Ein Zeugnis grauer Vorzeit

Es ist erstaunlich, mit welcher Zähigkeit sich auch unwichtig erscheinende Details solcher alter Kulturformen durch Jahrtausende hindurch erhalten. Mithin weist die Questenberger Überlieferung weit zurück in vorgeschichtliche Zeit. Es ist erfreulich, daß auch unter den total veränderten politischen Verhältnissen der verflossenen "Deutschen Demokratischen Republik" diese Überlieferung von der Questenberger Einwohnerschaft mit Begeisterung gepflegt wurde.

Atlantische Himmelsstützen 3

Atlas war nach der griechischen Sage ein Sohn des Titanen Japetus und der Clymene, Tochter des Oceanus und der Thetys. Als die Titanen einen Aufstand gegen die Götter machten, beteiligte sich Atlas an der Empörung, ganz im Gegensatz zu seinem Großvater Oceanus, der sich aus dem Streit heraushielt. Nach lange hin und herwogenden Kämpfen gelang es Jupiter, die Titanen zu besiegen. Zur Strafe für ihren Aufstand wurden sie in den Tartarus verbannt. Atlas aber wurde dazu verurteilt, die Last des ganzen Himmels zu tragen, d.h. er mußte die Säulen halten, auf denen die Last ruhte. Wahrlich eine harte Strafe! Kein Wunder, daß Atlas bei Gelegenheit versuchte, sich vor seiner Aufgabe zu drücken, indem er dem Herkules die Säulen zu halten gab.

Der Riese Atlas

Die Säulen des Herkules suchen wir heute in der Regel an der Meerenge von Gibraltar, auf deren Südseite sich ja auch das über 4000 m hohe Atlasgebirge erhebt und scheinbar bis an den Himmel reicht. Aber die alten Griechen haben besser gewußt, wo der geplagte Atlas seiner titanischen Arbeit oblag. Hesiod verrät es uns: "An den Enden der Erde vor den Wohnungen der Nacht, wo Tag und Nacht sich einander nahen und miteinander reden"[11]. Die "Enden der Erde" sind nach antiker Überzeugung nicht im Westen am Ausgang des Mittelmeers zu finden, sondern im Norden "vor den Wohnungen der Nacht". Dies bestätigt auch Apollodor, der es eigentlich wissen müßte, da er, in der zweiten Hälfte des zweiten Jahrtausends vor Christus lebend, sich mit solchen Problemen intensiv befaßt hat und ein gelehrtes Werk "Über die Götter" schrieb. Er hat ausdrücklich festgestellt, daß Atlas dem Herkules nicht jene Säulen im Westen, sondern im Norden, bei den Hyperboreern, d.h. bei den im hohen Norden Wohnenden, zu halten gegeben hat[12]. Überdies nannten die Griechen die Himmelssäule stele boreios, die Nordsäule.

Die "Säulen des Herkules"

Poseidons Säule auf Basileia

Nach Spanuth ist diese Nordsäule identisch mit der Säule des Poseidon in dem geheimnisvollen Inselreich Atlantis, das Plato in seinem Atlantisbericht ausführlich schildert[13]. Dieses atlantische Reich umfaßte nach Spanuth ein Gebiet, zu dem das heutige Südschweden, Dänemark und die angrenzenden norddeutschen Gebiete gehörten, sowie eine Anzahl Nordseeinseln, die später untergegangen sind, und von denen die wichtigste die Königsinsel Basileia war. In der Mitte der Insel stand nach Plato das Heiligtum Poseidons und im Zentrum des Heiligtums die berühmte Säule, aus "Oreichalkos" gefertigt. Die Gelehrten sind sich nicht darüber einig, um was für ein Material es sich dabei handelte. Hieronymus Müller übersetzt das Wort mit "Bergerz". Aber Spanuth hat in seinem Atlantisbuch überzeugend dargelegt, daß Oreichalkos nichts anderes als Bernstein ist. So muß die Säule aus dem golden schimmernden, lichtdurchlässigen und reflektierenden Bernstein einen prächtigen Anblick geboten haben. Über die sonstige Beschaffenheit der Säule, Höhe, Gestalt, Durchmesser und Profilierung, schweigt sich Plato aus. Er sagt lediglich - und das ist sehr wichtig - daß auf der Säule das Gesetz Poseidons verzeichnet war.

Konvent der zehn Könige

Umso ausführlicher beschreibt Plato die feierlichen Bräuche, in deren Mittelpunkt die Poseidonsäule stand. Hier versammelten sich in regelmäßigen Abständen die zehn Könige, welche die zehn Teile des Atlantisreiches regierten. Die Versammlung fand abwechselnd alle fünf bzw. alle sechs Jahre statt, "indem sie der geraden und der ungeraden Zahl die gleiche Ehre erwiesen". Bei diesen Tagungen berieten die Könige über die gemeinsamen Fragen und Probleme, prüften, ob einer von ihnen irgendeiner gesetzlichen Bestimmung zuwider handele und sprachen das Urteil.

Stieropfer und Gerichtsverhandlung

Bevor sie aber das Urteil fällten, wurde folgender Ritus vollzogen:"Unter den frei im Heiligtum umherlaufenden Stieren veranstalteten die zehn Könige eine Jagd. Für die Jagd waren nur Holzknüppel und Schlingen erlaubt, kein eisernes Gerät. Die Jagd begann mit einem Gebet zu Gott, er möge ihnen helfen, ein ihm zusagendes Opfertier zu ergreifen. Der gefangene Stier wurde an die Säule herangeführt und über der

Säuleninschrift mit dem Gesetzestext getötet, so daß das Blut auf die Inschrift hinabtroff, die außer den Gesetzen eine Eidesformel enthielt, die schwere Verwünschungen über die Gesetzesübertreter herabrief. Nach der Opferung des Stiers füllten die Könige einen Mischkrug und warfen für jeden von ihnen einen Tropfen geronnenes Blut hinein. Nun wurde die Säule ringsum gereinigt, ein Feuer entzündet und die Teile des Opfertieres verbrannt. Darauf schöpften sie mit goldenen Trinkschalen aus dem Mischkrug, spendeten ihr Trankopfer in das Feuer und schworen dabei, ihr Urteil gemäß den auf der Säule aufgezeichneten Gesetzen zu fällen. Auch gelobten sie, in Zukunft den Gesetzen Poseidons zu gehorchen. Nachdem jeder von ihnen feierlich diese Gelübde für sich selbst und für seine Nachkommen getan, getrunken, die Schale für das Heiligtum des Gottes geweiht und für seine Abendmahlzeit und die anderen Bedürfnisse gesorgt hatte, legten alle, wenn es finster wurde und das Opferfeuer verloschen war, ein überaus schönes dunkelblaues Gewand an, ließen sich an der Aschenglut des beim Eidschwur dargebrachten Opfers nieder und empfingen während der Nacht, nachdem sie alles Feuer rings um das Heiligtum ausgelöscht hatten, ihre Urteile und fällten sie, wenn etwa einer von ihnen einen anderen irgendeiner Gesetzesübertretung beschuldigte". Die Urteile wurden nach Tagesanbruch auf einer goldenen Tafel aufgeschrieben und diese mitsamt den Gewändern als Gedenkzeichen geweiht[14].

Spanuth sieht in der Poseidonsäule das Urbild der bei den nordischen Völkern verehrten Weltsäule, die das Weltall trägt. Sie ist nach seiner Ansicht identisch mit der Irminsul, von der Rudolf von Fulda (um 800) geschrieben hatte: quasi sustinens omnia - die gleichsam das Weltall trägt.

Die Weltsäulen der indoeuropäischen Völker waren alle miteinander Abbilder der einen mythischen Säule, die von der Erde bis zum Himmelspol reicht und das Himmelsgewölbe stützt, damit es nicht zusammenbricht. Wenn man Platos Bericht über die Atlantissäule bedenkt, dann bekommt man den Eindruck, daß das "Tragen des Universums" durchaus nicht oder nicht nur im physischen Sinne gedacht war. Poseidons Gesetz war auf der Säule eingegraben. Der Ritus der zehn

Träger des Universums

Könige zeigt, daß es dabei keineswegs um die materielle Erhaltung der Säule ging, sondern um die Aufrechterhaltung des göttlichen Gesetzes. Die Welt wird untergehen, wenn dieses Gesetz nicht mehr befolgt wird. Dabei ist bemerkenswert, daß nicht etwa Missetäter aus dem Volk gerichtet werden, sondern die Könige richten sich untereinander nach dem Gesetz Poseidons und verpflichten sich immer aufs neue diesem Gesetz. Letztlich ist das göttliche Gesetz selbst die Säule, die den Fortbestand der Welt sichert. Und die vornehmste Pflicht der Regierenden ist es, dieses Gesetz zur alleinigen Richtschnur ihres Handelns zu machen.

Der Idafé-Felsen von Palma

Um die Erhaltung der Welt ging es auch in vorchristlicher Zeit den Bewohnern der atlantischen Insel Teneriffa. Sie verehrten einen Gott mit dem für uns zungenbrecherischen Namen Atguaychafanataman, auf deutsch: der den Himmel hält (spanisch: el que tiene el cielo). Auf der Nachbarinsel La Palma kannte man einen Gott namens Idafé = der Festhaltende. Man geht wohl nicht fehl in der Annahme, daß es sich auf beiden Inseln um eine und dieselbe Gottheit handelte. Die Namen legen es nahe, sich darunter einen dem Riesen Atlas ähnlichen Weltsäulengott vorzustellen.

Diese Vermutung wird bekräftigt durch die Tatsache, daß es auf La Palma auch einen heiligen Felsen namens Idafé gibt. Dieser sehr schmale Felsen "von mehr als hundert Klafter Höhe" (1 Klafter = 1,7 bis 2,5 m) hatte früher im Leben der Inselbewohner eine große Bedeutung. Sie hatten Angst, der Felsen könne umfallen und sie töten. Merkwürdig an dieser Angst war, daß die Wohnungen der Insulaner so weit von diesem Felsen entfernt lagen, daß sie bei einem etwaigen Einsturz des Felsens unmöglich beschädigt werden konnten. Dennoch fürchteten die Menschen sich vor einer solchen Katastrophe. Deshalb opferten sie dem Idafé von allen geschlachteten Tieren die Leber. Zwei Männer trugen sie zum Felsen. Dabei sang der eine von ihnen: "Y Iguida, y Iguan Idafe" (sage, ob Idafé fallen wird). Der andere antwortete ebenfalls singend:"Que gerte y guan taro" (Gib ihm das, was du bringst, und er wird nicht fallen). Danach warfen sie die Leber gegen den Felsen und gingen davon, während sich die Raben und Geier auf das Fleisch stürzten.

Otto Rößler meint, es sei falsch, wolle man die Furcht der Eingeborenen vor dem Einsturz des Idafé-Felsens einfach als Angst vor einer möglichen Naturkatastrophe ansehen. Diese Menschen waren durchaus in der Lage, die geringe Gefährdung durch den Einsturz des Felsens richtig abzuschätzen. "Der Grund ihrer Furcht muß also in einem ganz anderen Bereich gesucht werden, sie muß im Glauben der Palmeros wurzeln. Dieser heilige Felsen, dessen Name ja schon der Festhaltende bedeutet, war für sie kein beliebiger Felsen, der zufällig umfallen und Menschen gefährden könnte, er war vielmehr das Unterpfand des Bestehens ihrer Welt, die Stütze, die ihnen Himmel und Erde festhielt, mit einem Wort: die Weltsäule, die, wie dies im Glauben verschiedener Völker begegnet, als gefährdet galt, deren drohender Einsturz, der das Ende der Welt bedeuten würde und den Menschen den Untergang brächte, durch Opfer verhindert werden mußte. Die Kraft der Weltsäule mußte durch diese ständigen Leberopfer (die Leber war ja nach verbreitetem Glauben Sitz und Träger des Lebens) immer wieder erneuert werden. Die Raubvögel, die die geopferten Lebern verzehrten, erschienen den Palmeros wohl selbst als Erscheinungsformen der Gottheit"[15].

Unterpfand des Bestehens der Welt

4 Säulen- und Sonnentüren

Eingang Haustüren waren von je her Objekte besonderer Aufmerksamkeit für den Menschen. Das ergibt sich aus den vielen und wichtigen Funktionen, die eine Haustür hat. Durch sie betritt der Mensch seine Wohnstätte. Sobald er die Tür von außen öffnet, verläßt er in gewissem Sinn die äußere weitläufige Welt mit ihren Gefahren, ihren klimatischen, beruflichen und sozialen Wirklichkeiten und kehrt ein in den begrenzten, überschaubaren, ihm wohlvertrauten Raum, den er sein "Heim" nennt. Hier kennt er sich aus, hier kann er aufatmen und ausruhen, hier ist er vor Gefahren und Belästigungen relativ sicher. Hier begegnet er auch ihm nahestehenden Menschen: Eltern, Kindern, der Gattin oder dem Gatten, Geschwistern und ihm ergebenen "dienstbaren Geistern". Hier findet er, was er braucht für das tägliche Leben: Arbeitsgerät, Stuhl, Tisch und Bett und Dinge, die das Leben angenehm machen. Wenn er die Tür durchschreitet, kommt er sozusagen von einer Welt in die andere, von der äußeren, fremden, rätselhaften, gefährlichen und ungemütlichen Welt in die innere, vertraute, klare, geordnete, übersichtliche und Geborgenheit schenkende Welt seines Hauses. Darum freut sich der Mensch beim Anblick seiner Haustür und erblickt in ihr das Symbol seiner kleinen Welt. Darum ist altindisch durona = Tür gleichbedeutend mit Wohnung, Heimat.

Ausgang Aber dies ist nur der eine Aspekt der Tür. Sie ist ja nicht nur zum Betreten des Hauses da, sondern auch zum Verlassen. Durch sie geht der Mensch hindurch, wenn er aus seiner kleinen und vertrauten Welt hinaustritt in die große, grenzenlose, unbekannte Welt. Wenn er seinen Fuß über die Schwelle hinaussetzt, sei es zur Arbeit auf dem Acker, zur Jagd, zu einer längeren Reise, wenn er in den Krieg zieht, immer ist es ungewiß, ob er wiederkehren wird. Und wenn er seinen Geist aufgegeben hat, dann tragen ihn seine Angehörigen durch die Tür hinaus auf seinen letzten Weg. So wird die Tür auch zu einem Symbol für das Verlassen der sichtbaren Welt und für den Eingang in die Ewigkeit.

Den beiden Aspekten der Tür haben die alten Römer in der Darstellung ihres Schutzgottes der Türen und Tore Ausdruck gegeben. Janus wird stets mit zwei nach entgegengesetzten Richtungen schauenden Gesichtern dargestellt, mit dem sogenannten Januskopf. Dabei war die Vorstellung der Römer nicht rein räumlicher Art. Janus blickt nicht nur nach rechts und links, sondern auch in die Vergangenheit und in die Zukunft. Sein Kult hatte auch eine zeitliche Dimension. Von daher ist es zu verstehen, daß der erste Monat des Jahres seinen Namen nach dem Gott der Türen und Tore bekam: Januarius. Er ist die Tür, durch die der Mensch aus dem alten in das neue Jahr tritt. *Der Gott der Türen und Tore*

Die Tür scheidet auch Licht und Finsternis. In früheren Zeiten waren die Häuser nicht so reichlich mit Fenstern versehen wie heute. Wer am Tage ein Haus betrat, der kam aus der Sonnenhelle in einen mehr oder weniger dunklen Bereich. Umgekehrt, wer bei Nacht das Haus verließ, der ging aus einem, wenn auch nur dürftig durch Kienspan, Talglicht oder Lampe erhellten Raum hinaus in die Finsternis. Immer ist die Tür die Grenze zwischen beiden Bereichen. Dabei ist zu berücksichtigen, daß das Licht für die Menschen bis an die Schwelle unserer Zeit eine viel größere psychologische Bedeutung hatte als für uns Heutige. Sie konnten nicht - wie wir es tun - ihre Nächte durch einen Druck auf den Knopf sonnenhell erleuchten. Für sie bedeutete die lange Winternacht eine ganz andere psychische und physische Belastung als für uns. Für sie war der tägliche Sonnenaufgang und Sonnenuntergang, ebenso wie Sommer- und Wintersonnenwende, ein elementares Erlebnis. Kein Wunder, daß diese Menschen ihrem Hunger nach dem Licht und ihrer Freude über die aufgehende Sonne symbolischen Ausdruck verliehen an den Wänden und Türen ihrer Häuser. *Licht und Finsternis*

Nach altorientalischer Vorstellung war die Sonne über Nacht in einer Hütte verborgen. Wenn sie des Morgens aufging, dann *Das Sonnentor*

7
Der Sonnengott tritt aus dem von Dienern geöffneten Sonnentor hervor (Altorientalisches Rollsiegel)

trat sie aus der geöffneten Tür dieser Hütte hervor, um ihren Weg am Firmament zu beginnen. In ägyptischen Totenbuchpapyri wird das Sonnentor ganz naiv als Tür mit zwei Flügeln dargestellt, die sich öffnen oder von Dienern geöffnet werden und durch die die Sonne hervortritt[16]. Bei den

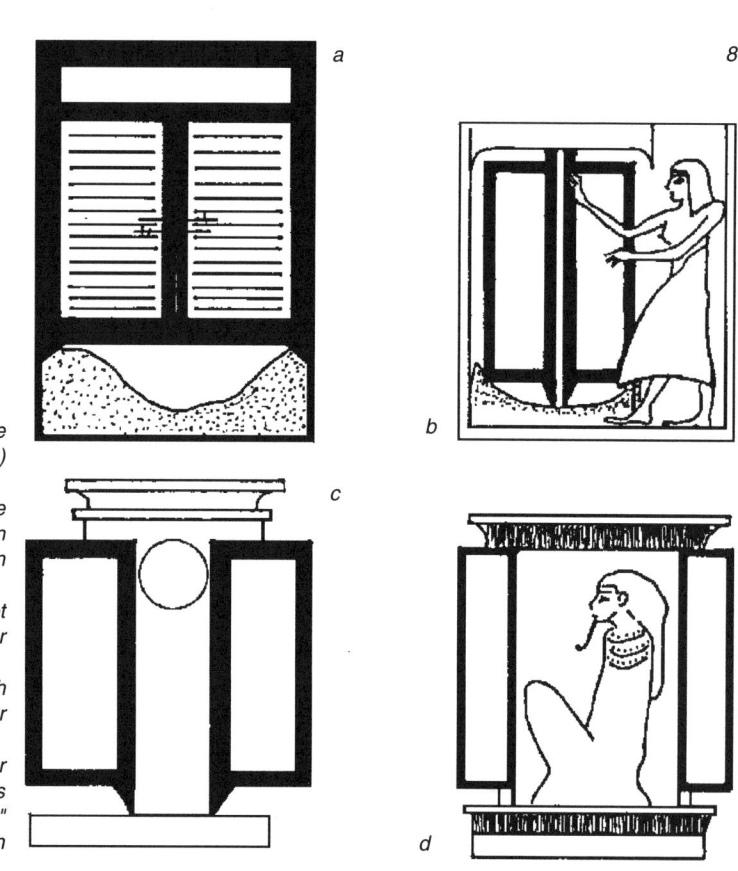

8 (Altägyptische Darstellungen)

a Das geschlossene Sonnentor über den Horizontbergen

b Ein Diener öffnet das Tor

c Die Sonne tritt durch das geöffnete Tor

d An die Stelle der Sonnenscheibe ist das Ideogramm für "Gott" getreten

sonnenhungrigen Bewohnern der nördlichen Erdregionen wird es ähnliche Vorstellungen gegeben haben. Fast scheint es, wie wenn ihnen jede Tür zu einem Hinweis auf die auf- oder untergehende Sonne geworden sei. Es fällt jedenfalls auf, wie oft das Sonnensymbol auf oder in Verbindung mit Haustüren wiederkehrt.

9
Schwelmer Tür
mit vielen Sonnen

Aber die Tür hat noch einen kosmischen Bezug ganz anderer Art, der uns heute nicht ohne weiteres einsichtig ist. Wenn die Bewohner der nördlichen Halbkugel in klaren Nächten vor ihre Behausungen traten, dann blieb ihnen nicht verborgen, daß das ganze große Heer der Sterne sich in einer grandiosen Kreisbewegung um einen bestimmten Punkt am Himmel drehte. Jedenfalls mußte es ihnen so erscheinen. Wir wissen heute, daß diese scheinbare Drehbewegung der Gestirne daher rührt, daß sich die Erde um ihre eigene Achse dreht. Die Menschen stellten sich nun vor, von der Erde bis zum Himmelspol reiche eine gewaltig hohe Säule. Diese habe die Aufgabe, das Himmelsgewölbe zu stützen, damit es nicht einstürze. Und diese Säule mußte dann auch die Achse sein, um die sich der ganze Sternenhimmel herumschwingt - ähnlich wie sich die Haustür um einen speerähnlichen Schaft herumschwang, bevor die heute benutzten Türangeln in Gebrauch kamen. Wahrscheinlich ist die germanische Irminsul ein Abbild dieser Himmelsstütze und Weltenachse. Und die Säulen und Himmelskörper auf den alten Haustüren sind symbolische Darstellungen dieses frühzeitlichen Weltbildes. Reuter weist darauf hin, daß Odin bei den Skalden der "Um-schwinger" genannt wurde[17]. Das zeigt, daß man die Bewegung des Himmels auf ewige göttliche Kräfte zurückführte.

Der Umschwinger

Im Jahre 1949 hat der Gevelsberger Lehrer Otto Remmert in einem Aufsatz auf die "Säulen- und Sonnentüren" hingewiesen, die er bei seinen Wanderungen an alten Häusern entdeckte. Remmert fand solche Türen in der ehemaligen Grafschaft Mark im Regierungsbezirk Arnsberg. Ähnliche Türen gibt es auch in Clausthal-Zellerfeld, im Kreis Herzogtum

*Säulen- und
Sonnentüren*

Lauenburg und im Alten Land bei Hamburg. Auch auf der Insel Sylt sind derartige Türen zu sehen. Christoph Freier hat sie fotografiert und die Bilder mit einem kleinen Kommentar 1981 in einem hübschen Fotoband herausgegeben. Vermutlich gibt es auch in anderen Gegenden Deutschlands oder Europas noch solche Türen.

Wertvolles Kulturgut Allerdings trifft man die Säulen- und Sonnentüren immer seltener an. Haustüren werden ja durch den ständigen Gebrauch besonders strapaziert und sind den Witterungseinflüssen in vielen Fällen schutzlos preisgegeben. Wenn eine solche alte Tür einmal zerstört ist, dann ist heute kaum noch ein Tischler in der Lage, eine nach alten Vorbildern gefertigte Tür neu herzustellen. Die handwerkliche Tradition ist ausgestorben. Auch fehlt den Hausbesitzern vielfach der Sinn für die Erhaltung des alten Kulturgutes. Bei den Geschäftshäusern sind die Türen mitsamt den alten Hausfassaden der aus kommerziellen Gründen vorgenommenen Modernisierung der Häuserfronten zum Opfer gefallen. Auf dem Baumarkt gibt es heute industriell gefertigte Türen aus Aluminium und Glas, die auch von handwerklich weniger versierten Hausbesitzern leicht montiert werden können. Man muß sich wundern, daß überhaupt noch einige von den alten und schönen Türen erhalten sind. Neuerdings haben die Besitzer zum Teil erkannt, wie wertvoll ihre Haustüren sind und versuchen, sie zu erhalten und behutsam zu renovieren.

Die Schwelmer Türen Die Säulen auf den Schwelmer Türen bestehen in der Regel aus einem ungegliederten glatten Schaft. Am Fußende befindet sich ein etwas breiterer Sockel von geringer Höhe. Über dem Kapitell ist ein waagerecht halbiertes Sonnensymbol angebracht. Dies ist die Grundform (Abb. 10). Etliche Säulen weichen aber beträchtlich von dieser Grundform ab. Eine Tür zeigt zum Beispiel über dem Kapitell ein gitter- oder käfigartiges Gebilde.

10
Grundform der Schwelmer Türen

11

12

11-13
Schwelmer Türen

13

14

14
Sumerische Sonnenaufgangshieroglyphe

Auch hier erscheint das Sonnensymbol, nämlich in dem zum Hauseingang gehörenden Oberlicht (Abb.11).

Verschiedene Säulen haben über dem Kapitell statt der Sonne eine Spitze. Es fällt auf, daß den Spitzsäulen jeweils zwei Sonnensymbole beigegeben sind (Abb.12).

Völlig abweichend vom Grundschema ist eine Tür, die statt der Säule einen mannshohen, zur Sonne aufsteigenden Pfeil zeigt (Abb.13). Eine sehr ähnliche Tür befindet sich in Ennepetal-Jellinghausen und eine weitere in Hagen. Überraschend ist die große Ähnlichkeit dieses Symbols mit der sumerischen Sonnenaufgangshieroglyphe, zu der Wirth schreibt: Dieser Licht- und Jahrbaum Gottes, der das Leben bringt, geht aus der Höhle, der Tiefe, dem Sonnenuntergang hervor, aus der Mutternacht, dem Haus der Tiefe, wo die Sprache entsteht" (Abb.14).

Spielart in Breckerfeld

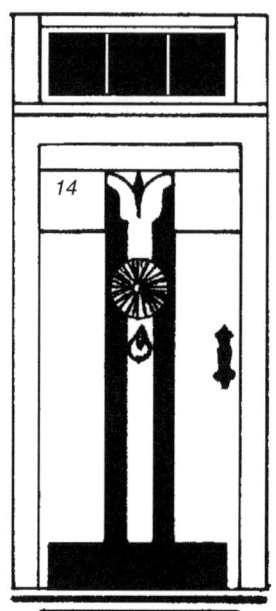

15
Tür in Breckerfeld

Eine bemerkenswerte Spielart der Schwelmer Türen befindet sich, liebevoll restauriert, in Breckerfeld. Hier hat die Sonne ihren Platz am Säulenschaft. Statt in ein normales Kapitell läuft die Säule oben in ein V-artiges Gebilde aus, das den Eindruck macht, wie wenn es sich um die stilisierten Stümpfe zweier abgesägter starker Äste handele (Abb.15). Zwischen den beiden auseinanderstrebenden "Stümpfen" ragt senkrecht eine Spitze hervor. Die Ähnlichkeit mit der sumerischen Sonnenaufgangshieroglyphe ist unverkennbar. Auch die Verwandtschaft mit der Y-förmigen Irminsul ist nicht zu übersehen.

Lauenburger Türen

In der malerischen Unterstadt von Lauenburg an der Elbe haben sich einige Türen erhalten, die deutliche Verwandtschaft mit den märkischen Türen aufweisen. Besonders auffallend ist eine einflügelige Tür mit einer spitzen Säule (Abb.16). An ihrer Basis befindet sich ein halbkreisförmiges Blattornament, das sehr an die Halbsonnen der Schwelmer Türen erinnert. Vermutlich wußte man in späterer Zeit nicht mehr, daß es sich eigentlich um ein Sonnensymbol handelt. Unter dem Einfluß des Zeitgeschmacks hat man ein pflanzliches Motiv daraus gemacht. Das Gleiche gilt für zwei kleinere runde Ornamente auf der Mittelachse der oberen Säulenhälfte.

Spitzsäule

Die Spitzsäule findet sich ebenfalls auf einer zweiflügeligen Tür in Lauenburg (Abb.17). Allerdings ist die Säule hier durch zwei aufgesetzte Wetterschenkel in drei gleichgroße Stücke

16 17

16-19
Lauenburger Türen

18

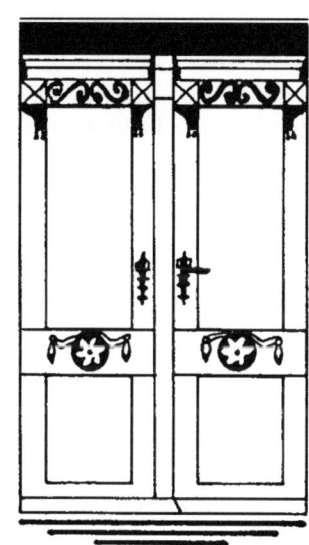

19

unterteilt. Jedes Drittel ist mit Ornamenten geschmückt. Im oberen Drittel befindet sich eine eindrucksvolle Halbsonne, in der Mitte eine Raute, während das untere Drittel mit einem Muster von senkrecht nebeneinanderstehenden Linien geschmückt ist. Auf dem oberen Wetterschenkel ist ein Rautenmuster aufgelegt. Die Spitze wird von zwei stumpfwinklig angeordneten Leisten gebildet und macht einen dachartigen Eindruck.

SÄULEN- UND SONNENTÜREN   27

Vergessenes   Die Unterteilung der Säule in zwei bis vier Teile, die dann in
Säulensymbol   zunehmendem Maße nur noch als Türfüllungen verstanden werden, zeigt, daß das ursprüngliche Säulenmotiv immer mehr in Vergessenheit geriet. Trotzdem ist die Zusammengehörigkeit der einzelnen Teile zum Symbol der Säule erkennbar, besonders dann, wenn Details der alten Symbolik immer noch verwendet werden. Ein Beispiel hierfür ist die Lauenburger Tür Abb.18. Es handelt sich um eine ein-flügelige Tür, in die drei Füllungen eingelassen sind. Die mittlere Füllung ist quadratisch, während die obere und die untere jeweils aus einem Rechteck bestehen, das halb so groß ist wie das Quadrat. In den beiden oberen Ecken des Quadrates befinden sich zwei kleine runde Gebilde, die Knäufe vortäuschen sollen, die einen Wandteppich halten. Wahrscheinlich sind die beiden Knäufe dunkle Erinnerungen an kleinere Sonnensymbole, wie sie häufig den Säulendarstellungen beigegeben wurden. Auf einen Teppich deuten auch die Quasten hin, die jeweils an den Unterkanten des mittleren und unteren Türfeldes eingeschnitzt sind. An der Basis des unteren Feldes erinnert ein Bogen an die Halbsonne, wie sie sich an der gleichen Stelle der Tür Abb.16 befindet.

Stilrichtungen   Natürlich ist die Türornamentik weitgehend durch den jeweiligen Zeitgeschmack beeinflußt worden. Alle Stilarten der letzten drei Jahrhunderte haben ihre Spuren hinterlassen. Dabei wurde zunächst das Hauptsymbol, die Säule, kaum angetastet. Aber in den hinzugefügten Elementen und an der Art, wie die überlieferten Symbole variiert wurden, läßt sich die jeweilige Zeit und ihre Stilrichtung ablesen. Beispiel hierfür sei die Lauenburger Tür Abb.19.

Klar ist der Säulenschaft zu erkennen, dessen unteres Drittel durch einen breiten Wetterschenkel abgeteilt ist. In der Mitte des Schenkels befindet sich eine Blattrosette, die stark an die ursprüngliche Sonnendarstellung erinnert. Über der Rosette, links und rechts durch je einen vorgetäuschten Knauf gehalten, ist ein Schleier oder Tuch dargestellt, dessen Enden in geschnitzten Quasten herabhängen. Über dem Säulenschaft wird eine Schmuckleiste mit einem Rankenornament von zwei zierlichen Konsolen getragen.

Die Ratzeburger Säulen- und Sonnentüren sind einander sehr ähnlich, haben aber - im Vergleich mit den westfälischen und lauenburgischen Türen - ihre unverwechselbare Eigenart. Ein gutes Beispiel ist die Ladentür des Geschäftshauses Sander. Es ist dies auch eines der äußerst seltenen Beispiele für die Erhaltung der alten Türen an einem Geschäftshaus.

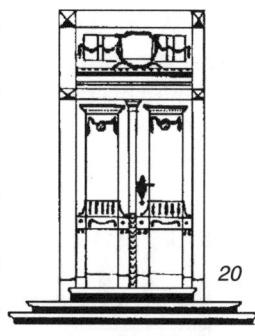

Ratzeburger Türen

20

21

20+21
Türen in Ratzeburg

Drei Treppenstufen führen zu der olivgrün gestrichenen zweiflügeligen Tür (Abb.20). Beide Türflügel zeigen den aus einer aufgedoppelten Bohle bestehenden Säulenschaft. Das untere Drittel ist jeweils durch einen Wetterschenkel abgeteilt. Am oberen Ende der Säulen befindet sich je eine runde Scheibe, die durch geschnitzte Bogenlinien den Eindruck einer Kugel hervorrufen soll. Über der Kugel und auf beiden Seiten hochgerafft: ein geschnitzter "Schleier". Das gleiche Motiv erscheint auch auf den Wetterschenkeln und im Oberlicht. Auf dem Wetterschenkel, aber neben dem Säulenschaft, sind zwei kleine Sonnenscheiben eingeschnitzt, die mit dem sie umgebenden Quadrat und den daran hängenden Quasten die Illusion von Teppichen hervorrufen sollen. Über dem Wetterschenkel wieder das gitterartige Gebilde, wie es ähnlich auf einer Schwelmer Tür zu finden ist, auf der Ratzeburger Tür aber mit mehr "Gitterstäben". Auch die Anschlagleiste ist mit Sockel und Kapitell und im unteren Drittel mit einer muschelartigen Schnitzerei versehen.

Auf allen Ratzeburger Türen ist das Säulenmotiv klar erhalten geblieben. Etwas weniger deutlich, aber doch vorhanden, ist das Sonnensymbol. Der übrige Dekor (Urnen, Zweige, Schleier, Quasten und dergleichen) zeugt von einem verspielten Zeitgeschmack, der die überlieferte Symbolik nicht mehr verstanden, aber ihre Grundformen festgehalten hat.

Eine Spezialität der Ratzeburger Türen, die ähnlich allerdings auch in Mölln vorkommt, ist ein Sonnenornament auf dem Wetterschenkel, das etwa dreimal so breit wie hoch ist. Diese eigentümliche Gestalt des Symbols rührt wohl daher, daß man bestrebt war, das Bild der Sonne in das Rechteck des Wetterschenkels einzupassen. Dabei ist eine ganz dekorative Gestalt des alten Ornaments herausgekommen (Abb.21).

Möllner Türen

22

22 Tür in Mölln

Die wenigen Säulen- und Sonnentüren in Mölln zeichnen sich dadurch aus, daß der Prozeß der Auflösung des nicht mehr verstandenen Säulensymbols weit fortgeschritten ist. Die Säulen sind zu vier übereinanderstehenden Kassetten geworden, die scheinbar in keiner Beziehung zueinander stehen. Aber ein geschulter Blick erkennt unschwer, daß die teils quadratischen, teils hoch- und querformatigen Kassetten eigentlich zu einer Säule zusammengehören. Die auf den Kassettenfüllungen angebrachten Symbole sind die gleichen, die sich auch sonst auf den alten Säulentüren befinden. Als Beispiel diene die zweiflügelige Tür eines Möllner Bürgerhauses (Abb.22).

Alle vier Kassettenfüllungen sind mit profilierten Leisten gerahmt. Während die jeweils obere Kassette quadratische Form hat, sind die übrigen liegende bzw. hochkantige Rechtecke. Auf allen Feldern sind Ornamente angebracht. Auf den Quadraten sieht man runde Gebilde, die zweifellos nicht mehr verstandene und stark stilisierte Sonnen darstellen. In den rechteckigen Flächen darunter befinden sich nicht genau zu erkennende Gebilde. Entweder sind es Flügelsonnen oder Augen. Auf dem jeweils dritten Feld von oben ist ein großer, auf der Spitze stehender Rhombus zu sehen. Das untere Feld ist durch kreuzweise diagonal verlaufende Linien klein gerastert. Diese kleinere und feinere Struktur des unteren Säulenteils erscheint auf vielen Türen, nicht nur im Kreis Herzogtum Lauenburg, sondern ebenso in Clausthal-Zellerfeld.

In keinem andern Ort gibt es so viele gut erhaltene und gepflegte Säulen- und Sonnentüren wie in der Harzer Berg- und Universitätsstadt Clausthal-Zellerfeld. In den andern Städten in und am Harz ist nichts Vergleichbares zu finden. In Goslar und Osterode, die doch reich sind an gut erhaltenen alten Bauwerken, findet man kaum eine Säulen- und Sonnentür. In den Randbezirken der Harzer Städte sind einige Türen vorhanden, die ahnen lassen, daß die Säulen- und Sonnensymbolik an Haustüren auch hier früher bekannt gewesen ist, aber in den alten Kernen dieser Städte sind so gut wie alle derartigen Zeugen der Vergangenheit durch Modernisierung der Häuser verschwunden. Lediglich in Clausthal-Zellerfeld ist eine große Anzahl erhalten geblieben. Ein Grund hierfür sind die Wintertüren, die in der schlechten Jahreszeit verwendet wurden und die nicht nur der Wärmedämmung und dem Schutz vor Zugluft dienten, sondern auch die eigentlichen Haustüren vor Niederschlägen schützten. Hinzu kommt, daß sich in der Harzer Universitätsstadt verhältnismäßig viele Häuser ihren Charakter als Bürgerhäuser bewahrt haben, d.h. sie sind nicht in Geschäftshäuser verwandelt worden, anders als in Goslar und Osterode, wo die Parterre-Fassaden der meisten alten Häuser infolge der kommerziellen Entwicklung modernisiert worden sind.

Eine Hochburg der Säulen- und Sonnentüren

Hans Günter Griep hat in seinem Buch "Das Bürgerhaus der Oberharzer Bergstädte"[18] auch die Clausthal-Zellerfelder Säulen- und Sonnentüren beschrieben und ihre Entwicklung durch die Stilepochen vom 16. bis zum 19. Jahrhundert genau erklärt. Allerdings sieht er die Türen nur mit den Augen des Technikers, während ihn die dort zu findende Symbolik kaum interessiert. Er sieht nur "aufgedoppelte Brettkonstruktionen", Kassetten, Füllungen und dergleichen, ohne zu bemerken, daß die Details zu einem sinnvollen Ganzen, eben zur Säule, zusammengehören. Allerdings muß man ihm wohl zugestehen, daß die Beschäftigung mit dieser Symbolik nicht unbedingt zum Thema eines Architekten gehört, der sich vorgenommen hat, einen bestimmten Haustypus zu beschreiben.

Übersehene Symbolik

Den meisten Clausthal-Zellerfelder Türen ist gemeinsam, daß die Säule in drei Teile gegliedert ist: ein hochrechteckiges

Eigenart der Clausthaler Türen

Mittel- und Unterteil und ein quadratisches Oberteil. Es gibt Abweichungen von dieser Grundform, die aber für diese Betrachtung unerheblich sind. Der Säulencharakter ist trotz der Unterteilung eindeutiger erhalten als etwa bei vielen lauenburgischen Türen, weil der Wetterschenkel nicht aus breiten, ornamentgeschmückten Brettern besteht, sondern aus kräftigen Profilleisten. Ferner fällt auf, daß die Sonnenzeichen durchweg groß, klar und eindeutig als solche erkennbar sind. Auf den meisten Türen, die fast alle zweiflügelig sind, ist dieses Symbol vierfach ausgeführt, auf nicht wenigen sogar sechsfach. Die Form ist rund, oval, rhombisch, ja sogar quadratisch. Dabei handelt es sich stets um ganze Sonnen; Halbsonnen kommen kaum vor. Die Hausbesitzer haben in den letzten Jahren ihre Säulen- und Sonnentüren vielfach liebevoll renoviert und dabei die Farbenfreudigkeit früherer Stilepochen wieder entdeckt. So strahlen die Türen heute wieder in ihrem vollen Glanz. Durch unterschiedliche Farbgebung treten die alten Symbole eindrucksvoll hervor und regen den Betrachter zum Nachdenken an.

Vorherrschender Typus

Abb.23 zeigt den in Clausthal-Zellerfeld vorherrschenden Tür-Typus: eine zweiflügelige Tür, bei welcher der linke Flügel etwas schmaler ist als der rechte. Dennoch sind Säulen und Symbole auf beiden Flügeln völlig gleich gestaltet. Das große Mittelfeld zeigt eine stehende Raute. Das kleinere, nahezu

23+24 Türen in Clausthal-Zellerfeld

quadratische Feld oben ist mit einer großen runden Sonne geschmückt, während das untere Feld mit einem einfachen Muster von senkrecht nebeneinanderstehenden Stäben verziert ist. Die drei Felder sind durch zwei kräftig profilierte Wetterschenkel voneinander getrennt. An der Basis befindet sich ein einfaches Sockelbrett, während die Säule oben ein ebenfalls mit kräftigem Profil versehenes Kapitell trägt. Die Anschlagleiste ist zu einer schmalen, halbrunden Säule mit Sockel und Kapitell ausgearbeitet. Der Kämpfer über der Tür ist mit zwei Schmuckleisten geziert, das Oberlicht in fünf gleichgroße und schmucklose Felder aufgeteilt.

Auf einigen Clausthal-Zellerfelder Türen sind die Sonnen fast bis zur Unkenntlichkeit verändert und in pflanzliche Ornamente umgestaltet worden. So beispielsweise an der Tür des Pfarrhauses an der Zellerfelder Kirche (Abb.24.) Aus der rautenförmigen großen Sonne des Mittelfeldes ist ein ovales Blattwerk geworden. Auf den oberen Feldern befinden sich geschnitzte Urnen, während die Blattrosetten auf den unteren noch deutlich ihre Abkunft von ehemaligen Sonnenzeichen erkennen lassen.

Pflanzliche Ornamente

Christoph Freier schreibt in seinem Fotoband "Haustüren auf Sylt", daß auf den Türblättern "säulenartige Aufbauten" zu sehen sind,"die als Flachsäulenpfeiler ausgebildet wurden"[19]. Damit hat Freier richtig erkannt, daß es Säulen sind, die auf den von ihm fotografierten und beschriebenen Türen vom Tischler gestaltet wurden. In der Tat ist der Säulencharakter auf den Sylter Türen durchweg sehr klar zu erkennen. Allerdings scheint es, wie wenn Freier die Säulen lediglich als dekoratives Element betrachtet. Jedenfalls fragt er nicht nach der Herkunft und dem Sinn dieses Symbols.

Die Türen auf der Insel Sylt

Außer den Säulen, die in mannigfachen stilistischen Variationen vorhanden sind, findet sich auf den Sylter Türen auch eine Fülle von anderen kosmischen Sinnbildern: Sonnen und Sterne. Auch die vielen Kreise, Halbkreise, runden Scheiben, Rhomben und pflanzlichen Ornamente sind veränderte und nicht mehr verstandene und darum als solche nicht ohne weiteres zu erkennende Sonnensymbole. Anders als in Claus-

Fülle von Sinnbildern

25-29
Türen auf der
Insel Sylt

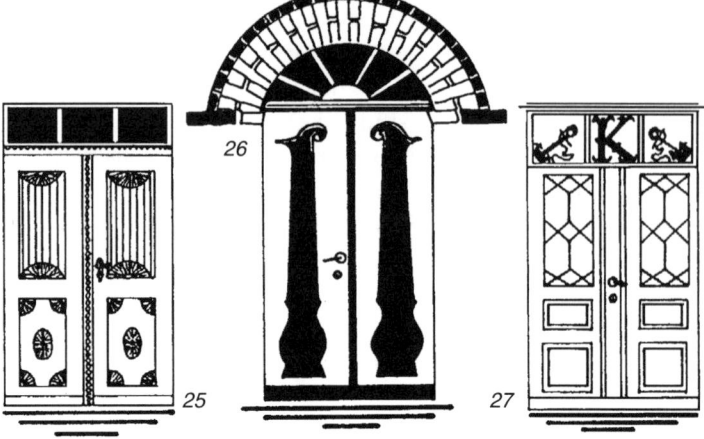

thal-Zellerfeld finden wir in Sylt auch viele Halbsonnen, ja sogar Viertelsonnen (Abb.25). Die Oberlichter enthalten des öfteren moderne Symbole wie Schiffe, Anker, Initialen, Jahreszahlen. Es kommen aber auch noch ältere Sinnbilder vor wie Halbsonne, Lebensbaum und Man-Rune (Abb.26, 27).

Maueranker   Charakteristisch für die Sylter Türen sind die Maueranker rechts und links neben den Hauseingängen. Sie kommen in drei Ausführungen vor: als einfacher profilierter Eisenstab, als nach oben weisender Pfeil und als pflanzliches Ornament, das stark an den germanischen Lebensbaum oder die Irminsul erinnert (Abb.28).

Kalfaster   Der Grund für die Erhaltung so verhältnismäßig vieler Säulen- und Sonnentüren auf der Insel ist wohl in der Tatsache zu suchen, daß hier - wie auch in Clausthal-Zellerfeld - zum Schutz gegen das rauhe winterliche Klima abnehmbare Wintertüren, sogenannte "Kalfaster", üblich waren. Hierdurch

wurden die Haustüren vor den gröbsten Unbilden der Witterung geschützt und ihre Lebensdauer verlängert. Trotzdem finden sich die alten Türen nur noch vereinzelt, vor allem in den Orten Keitum und Morsum (Abb.29).

Geheimnisvolle Menhire 5

"Bei Osnabrück liegt ein uralter Stein, dreizehn Fuß aus der Erde ragend, von dem die Bauern sagen, der Teufel hätte ihn durch die Luft geführt und fallen lassen. Sie zeigen auch die Stelle daran, in welcher die Kette gesessen, woran er ihn gehalten, nennen ihn den Süntelstein"[20]. Der heute noch vorhandene Stein, von dem die Brüder Grimm Anfang des vorigen Jahrhunderts berichteten, ist eines von nahezu 50 000 alten Steindenkmälern, die fast über ganz Westeuropa verstreut sind[21]: Dolmen, Menhire, Kromlechs und andere Monumente. Sie werden als "megalithische Monumente" bezeichnet (griechisch mega=groß, lithos=stein) und befinden sich selten mehr als wenige hundert Kilometer von den Küsten entfernt.

Der Süntelstein

30
Der Süntelstein
bei Vehrte

Wo es die langen Steine gibt

Uns interessieren hier vor allem die Menhire (bretonisch: men=stein und hir=lang). Die langen Steine sind nicht zu verwechseln mit Findlingen und gewachsenen Felsen. Meist sind es konisch zugehauene oder auch in ihrer natürlichen Gestalt belassene Felsbrocken, von Menschenhand in der Jungsteinzeit aufgerichtet. Wir finden sie in Frankreich, Spanien, Portugal, in Nordafrika, auf den Inseln Malta, Menorca und Korsika und anderen Mittelmeerinseln, ebenso wie auf den britischen Inseln, in Deutschland, Dänemark und Südschweden, aber auch in Palästina, Indien, Tibet, Sri Lanka und Korea sowie in der pazifischen Inselwelt sind Menhire keine Seltenheit. Offenbar ist der "megalithische Gedanke" durch Seefahrer von Küste zu Küste und hinaus auf die Inseln getragen worden[22].

Die Säule des Nordens

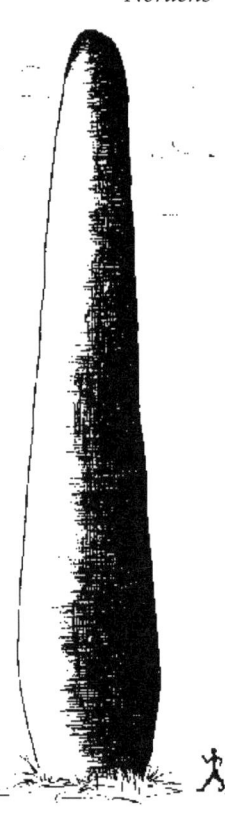

Die hier gebrauchte Terminologie: Megalithen = große Steine und Menhire = lange Steine könnte vermuten lassen, es handele sich ausnahmslos um Steine von beträchtlichem Ausmaß. Aber keineswegs alle Menhire entsprechen dieser Erwartung. Es gibt kleine Exemplare von weniger als einem Meter Höhe und gewaltige Steine von zehn Metern und mehr. Der größte aller Menhire und zugleich der größte jemals von Menschen aufgerichtete Stein[23] ist der von Locmariaquer an der Südküste der Bretagne. Leider ist er vor etwa 300 Jahren - wahrscheinlich durch Blitzschlag - umgestürzt und in vier Teile zerbrochen. Aneinandergelegt haben die Teile eine Gesamtlänge von 20,60 m. Etwa achtzehn Meter erhob sich der Koloß über den Boden. Sein Gewicht beträgt ungefähr 350 Tonnen. Jahrtausende hat er überdauert. Schon den alten Griechen war "die Säule des Nordens" bekannt. Der griechische Geograph Skymnos aus Chios (um 200 v.Chr.) erwähnt sie in seiner Beschreibung Griechenlands: "Die Kelten haben griechische Bräuche...An der äußersten Grenze ihres Landes befindet sich eine Stele, »Säule des Nordens« genannt...sie erhebt sich

Zum Vergleich: rechts der Süntelstein von Vehrte

31
*Die "Säule des Nordens"
Der große Menhir von Locmariaquer
(Rekonstruktion)*

gegen das Meer vor den stürmischen Wogen... die Bewohner der Gebiete um diese Säule sind die letzten Kelten und Veneter".

Gegenüber dem "König der Menhire" ist der Süntelstein von Vehrte bei Osnabrück mit seinen 3.80 m ein Zwerg. Aber dieses Maß entspricht in etwa der durchschnittlichen Höhe seiner meisten "Kollegen". Die ganz großen Steine sind eine Eigentümlichkeit der Bretagne, offenbar hybride Formen einer späten Phase in der Geschichte der Menhire.

Eine hybride Entwicklung zeigt sich in der Bretagne nicht nur hinsichtlich der Höhe der einzelnen Menhire, sondern ebenso im Blick auf ihre große Zahl und einzigartige Anordnung. Berühmt sind die Reihungen von vielen hundert Menhiren bei Carnac und in anderen Regionen der bretonischen Halbinsel. Sibylle von Cles-Reden[24] schildert sehr lebendig und anschaulich ihre Eindrücke bei einem Besuch in der Bretagne:

Bretonische Menhirfelder

"Hinter den sagenumwobenen Alignements (Steinreihen) von Menec erheben sich in einem Abstand von 340 m die vordersten, bizarr geformten Pfeiler des Menhirfeldes von Kermario. Manche ragen fast 7 m hoch empor, Moos und Flechten zeichnen sie mit seltsamen Mustern, so daß sie weit mehr natürlich gewachsenen Felsblöcken gleichen als von

32
Menhirfeld bei
Carnac/Bretagne

Menschen errichteten Malen. Die Menhire von Kermario steigen in zehn Reihen eine sanfte Anhöhe hinauf. Zu ihren Füßen flammt der blühende Stechginster, dessen intensives Leuchten selbst eine graue Regenlandschaft noch erhellt. Vorbei an einer verfallenen Mühle wandert der stumme Zug hinab in ein Tal und steigt auf der anderen Seite wieder hinauf zum Plateau von Manio. Die über 1000 Steine der 1120 m langen Alleen sind zum Schluß nur mehr 50 cm hoch, es sieht aus, als versänken sie allmählich in der Erde. Etwa 400 m weiter gegen Nordosten beginnt dann die Anlage von Kerlescan, von der noch 555 Pfeiler stehen. Hier wurde die steinerne Schar in dreizehn fast 900 m lange Reihen auf einer Front von 139 m Breite aufgestellt. Mitten im Menhirfeld liegt das Dorf Kerlescan. Hinter Kerlescan sind die Alignements für 200 m unterbrochen. Der zu ihnen gehörende Steinkreis blieb noch in 39 Blöcken erhalten. An seiner Nordseite liegt, von einem hohen Menhir bewacht, ein langes Hünenbett mit Platteneinfassung, das ein Galeriegrab enthält".

Stonehenge und andere Kromlechs   Der von Sibylle von Cles-Reden erwähnte Steinkreis ist eine weitere Eigentümlichkeit der Menhir-Aufstellung in der Bretagne und auf den britischen Inseln. Außer der kreisförmigen finden sich auch eliptische und rechteckige Menhir-Formationen. Man bezeichnet sie, wiederum mit einem keltischen Wort, als Kromlechs. Auf den britischen Inseln gibt es mehr als 200

33

33 Stonehenge

38 HOCH UND HEILIG

von ihnen. Der größte ist der von Avebury in England, der bekannteste ist Stonehenge nördlich von Salisbury in der Grafschaft Wiltshire.

Stonehenge besteht aus einem Ringgraben von 114 m Durchmesser. Innerhalb dieses Ringes befinden sich zwei konzentrische Steinkreise: der äußere mit einem Durchmesser von fast 30 m, der sogenannte "Sarsenkreis", besteht aus 30 behauenen, über vier Meter hohen Blöcken, von denen ursprünglich je zwei durch einen darüberliegenden Block verbunden waren. Der innere Kreis mit einem Durchmesser von 23 m, bestehend aus kleineren, den sogenannten "blauen Steinen", umschließt zwei weitere hufeisenförmig angeordnete Steingruppen, von denen die äußere wiederum aus großen Steinen besteht, in der gleichen trilithischen Anordnung wie die des Sarsenkreises (trilith = zwei senkrechte Steine mit einem darüberliegenden waagerechten dritten). Das innere Hufeisen wird wieder von den kleineren "blauen Steinen" gebildet. In der Mitte des Ganzen steht der Altarstein mit Blickrichtung nach Nordosten auf die sogenannte "Avenue", auf deren Achse am 21.Juni, also zur Sommersonnenwende, die Sonne aufgeht. Die Annahme scheint berechtigt, daß es sich bei Stonehenge um das Heiligtum eines jungsteinzeitlichen oder bronzezeitlichen Sonnenkultes handelt.

Während im westlichen Frankreich die Entwicklung zu sehr großen Menhiren führte und zu ihrer Zusammenfassung zu Menhir-Feldern, -Alleen und -Kreisen, zeigte sich im Süden ein ganz anderer Trend. Man ging daran, die Steine so zu bearbeiten, daß nicht nur die typische Menhirform entstand, man begann auch mit einer plastischen Ausgestaltung der Steinpfeiler[25]. Durch Herausarbeitung der Eichel wurden Menhire als phallische Symbole gekennzeichnet[26]. In Phrygien und bei den Etruskern kannte man Grabsteine in Form des Zeugungsgliedes[27]. Nach Sibylle von Cles-Reden scheint es im Mittelmeerraum eine Urreligion gegeben zu haben, "in der der Phallus als selbständige Wesenheit verehrt wurde"[28]. Kein Wunder, wenn man daran ging, die Menhire, die eigentlich und ursprünglich eine andere Bedeutung hatten, als phallische Symbole zu verstehen und zu gestalten. Allerdings hat sich dieser Trend nicht allgemein durchgesetzt. Unter den vielen

Plastische Ausgestaltung

langen Steinen gibt es nur wenige, die deutlich als Nachbildung des Zeugungsgliedes zu erkennen sind.

Geschlechts-merkmale Bei der plastischen Ausgestaltung der Menhire kam es vor, daß man einzelne Steine mit weiblichen und seltener mit männlichen Geschlechtsmerkmalen versah. Röder berichtet aus Indonesien, daß es ein Vorrecht der Könige und Prinzen der königlichen Familien war, Menhire mit Reliefdarstellungen von Brüsten aufzustellen[29]. So wie das Kind an der Brust der Mutter Nahrung und Hilfe findet, so erbaten sich die Menschen an diesen Säulen Schutz und Beistand der Ahnen. Bei geringfügigen Anliegen genügte es, die Hände an die steinernen Brüste zu legen, bei schwierigeren aber mußte der Bittsteller daran saugen. Die Brüste symbolisieren die im Stein wohnende Lebenskraft der Ahnen, nicht etwa eine Muttergottheit oder dergleichen.

Die Geister der Erschlagenen Auf den Mittelmeerinseln, z.B. in Filitosa auf Korsika, gibt es Menhire mit reliefartigen Andeutungen von menschlichen Gesichtern, aber auch solche mit rundplastisch ausgebildeten Köpfen. "Aristoteles wußte aus Iberien, daß man dort um die Gräber der Edlen die Schar der von ihnen getöteten Feinde in Gestalt von Obelisken aufstellte. Einen ähnlichen Brauch kannte man in China, wo die Geister der Erschlagenen auf diese Weise nach dem Tod ihres Besiegers in dessen Dienst gezwungen wurden. Im Lichte einer solchen Erklärung würden die grimmig schauenden Monumente von Filitosa zu Trophäen, zu steinernen Gefangenen, die für ewig an ihre Bezwinger gefesselt blieben"[30].

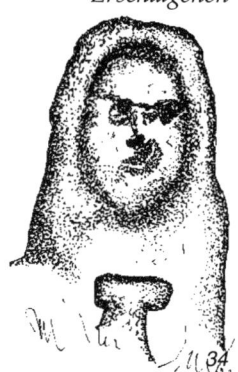
Menhir bei Filitosa

Ansatz abendländischer Bildhauerkunst? Sibylle von Cles-Reden ist der Meinung, daß der Menhirgedanke nirgendwo eine so faszinierende Entfaltung erlebt hat wie einst auf Korsika. Vielleicht - so meint sie - sei hier der Ansatz zu einer Auffassung der Skulptur zu finden, die dann über die Etrusker und Römer in die abendländische Bildhauerkunst eingegangen ist[31].

35 Stele von Bénézet

Die Frage nach der exakten Datierung der hier besprochenen Steinsetzungen ist nur schwer zu beantworten. Wenn man sagt, daß die Menhire gegen Ende der Jungsteinzeit und zu Beginn der Bronzezeit gesetzt worden seien, also etwa in der Zeit zwischen 3000 und 2000 vor Christus, dann dürfte man der Wahrheit wohl am nächsten kommen. Diese Feststellung schließt nicht aus, daß nicht wenige Menhire auch noch in einer späteren Zeit gesetzt worden sind, etwa die Menhir-Statuen von Filitosa, die in der Zeit zwischen 2000 und 1600 vor Christus entstanden sein sollen. Umgekehrt wird es auch Menhire geben, die in noch früherer Zeit gesetzt worden sind. Wahrscheinlich waren in der frühen Jungsteinzeit hölzerne Pfähle die Vorläufer der Menhire. In dem Maße, in dem man lernte, mit dem spröden Steinmaterial umzugehen, ersetzte man die Holzpfähle durch Steinpfeiler. Dies ist ein Prozeß gewesen, der zeitlich nicht genau festgelegt werden kann und der je nach regionalen und anderen Voraussetzungen etwas früher oder später anzusetzen ist. Jedenfalls begann man mit den Steinsetzungen nach der sogenannten "neolithischen Revolution", d.h. nach dem Übergang von der Wirtschaftsstufe der Sammler und Jäger zur bodenständigen Landwirtschaft und zur Domestikation von Schaf, Ziege, Schwein, Rind und Pferd, also zur Haustierhaltung. Die neue Wirtschaftsweise führte zur Anlage dörflicher Siedlungen, zur Seßhaftigkeit und zur Ausbildung einer deftigen bäuerlichen Kultur, als deren Ausdruck die megalithischen Bauten und Steinsetzungen anzusehen sind.

Entstehungszeit: nach der neolithischen Revolution

Natürlich haben sich um die Jahrtausende alten geheimnisvollen Steine überall Sagen und teilweise abergläubische Bräuche gerankt. Vielfach suchen die Sagen zu erklären, wie die großen und schweren Steine an ihren Platz gekommen sind. In Deutschland sind es in vielen Fällen die Riesen, oder es ist der Teufel, die im Spiel oder im Zorn mit Felsbrocken geworfen oder sie aus Versehen fallen gelassen haben. In Frankreich sind es meistens die Feen, die durch ihre Zauberkräfte die Steine mit Leichtigkeit bewegen und aufstellen konnten.

Riesen und Elfen

Sehr oft wird erzählt, daß die Menhire sich bewegen können. Zu gewissen Zeiten, etwa am Karfreitag oder in den zwölf

Wandernde und rotierende Steine

heiligen Nächten drehen sie sich oder sie entfernen sich mehr oder weniger weit von ihrem Standort, gehen zum Bach, um ihren Durst zu löschen oder zu baden und kehren dann wieder an ihren Platz zurück[32]. Wehe dem, der ihnen bei ihren Ausflügen begegnet! Er würde von den Kolossen erdrückt. Junge Mädchen, die zufällig mit ansehen, wie der Langenstein bei Sulzmatt im Oberelsaß sich Karfreitag beim Mittagläuten um seine eigene Achse dreht, heiraten noch im Laufe desselben Jahres[33].

Versteinte Menschen

Vielen dieser Sagen liegt der Gedanke zugrunde, daß die Menhire zu Stein gewordene Menschen sind, die zur Strafe für ihre Untaten versteint wurden[34]. Eine bretonische Legende erzählt, die Menhire seien römische Soldaten, die den von den Bretonen hoch verehrten St. Cornely verfolgt hätten und dafür zur Strafe in Stein verwandelt worden seien. Auch Geräusche geben die Menhire von sich. So kann man den Stein von Krifol, der einmal ein junger Mann gewesen ist, nächtlicherweise bis Menec weinen und klagen hören[35].

Zauberei

Nicht selten findet man an den Menhiren eigenartige Rillen, die künstlich angebracht worden sind. Hier haben Menschen früherer Zeiten das Steinpulver herausgewetzt, um damit zu zaubern oder Krankheiten zu heilen[36]. Manche Menhire sind seit alters Wallfahrtsziele von Kranken, die sich von der Berührung mit dem Stein Heilung erhoffen[37]. Daß in den Menhiren lebendige und wirksame Kräfte stecken, ist ein weitverbreiteter Glaube.

Fruchtbarkeitsmagie

Ganz besonders soll es sich dabei um fruchtbarmachende Kräfte handeln. Noch im vorigen Jahrhundert suchten kinderlose Paare bei dem Menhir von Kerderf im Nordosten von Menec Hilfe. In gewissen Nächten, die zu solchem Zauber günstig waren, wanderte man zu dem wundertätigen Stein und legte dort die Kleider ab, während die Eltern Wache hielten. Dann mußte der Mann die Frau so lange um den Menhir jagen, bis sie sich ihm ergab. Eine solche Vereinigung im magischen Bannkreis des heiligen Pfeilers sollte unfehlbar Kindersegen bringen. Noch vor einigen Jahrzehnten gingen sterile Frauen heimlich zu diesem oder auch zu dem Menhir von St.Cado bei Ploemel, um den Leib an einer bestimmten Stelle des Steins zu reiben. Dies galt als sicheres Mittel für eine baldige Schwangerschaft[38]. Eine bretonische Bäuerin hat H.Kirchner versichert, daß sie nach dem Gang zum Menhir von St.Cado einen kräftigen Buben bekommen habe und danach noch mehrere Kinder. Ebenso sei es allen Frauen ergangen, die diese Wallfahrt unternahmen[39]. Kirchner berichtet auch, daß solche Steine an bestimmten Tagen von der Bevölkerung umschritten oder umtanzt wurden, was oft etwas mit Liebe oder Kindersegen zu tun hatte. Die jungen Burschen von Poubeau veranstalten jährlich zur Fasnacht beim Schein eines Strohfeuers einen solchen Steintanz, bei dem sie ihren Penis mit der Hand halten. Nach dem Volksglauben sollen auch Kinder aus den Steinen kommen. So hieß der lange Stein von Tiengen, Kreis Waldshut, früher auch der "Chindlistein", denn aus seinem verborgenen Schoß holte die Amme in stiller Nacht die neugeborenen Kinder hervor, und im Kindstein von Unterwiddersheim, Kreis Büdingen, hört man diese sogar schreien, wenn man das Ohr an den Block legt, zu dem die Kinderfrau den Schlüssel hat[40].

Eine Art Akupunktur?

Fruchtbarkeit versprach man sich von den Menhiren nicht nur für Menschen, sondern auch für das Land. Louis Charpentier[41] vergleicht die Menhire mit den Akupunkturnadeln der chinesischen Medizin und fragt, ob nicht durch diese Steine tellurische Ströme beeinflußt werden sollten, um ein segensreiches Gleichgewicht in der Erdstrahlung zu bewirken. Vielleicht - so meint Charpentier - hätten die Menschen, die vor Jahrtausenden die Steine aufstellten, über ein Wissen verfügt, das der Menschheit inzwischen wieder verlorengegangen sei. Wie dem auch sei - eins ist sicher: die Menschen glaubten in früheren Zeiten an eine geheimnisvolle Kraft im Menhir und daran, daß diese Kraft für die Fruchtbarkeit von Mensch, Tier und Acker nutzbar gemacht werden konnte.

Geboren aus der Begegnung mit dem Tode

Die abergläubischen Vorstellungen und Bräuche, die man mit den Menhiren verbunden hat, ebenso die an die Steine geknüpften Sagen und Legenden sind in Zeiten entstanden, die von der megalithischen Kultur schon Jahrhunderte und Jahrtausende entfernt waren und kaum noch Beziehungen zu ihr hatten. Darum sagen sie auch wenig aus über den ursprünglichen Sinn und die Bedeutung dieser Steinsetzungen. Leider scheint es unmöglich, hierüber genaue und gesicherte Erkenntnisse zu gewinnen. Man wird aber sagen dürfen, daß der Menhirgedanke geboren ist aus der Begegnung der jungsteinzeitlichen Menschen mit dem Tode. Wenn auch die Menhire der Megalithzeit nur ausnahmsweise mit Gräbern in Verbindung stehen[42], so finden sie sich doch zumeist in der Nähe von Gräberfeldern, an alten Wegen, auf Höhenrücken u.s.w. Nicht nur zur Erinnerung an die Toten setzte man diese Steine. Man hatte wohl die Vorstellung, der Seele des Verstorbenen müsse ein Ruheplatz zur Verfügung gestellt werden, damit sie nicht umherirre und möglicherweise Unheil anrichte. Bei dem Vorläufer des Menhir, dem Opferpfahl der vor der neolithischen Revolution lebenden Jäger und Sammler, hat man als Krönung einen hölzernen Vogel, der wohl die Seele des Verstorbenen versinnbildlichen sollte, angebracht. Die megalithischen Totenmäler in Indien haben den Zweck, die Seele des Toten festzuhalten und ihr eine vorläufige Wohnung zu geben, die sie in der Nachbarschaft der Lebenden hält, ihr die Beeinflussung der Felder durch die dem Toten gewährte Macht erlaubt, sie aber doch hindert, umherzuirren und gefährlich zu werden[43].

Der Stein als Sinnbild der Dauer

Von dem Verständnis des Menhir als Seelensitz ist es nur ein Schritt bis zu der Auffassung, der Menhir diene der Seele des Verstorbenen als neuer Leib, in den sie nach Zerfall des Leichnams einziehen kann. Die scheinbare Unverwundbarkeit und Unerschütterlichkeit des steinernen Pfeilers machte ihn für eine solche Funktion in den Augen der Steinzeitmenschen besonders geeignet. "Auf seiner Suche nach dem Unvergänglichen hatte sich dem Menschen der Stein als eines der großen Sinnbilder der Dauer angeboten. Sehr früh schon wurde er ihm zum Ausdruck des Ewigen, des Göttlichen, zum Träger überirdischer Kräfte"[44]. Übrigens wird auch von den Frommen des Alten Testaments Gott selber ein Fels genannt, etwa Jesaja 26/4:"Verlasset euch auf den Herrn ewiglich, denn Gott der Herr ist ein Fels ewiglich". Man glaubte also in dem Menhir die lebendigen Seelenkräfte des Verstorbenen gegenwärtig und hoffte, durch einen am Stein vollzogenen Opferkult diese Kräfte zum Segen für die Lebenden aktivieren zu können.

Bei diesem Opferkult heftete man Schädel und Knochen der geopferten Tiere oder Menschen an den Menhir, legte sie bei ihm nieder oder grub sie ein. Vermutlich band man auch die als Opfer ausersehenen Menschen oder Tiere an den Stein.

Offensichtlich ist innerhalb der megalithischen Epoche der Menhirgedanke gewissen Veränderungen unterworfen gewesen. Die Zusammenfassung vieler Steine zu Menhirfeldern, Alleen oder Kromlechs, besonders auf bretonischem und britischem Boden, weist darauf hin, daß der Kult nunmehr eine starke soziale Prägung bekam. Stonehenge ist offenbar ein Sonnenheiligtum, und viele Forscher meinen, daß die Steinreihen von Carnac eine Art astronomischen Kalender darstellen, mit dessen Hilfe Sonnenaufgang und Sonnenuntergang zur Sommer- und Wintersonnenwende bezeichnet werden sollten. Solche Vermutungen lassen sich weder beweisen noch widerlegen. Festzustehen scheint lediglich, daß die Steinreihen und steinumhegten Plätze sakrale Orte waren, Kult- und Versammlungsstätten für große Volksmengen, die sich in festlichen Prozessionen durch die langen Alleen bewegten und sich auf den umfriedeten heiligen Stätten zu gemeinsamen Opferhandlungen und vielleicht auch zu sakralen Tänzen oder Spielen zusammenfanden[45]. Im Laufe der späteren vorgeschichtlichen Perioden änderten sich die mythischen und weltanschaulichen Grundlagen des steinzeitlichen Menhirkultes. Aber die Sitte, Menhire zu errichten und sie in neue religiöse Vorstellungen und Riten einzubeziehen, wurde weitergepflegt. "Man hatte nun einmal ein Mittel zur Sicherstellung des eigenen Seelenheiles wie das seiner Angehörigen und gebrauchte es so lange, bis es in einer neuen Umwelt endgültig sinnlos wurde"[46].

Wandlungen des Menhirgedankens

6 Omphalos - Nabel der Welt

Mittelpunkt der Erde

Im Hauptschiff der Grabeskirche zu Jerusalem befindet sich auf einem niederen Marmorsockel eine Halbkugel. Unter Berufung auf eine Stelle des Alten Testaments wird den Pilgern und Touristen gesagt, dies sei der Mittelpunkt oder Nabel der Erde[47]. Hierfür könnte man auch den Propheten Hesekiel zitieren, bei dem es heißt: "Dies ist Jerusalem, die ich mitten unter die Völker gestellt habe, und rings um sie her Länder"[48]. Die Männer des Alten Testamentes haben mit solchen Worten allerdings keine geographischen Angaben über die Lage Jerusalems machen wollen. Vielmehr handelt es sich um die theologische Aussage, daß Gott sein Heil inmitten der Völkerwelt offenbart hat. Wenn heute von den Fremdenführern in Jerusalem die alttestamentlichen Stellen in geographischem Sinn ausgelegt werden, so befinden sie sich damit scheinbar in der Tradition altjüdischer Erklärer. So heißt es z.B. im Midrasch Tanchuma zum Abschnitt Kedoschim gegen Ende: "So wie der Nabel in der Mitte des Menschen ist, so ist das Land Israel in der Mitte der Welt und das Heiligtum in der Mitte Jerusalems und die Tempelhalle in der Mitte des Heiligtums und die Bundeslade in der Mitte der Halle und der Grundstein der Welt vor der Lade, denn es heißt, daß von ihm aus die Welt gegründet wurde". Jüdische und syrische Traditionen wollen wissen, daß Adam im Paradiese eben an diesem Weltmittelpunkt erschaffen wurde. An der gleichen Stelle sei er auch beerdigt worden, und eben hier wurde Christus gekreuzigt, so daß Adam unmittelbar von dem Blut Jesu Christi erlöst wurde[49]. Weiter erzählt die Legende, dieser Weltmittelpunkt sei auf einem so hohen Berge gelegen, daß die Wellen der Sintflut ihn nicht überspülen konnten.

Mittelpunkte der Welt gibt es unzählige

Diese orientalischen Überlieferungen stimmen überein mit vor- und außerchristlichen Traditionen, nach denen jede heilige Stätte, jeder Tempel, jeder Altar einen Weltmittelpunkt darstellt. Eine solche Vorstellung widerspricht unserem heutigen logischen Denken, demzufolge es nur einen einzigen Mittelpunkt geben kann. Aber das mythische Denken, das den Überlieferungen vom Mittelpunkt zugrundeliegt, überschreitet die Grenzen der konkreten und profanen Welt, in der wir leben und sieht sie mit den oberen und unteren Welten zusammengefaßt zu einem gegliederten Kosmos. Die heiligen Stätten, Tempel, Berge und Altäre sind in diesem mythischen Weltbild die Stellen, an denen in Hierophanien, in Himmel- und Höllenfahrten eine Kommunikation zwischen den verschiedenen Ebenen des Weltganzen möglich wird. Mittelpunkte sind sie also nicht wegen ihrer geographischen Lage, sondern wegen ihrer Mittlerfunktion zwischen unserer irdischen Menschenwelt und den überirdischen bzw. unterirdischen Welten der Götter und Dämonen. Weltmittelpunkte kann es daher in diesem Denken beliebig viele geben, ohne daß durch ihre Vielzahl ihre Authentizität beeinträchtigt würde[50].

Heilige Zentren in Palästina und Griechenland

Auch in Palästina gab es außer dem Berg Zion mit der heiligen Stadt Jerusalem und dem Tempel noch andere heilige Mittelpunkte wie die Berge Tabor und Garizim oder das "Haus Gottes" Beth-El, wo Jakob von der Himmelsleiter träumte.

Die Griechen besaßen mehrere bedeutende Weltzentren. Das berühmteste war Delphi. Dort gab es ebenfalls einen Nabelstein. Rechts und links von ihm waren goldene Adler angebracht, die darauf hindeuteten, daß dieser Stein dem Zeus heilig war. Von den Adlern (oder auch Krähen) wurde erzählt, sie seien von den Enden der Welt hergeflogen und hätten sich an dieser Stelle, dem Mittelpunkt und Nabel der Welt, getroffen. Auf einem Dreifuß über dem Nabelstein saß die Pythia, die in einem ekstatischen Zustand dunkle Worte ausstieß, die von den delphischen Priestern erklärt und vom Volk als Botschaften des Zeus respektiert wurden. Das delphische Orakel war in der ganzen antiken Welt hoch angesehen.

Dennoch gab es in Griechenland auch andere Nabel der Welt, die ebenfalls sehr verehrt wurden. In Paphos gab es einen bedeutenden Tempel des Apollo mit einer Statue, die diesen Gott auf einem bienenkorbförmigen, mit Netzwerk bedeckten

Omphalos darstellte. Paphos rühmte sich ebenso wie Delphi, der Nabel der Welt und Sitz eines bedeutenden Orakels zu sein[51]. Ein ähnliches Heiligtum gab es in Branchidai. Dort saß die Seherin auf der aus dem Boden ragenden Erdachse und sagte die Zukunft voraus.

Verstehens-schwierigkeiten

Heinrich Roscher hat trotz seiner intensiven Beschäftigung mit dem Omphalos das Wesen dieses geheimnisvollen Symbols nur zum Teil verstanden. Er ist der Meinung, daß die Idee des Nabelsteines nur dort möglich gewesen sei, wo man sich die Erde als eine runde oder viereckige Scheibe vorstellte, die ja notwendigerweise einen geometrischen Mittelpunkt haben müsse. Für das Nebeneinander von mehreren oder vielen Omphalen gibt es dabei keine andere Erklärung als die angebliche Unwissenheit oder Naivität der damaligen Menschen. Den Übergang zu der Erkenntnis von der Kugelgestalt der Erde haben die Menschen nach Roscher[52] verkraftet, indem sie den Omphalos aus dem Mittelpunkt der Erdfläche in den Endpunkt der Erdachse umdeuteten. Roschers Arbeit zeigt, wie schwer es einem modernen, wissenschaftlich denkenden Menschen fallen kann, den Omphalos-Mythus vom heiligen Weltmittelpunkt zu begreifen.

Schöpfung und Mittelpunkt

Gott schuf die Welt von einem Mittelpunkt aus. Das besagt die mythische Überlieferung nicht nur semitischer, sondern auch indischer und anderer Völker. Schöpfung und Mittelpunkt gehören nach mythischer Überzeugung zusammen. Das gilt auch für das schöpferische Tun des Menschen. Eine Stadt bauen, ein Haus bauen - das bedeutet: die Erschaffung der Welt nachahmen und in gewissem Sinne wiederholen. Eliade schreibt:

"In der Tat, jede Stadt, jede Wohnung befindet sich im »Zentrum des Universums«. Ihre Erbauung war nur möglich durch die Abschaffung der profanen Zeit und durch die Einführung eines heiligen Raumes und einer heiligen Zeit. Wie die Stadt immer ein Bild der Welt ist (imago mundi), ist das Haus ein Mikrokosmos. Die Schwelle trennt die beiden Räume. Der Herd ist gleichsam der Mittelpunkt der Welt. Der Mittelpfosten der Behausung der primitiven arktischen und nordamerikanischen Völker (Samojeden, Ainu, Nord- und Südkalifornier,

Algonkins) ist gleich der Weltachse. Bei variierender Hausform, wenn an die Stelle des Hauses die Jurte tritt, wird die mythisch-religiöse Funktion des Mittelpfeilers durch die hochliegende Öffnung gesichert, die für den Abzug des Rauches gedacht ist. Bei einer Opferhandlung bringt man einen Baum in die Jurte, dessen Wipfel durch diese Öffnung hinausragt. Der Opferbaum mit sieben Zweigen versinnbildlicht die sieben himmlischen Sphären. So entspricht das Haus einerseits dem Universum, andererseits betrachtet man es als im »Zentrum« der Welt gelegen. Die Rauchöffnung befindet sich gegenüber dem Polarstern. Durch das Paradox der Heiligung des Raumes und den Ritus des Bauens sieht sich jede Behausung umgewandelt in ein »Zentrum«. Auf diese Weise befinden sich alle Häuser - wie alle Tempel, Paläste und Städte - an einem und demselben gemeinsamen Punkt, dem Zentrum des Universums. Es handelt sich hier, wohlgemerkt, um einen transzendenten Raum, um einen Raum von ganz anderer Struktur als der profane Raum, durchaus vereinbar mit einer Vielzahl, ja sogar einer unendlichen Zahl von »Zentren«"[53].

Hausbau und Weltschöpfung

Eliade, der jahrelang in Indien gelebt und an der Universität von Kalkutta Sanskrit und indische Philosophie studiert hat, beschreibt[54] den Bau eines indischen Hauses. Zuerst bestimmt der Astrologe die Stelle auf dem Erdboden, unter der die Schlange liegt, welche die Welt trägt. Der Maurermeister bohrt einen Pfahl an der bezeichneten Stelle in den Boden, um den Kopf der Erdenschlange zu fixieren und um Erdbeben zu verhindern. Dieser Pfahl wird zum Eckpfeiler des Hauses. So wird das Haus nicht nur im Mittelpunkt der Welt errichtet, in gewissem Sinne wiederholt der Hausbau auch die Weltschöpfung.

Aus unzähligen Mythologien wissen wir, daß die Welten hervorgegangen sind aus der Zerstückelung eines urweltlichen, oft schlangenähnlichen Ungeheuers. Ebenso wie sich alle Behausungen in geheimnisvoller Weise im Mittelpunkt der Welt befinden, ebenso fügt ihre Erbauung sie in den gleichen frühzeitlichen Augenblick der Weltschöpfung ein. Die mythische Zeit wie der heilige Raum wiederholt sich unendlich oft bei jedem Werk der Menschen.

Der Stein im Hippodrom — Ein symbolischer Weltmittelpunkt scheint auch der Stein im Zentrum antiker Rennbahnen zu sein. Der Omphalos zu Delphi teilte nach antiker Überzeugung die Welt in eine östliche und eine westliche Hälfte. Die Adler rechts und links vom delphischen Nabelstein sollten vielleicht zum Ausdruck bringen, daß Zeus der Herr des Orients und des Okzidents sei. So teilt auch der Stein im antiken Hippodrom die Bahn in zwei Hälften. Wenn wir davon ausgehen, daß sportliche Wettkämpfe einen kultischen Ursprung haben, so könnte das Hippodrom eine alte religiöse Institution darstellen, deren Konstruktion dem damals herrschenden Weltbild nachempfunden ist.

Gestalt und Gehalt — Die Darstellungen des Omphalos haben stets große Ähnlichkeit miteinander. Ob er auf Rollsiegeln, Münzen oder antiken Vasenbildern erscheint, immer hat er die Form einer Halbkugel, eines Bienenkorbs oder eines unten plattgedrückten Eies, manchmal wie aus einem Blumenkelch emporsteigend. Aber wichtiger als die Gestalt ist der Gehalt des Symbols. So wie der Nabel der Menschen, Tiere und Pflanzen eine Erinnerung daran ist, daß die Kreatur an dieser Stelle mit der Mutter verbunden war, so ist der Omphalos der antiken Mythologie eine Erinnerung daran, daß diese Welt nicht aus sich selbst entstanden ist, sondern daß sie ihr Dasein einem Höheren verdankt. Immer hat die Menschheit mehr oder weniger deutlich geahnt, daß es eine Schicksalsfrage für sie und ihre Welt ist, ob sie sich ihrer Herkunft - und ihrer Abhängigkeit - von dem Ewigen bewußt bleibt, oder sie vergißt.

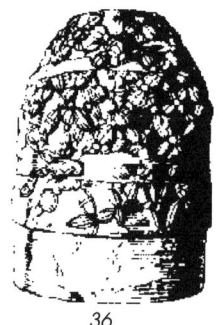

Griechische Omphalos-Darstellungen

Die jonische Säule 7

38 Ionische Säule

Staunend steht der Tourist vor den Tempelruinen der Mittelmeerländer und des Orients. Verschwunden sind ihre Altäre, eingefallen ihre Dächer. Stehengeblieben aber sind Säulen: dorische, jonische, korinthische, ägyptische und viele andere. Sie haben die Jahrtausende überdauert und ragen in den blauen südlichen Himmel als stumme Zeugen versunkener Welten; als Sinnbilder eines menschlichen Strebens, das sich nicht zufrieden gibt mit bloßer physischer Existenz; das über sich schaut, nach den Sternen greift, das Kontakt sucht mit dem Unvergänglichen, Ewigen.

Sinnbild menschlichen Strebens

Eine oberflächliche Betrachtungsweise sieht in den Säulen allerdings nur Bauelemente, Träger und Stützen, die notwendig sind, um die Last der oberen Teile des Bauwerks zu tragen und dem Ganzen Stabilität zu verleihen. Man bewundert vielleicht die Harmonie der Säulenordnung, die kunstvolle Ausführung der erhaltenen Ornamente, den hohen Stand des handwerklichen Könnens, von dem die Ruinen zeugen - und übersieht die tiefe Symbolik, die gerade den Säulen eignet und die auch Jahrtausende nicht vergessen machen konnten:

Nicht nur Bauelement

Und keine Zeit und keine Macht zerstückelt
Geprägte Form, die lebend sich entwickelt

Goethes Wort gilt auch von der geprägten Form der griechischen Säule. Aus der Vielfalt ihrer Formen greifen wir die jonische Säule heraus, um an ihrem Beispiel zu erkennen, daß wir es hier mit einem Sinnbild zu tun haben, das eine lange Geschichte und tiefe Bedeutung hat.

Sumerische Hirten und ihre Hürden

Die jonische Säule ist nicht die Erfindung genialer Baumeister eines auf hoher Kulturstufe stehenden Volkes. Ihr Urbild ist vielmehr das Ergebnis des praktischen Denkens sumerischer Hirten, die Jahrtausende vor Beginn unserer Zeitrechnung in Kleinasien lebten. Sie sahen sich vor die Notwendigkeit gestellt, Hürden für ihre Schafherden zu bauen. Damit die Tiere sich bei Nacht nicht verliefen und sicher waren vor Räubern und wilden Tieren, trieben die Hirten ihre Herden an einem umzäunten Platz zusammen, wie sie es ja auch heute noch tun. Als Material für den Bau der Hürde bot sich das in den feuchten Niederungen reichlich vorhandene Schilfrohr an. Aus ihm konnte man geflochtene Zäune errichten und Hütten für die Hirten innerhalb der Hürde.

Erfindung des Rohrbündels

Ein besonderes technisches Problem war der Bau eines Tores für die ganze Anlage. Es mußte verschließbar sein und robust genug, um längere Zeit dem Verschleiß standzuhalten, dem es durch die herein- oder herausdrängende Herde ausgesetzt war. Es lag nahe, für den Bau des Tores das gleiche Material zu verwenden wie für den übrigen Zaun. Um aber starke und widerstandsfähige Türpfosten zu erhalten, bündelte man die mehrere Meter hohen Halme, indem man viele davon zusammenfaßte und mehrfach mit Bändern umwand. Mit dieser Konstruktion schuf man unbewußt das Urbild und Muster des viel später von den Griechen in Stein gehauenen Säulenschaftes.

An die Abkunft der jonischen Säule vom Rohrbündel sumerischer Hirten erinnert noch ihre Oberflächenstruktur, Riefelung oder Kannelierung genannt. Das lateinische Wort canna, von dem Kannelierung abgeleitet ist, bedeutet Rohr oder Halm. Andrae weist darauf hin, daß die Riefelung der hochgezüchteten Säule nicht konvex ist, wie es eigentlich dem Vorbild entsprechen würde, sondern konkav. Er betrachtet diese Umkehr der Urform als "eine Schöpfung griechischen Formgefühls".

Ringbündel - Vorbild der Voluten

Mit der Verwendung von Rohrbündeln als Türpfosten war das Problem der Konstruktion einer brauchbaren Tür noch nicht gelöst. Das Material eignete sich nicht zur Anbringung von Türblättern. Die Lösung, die man fand, war - unter Beachtung der zur Verfügung stehenden Mittel - nicht nur in technischer Hinsicht beachtlich. Sie ist auch zu einem bemerkenswerten Teil der Kultur- und Geistesgeschichte geworden. Man ging daran, nun auch das bei jedem Rohrbündel am oberen Ende frei im Wind wehende Blattbüschel weiter zu schnüren und zu einem Wulstring zusammenzubiegen. Die so an den beiden Türpfosten entstandenen Ringe dienten als Lager für die Achse einer Rollmatte, mit der man die Türöffnung nach Belieben freigeben oder schließen konnte. Hiermit hatte man eine brauchbare Lösung für die Konstruktion einer Tür gewonnen. Gleichzeitig hatte man die Voluten erfunden, die Jahrtausende später ein Charakteristikum der jonischen Säule wurden.

Eng verbunden mit dem Ringbündel ist ein weiteres Detail. Andrae nennt es die "Garbe": ein im Verhältnis zum ganzen Rohrbündel kleineres Büschel aus dem gleichen Material, dessen eines Ende in den Ring eingebunden ist, während das andere Ende, vergleichbar dem Schweif eines Kometen, im gegenläufigen Sinn frei aus dem Ring herausragt. Durch Zusammenflechten der Garben konnten die beiden Türpfosten miteinander verbunden und zumindest der obere Teil der Türöffnung geschlossen werden. *Die "Garbe"*

Das alles sind relativ unbedeutende technische Bemühungen, die nur auf dem Hintergrund einer noch wenig entwickelten Zivilisation bemerkenswert erscheinen mögen. Um ihre Erwähnung in unserem Zusammenhang zu rechtfertigen, ist zu fragen: hat das Rohrbündel auch eine geistige und symbolische Bedeutung und - wenn ja - welcher Art ist sie? *Symbolik des Rohr- und Ringbündels*

Machen wir uns klar, daß das Rohr- und Ringbündelpaar im Hürdenzaun der wichtigste - zumindest der markanteste - Teil der ganzen Anlage eines sumerischen Anwesens war. Dieses auffallende technische Detail bezeichnete die ganze Hürde: den Zaun mitsamt der Hütte und Herde, die er umschloß. Das Tor und - noch prägnanter - schon einer seiner beiden Pfosten, eben das einzelne Ringbündel, bezeichnete diesen ganzen Inhalt. Wer das Tor besaß, dem gehörte all das, wozu es den Zugang eröffnete.

Eine ähnliche pars pro toto - Funktion des Begriffes "Tor" finden wir häufig im Alten Testament. Wenn es etwa bei der Erläuterung des Sabbatgebotes heißt: "...da sollst du keine Arbeit tun, noch dein Sohn, noch deine Tochter, noch dein Knecht, noch deine Magd, noch der Fremdling, der in deinen Toren ist", so ist mit "Toren" deutlich das ganze Anwesen gemeint. Und wenn der Prophet Sacharja ruft:"Schaffet Frieden in euren Toren", so zielt er damit ebenfalls auf den ganzen Bereich innerhalb der Tore des Hauses, des Dorfes, der Stadt.

Zeichen der Muttergöttin Ischtar

Das Rohr- und Ringbündel als Sinnbild führt uns in eine Zeit zurück, die offenbar das Weibliche als den eigentlichen und wichtigsten Inhalt eines Anwesens ansah. Man muß dabei nicht unbedingt an Begriffe wie "Mutterherrschaft" und "Mutterrecht" denken, wie es Andrae in seinem ausgezeichneten Buch über die jonische Säule tut; wohl aber an eine Gesinnung, die der Frau und Mutter als der Gebärerin und Hegerin des Lebens eine besondere Verehrung darbrachte, wie sie in den orientalischen Mutterkulten zum Ausdruck gekommen ist. Jedenfalls erscheint in der Bilderschrift von Uruk das Ringbündelzeichen eindeutig als Piktogramm für die große Muttergöttin Inanna - Ischtar. Das Ringbündel ist zum Symbol für weibliche Wesenheit geworden. Denn mit der Göttin ist ja der Inbegriff des Weiblichen, wir könnten sagen: das Ewig-Weibliche ausgedrückt. Diesen Sinn behielt das Ringbündel lange Zeiten hindurch.

Doppelung des Symbols

In einer viel späteren Zeit wird dem Symbol des Weiblichen das gleichberechtigte Männliche hinzugefügt. Eine Paarung war ja schon vorher durch das Nebeneinander von zwei Rohrbündeln in der Funktion von Türpfosten gegeben. Jedoch das Denken der alten Zeit sah auch in dieser Doppelung zunächst nur das Weiblichkeitssymbol. Aber von einem gewissen Zeitpunkt an erscheint in bildlichen Darstellungen eine auffallende Änderung des alten Zeichens. An die Stelle des Rohrbündels mit einem in der Regel nach rechts weisenden Ring findet sich nunmehr ein Pfosten mit zwei symmetrisch angebrachten Ringen, der eine rechts, der andere links.

Was ist geschehen?

Die beiden Torsäulen sind zu einer einzigen vereinigt worden, aber so, daß jeder Teil sein Charakteristikum mit einbringt und behält. Diese Änderung ist technisch nicht zu begründen. Ein Zusammenrücken von zwei Türpfosten erscheint geradezu unsinnig. Wahrscheinlich hatte sich zum Zeitpunkt dieser Änderung die Vorstellung "Tür" schon längst von dem Zeichen gelöst. Geblieben aber war das Bewußtsein von der Sinnbildhaftigkeit des überlieferten Zeichens. Aber nun war eine Änderung im Denken der Menschen eingetreten. Man empfand die Dominanz des weiblichen Wesens als Isolierung

Verbindung von Weiblichem und Männlichem

*Jonische Säule
Stufen der
Volutenentwicklung*
1. *Urzustand:
 Schilfpflanze*
2. *Das zusammen-
 gebundene
 Pflanzenbüschel*
3. *Das Ringbündel*
4. *Hinzufügen
 der "Garbe"*
5. *Tor mit zusammen-
 geflochtenen Garben*
6. *Tor mit Rollmatte*
7. *Verschmelzung des
 Ringbündelpaares
 zu einem einzigen
 Zeichen*
8. *Verdopplung des
 Volutenpaares*
9. *Verdreifachung des
 Volutenpaares*
10. *An der Spitze
 erscheint eine
 Ringscheibe*
11. *Aus der Ringscheibe
 bricht die Blüte
 hervor*
12. *Der beschwingte
 Stern über der Säule*

*39 Ionische Säule
Stufen der
Volutenentwicklung*

DIE JONISCHE SÄULE 55

und als Unvollkommenheit und verband es mit einem männlichen Gegenüber zu einem neuen Symbol, das mit seiner Verbindung von Weiblichem und Männlichem das schlechthin Menschliche ausdrückte. "In der Paarung schnüren sich zwei Lebendigkeiten zusammen, und das »Menschliche« erfüllt sich zur »Zweieinigkeit« in der Doppelvolute, im Zeichen des Doppelringbündels".

Weitere Entfaltung

Nachdem die technische Urfunktion des Rohr- und Ringbündels vergessen ist, sind der weiteren Entwicklung des Symbols keine Grenzen mehr gesetzt. Das Rohrbündel wird zum einfachen senkrechten Stab. Das Ringbündelpaar an seinem oberen Ende wird verdoppelt und verdreifacht. An der Spitze erscheint eine Ringscheibe. Aus der Scheibe bricht, wie aus einer Knospe, eine Blüte hervor, und schließlich erscheint über dem Ganzen ein beschwingter Stern, oder aus den Voluten brechen Ranken hervor.

Geistiges Wachstum

Diese reiche Entfaltung des Sinnbildes ist gewiß nicht als Ausdruck einer Freude am Spielerisch-Ornamentalen zu verstehen. Jede Veränderung des Symbols stammt aus einer geistigen Veränderung des Menschen. Und da sich das Symbol sozusagen wachstümlich entfaltet, so ist anzunehmen, daß es sich beim Menschen ebenfalls um einen Prozeß geistigen Wachstums handelt, um eine geistige Reifung, Vertiefung und Bereicherung, die sich widerspiegelt in der allmählichen Vervollkommnung des Sinnbildes.

Mystische Verbindung von Mensch und Gott

In den orientalischen Siegelbildern und anderen Darstellungen des vierten bis zweiten Jahrtausends sehen wir immer wieder das Symbol des Menschenwesens. "Zwischen dem hingelagerten Waagrechten der Erde und dem Schwebend-Beflügelten, dem Himmel (als Gestirn der Gottheit), reckt sich der Aufrechte, der Mensch, wie der senkrechte Stamm des Lebensbaumes empor (Aschera, Massebe, Stele, Menhir, also wie Pfähle senkrecht aufgerichtete Steine scheinen Ähnliches auszusprechen). Das Sinnbild ist umgeben und eingehüllt von Königen und Priestern, von Götterwesen und mythischen Gestalten mit Tierleibern. Sie strahlen ihre Kräfte zu ihm hin, indem sie die Hände zu ihm ausstrecken oder über es breiten, sich vor ihm neigen, die Verbindung zum beflügelten Himmlischen mit Bändern herstellen. Offensichtlich wird das Menschenwesen in eine enge mystische Verbindung mit Gott gebracht".

40/41 Mystische
Verbindung
von Mensch und Gott

40

Das Aufeinandersetzen von zwei und drei Volutenpaaren drückt eine steigende Vergeistigung des Menschenwesens aus, ein Hinaufstreben zu Gott, und die Blume an der Spitze ein Sich-öffnen für den Ewigen, die Bereitschaft, sein Licht, seine Wärme, seine Kraft, seinen Geist in sich aufzunehmen. Man wird erinnert an Mystiker wie Gerhard Tersteegen, von dem die Verse stammen:

Vergeistigung

> *Wie die zarten Blumen*
> *willig sich entfalten*
> *und der Sonne stillehalten,*
> *laß mich so,*
> *still und froh,*
> *deine Strahlen fassen*
> *und dich wirken lassen.*

41

Wie ist nun aus dieser orientalischen Überlieferung die jonische Säule geworden?

Sinn der jonischen Säule

Fassen wir noch einmal die orientalische Volutengliederung ins Auge. Ihren vier Teilen könnte man die folgenden von d zu a aufsteigenden Deutungen zuordnen:

a — Ich
b — Geist
c — Seele
d — Leib

Von dieser Vierheit haben die Griechen zwei Teile unberücksichtigt gelassen, nämlich d und c = Leib und Seele. Andrae gibt einen Grund für diese Vereinfachung an. Er sagt: die Griechen benötigten für Leib und Seele des Menschen keine Symbole. Sie erlebten ja das leibliche und seelische Wesen des

Menschen in höchster Vollkommenheit in den Werken ihrer Kunst. Bildhauer vom Range eines Phidias und Dichter wie Homer hatten diese Themen behandelt und sie in vielfältiger und faszinierender Weise dargestellt. Geist aber und Ich sind auch dem Griechen unfaßbar, und darum braucht er Symbole, um sie wahrnehmbar zu machen. Der Grieche entnimmt also den orientalischen Vorlagen nur das oberste Volutenpaar und das krönende pflanzliche Motiv als Sinnbilder der Geistigkeit und des Ich-Bewußtseins des Gott suchenden Menschen. Der Säulenschaft mit seiner Kannelierung erinnert in rein formaler Weise an die Herkunft vom alten sumerischen Rohrbündel. Er ist zum Korpus des symbolischen Menschenwesens geworden, das mit dem (Säulen-)Fuß fest auf der Erde steht, aber mit dem Haupt (Kapitell), mit seiner Geistigkeit und mit seinem Ich, Berührung hat mit - und lebt aus - den ewigen himmlischen Kräften.

Bild des Menschentums

"Man braucht sich nur offenen Sinnes und Herzens in die Reinheit frühjonischer Formenwelt zu versetzen...die Ringhallen der frühjonischen Tempel von Ephesus sich vorzustellen, und man wird die Säulenreihen wie Reihen hoher Menschenwesen empfinden können, die der göttlichen Erscheinung sich nahen oder im Reigen um die göttliche Wohnung sich bewegen. Sie hören dann auf, bloß Mittelstützen einer zweischiffigen Halle oder bloß Dachstützen einer Ringhalle zu sein. Sie sind nicht mehr bloß statische Notwendigkeiten, sondern dynamische Bewegtheiten. Dem Bild des Gottes und dem Bild der göttlichen Wohnung ist das Bild des Menschentums hinzugefügt: Kultbild, Kultraum, Säulenreihen - diese Trias ist Ausdruck dafür geworden, daß Gottheit und Menschheit an dieser Stätte, in diesem Tempel sich fanden. In diese Totalität der Kultstätte tritt der physische Mensch, sich heiligend, ein und erlebt seine Vereinigung mit dem Göttlichen unter Einsetzung aller seiner Sinne und aller seiner Wesensteile, deren er sich hier im Bilde bewußt wird. Das ist die Erfüllung des Sinnes der Kultstätte".

Der Weltenbaum 8

Am 24. Januar 1895 hielt der schottische Gelehrte Eirikr Magnusson vor der "Philologischen Gesellschaft" der Universität Cambridge eine Vorlesung über das Thema "Odins Horse Yggdrasil". Noch im gleichen Jahr wurde der Vortrag Magnussons von der Direktion des Allgemeinen Literatur-Komitees in Cambridge veröffentlicht. In seiner Vorlesung weist der schottische Magister of Arts mit großem Scharfsinn und überzeugend nach, daß die bisherige Gleichsetzung von Yggdrasil und Weltesche Yggdrasils auf einem Irrtum beruht, der bereits den Verfassern der Edda unterlaufen ist. Nach Magnusson bedeutet YGG "der Schreckliche" und ist einer von Odins vielen Namen. DRASIL ist ein rein poetisches Wort und bedeutet "Pferd". Mithin ist YGGDRASIL "das Pferd oder Reittier des Schrecklichen". Das Pferd Odins ist auch unter dem Namen des achtfüßigen Sleipner bekannt. Wörtlich sagt Magnusson: "The myth knows only one horse belonging to Odin, and that the best of all horses: the eightfooted Sleipner". Es ergibt sich die überraschende Tatsache, daß YGGDRASIL und SLEIPNER identisch sind. Yggdrasil ist also nicht gleichbedeutend mit der Weltesche der Germanen, obgleich schon in der Edda dieser Irrtum wiederholt vorkommt. Leider ist Magnussons Vorlesung von der Wissenschaft kaum zur Kenntnis genommen worden. Bald ein Jahrhundert danach wird in der Literatur immer noch Yggdrasil mit dem Weltenbaum der Germanen gleichgesetzt. Es ist das Verdienst von Karl F. Kohlenberg, in seinem Buch "Enträtselte Vorzeit" auf die Bedeutung von Magnussons Vorlesung hingewiesen zu haben.

Odins Pferd Yggdrasil

Der Weltenbaum der Germanen wird in der Edda "Yggdrasils askr" genannt, also die Esche des Reittieres Odins. Dieser Benennung liegt die Vorstellung zugrunde, daß das Pferd Odins sich in der Krone dieses Baumes tummelt und mit seinen

Die Esche Yggdrasils

acht Beinen seinen Herrn in Windeseile von einer Region des Baumes in die andere trägt - und das heißt: von einer Welt zur anderen! Diese Vorstellung zeigt, daß die Weltesche kein leicht zu verstehendes Symbol ist. Vielmehr fließen in dem Bild von Yggdrasils askr kosmologisches Wissen, germanische Theosophie, mythische Vorstellungen, praktische Lebensweisheit und archetypische Inhalte der menschlichen Seele zu einem grandiosen Ganzen zusammen. Mit Recht sagt Kohlenberg: "Der Weltenbaum ist ein so abstraktes Gebilde, das nur ein trainiertes Gehirn ersinnen kann: ein geformter Raum ohne sichtbare Begrenzungen, in dem die Himmelskörper gleich Blasen schwimmen und durch ihn, an einem Ende zusammendrängend, und gleichsam eine Krone bildend, miteinander verbunden sind".

Inbegriff kosmischen Denkens   Der Baum als Sinnbild für das, was damit gemeint ist, ist ebenso zutreffend wie unzulänglich; zutreffend wegen seiner Größe, Gliederung und Durchlässigkeit; unzulänglich, weil er die Gedanken festhält in der uns umgebenden irdischen Natur. Denn in Wahrheit ist dieser Baum der Inbegriff eines kosmischen Denkens, das die Grenzen unseres Planeten und unseres Sonnensystems weit unter sich läßt und in das Zentrum unserer Galaxis vorstößt.

Midgard   Es sieht so aus, wie wenn die Menschen, die das Sinnbild des Weltenbaumes vor Jahrtausenden ersonnen haben, über astronomische Kenntnisse verfügten, die wir als das Ergebnis neuzeitlicher wissenschaftlicher Forschungen betrachten. Insbesondere scheinen die Alten gewußt zu haben, daß unsere Erde ein Teil jener diskusartigen und spiralförmigen, rotierenden Ansammlung von Milliarden Himmelskörpern ist, die wir unsere Galaxis nennen und deren Seitenansicht wir in der "Milchstraße" in sternenklaren Nächten vor Augen haben. Auch scheint ihnen bewußt gewesen zu sein, daß die Erde keineswegs eine große Bedeutung in dieser Galaxis hat, sondern an deren Rande ein eher unscheinbares Dasein führt. Dennoch ist die Randlage der Erde nicht so extrem, daß es nicht auch noch Welten auf der dem galaktischen Zentrum abgewandten Seite unserer Welt gäbe. "Oben" ist in diesem Weltbild, was von der Erde aus gesehen in Richtung des galaktischen

42 Yggdrasils Askr

Zentrums liegt, und "unten", was weiter "draußen" liegt. Die oberen Welten sind im germanischen Denken die hellen, warmen, freundlichen, die unteren die kalten, dunklen und schrecklichen. Die Erde liegt in der Mitte zwischen beiden Bereichen und wird deswegen von den Germanen "Midgard", der mittlere Garten genannt, von den Indern ganz ähnlich "Mirtlok", die mittlere Welt. Der Weltenbaum ist gewissermaßen ein Ausschnitt, ein Sektor aus dem Diskus der Galaxis. Die Baumkrone wird von den oberen, hellen und warmen Welten

DER WELTENBAUM 61

gebildet, weiter unten liegt unsere Menschenwelt, sozusagen den Stamm des Baumes bildend, und unterhalb ihrer befinden sich die dunklen "Unterwelten".

Indische Kosmologie

Die meisten Völker der Erde haben ganz bestimmte und bis in Einzelheiten gehende Vorstellungen von den im Weltenbaum zusammenhängenden oberen und unteren Welten. So kennen beispielsweise die Inder sieben obere und sieben untere Welten. Die Mirtlok am nächsten gelegene obere Welt ist Vahist, ein paradiesisch schöner Stern. Über ihm folgt Rupa, das wegen der dort herrschenden glühenden Hitze ein sehr unangenehmer Aufenthaltsort ist. Seine Schilderung erinnert an das germanische Muspelheim. Weiter oben kommt dann Svargaloka. Dort ist es angenehm zu wohnen. Vielleicht ist diese Welt identisch mit dem germanischen Okolnir, wo die Nordleute den gastlichen Saal Brimne vermuteten, wo wunderbare Getränke in Strömen fließen. Die vierte der oberen Welten heißt Tasita, die fünfte Atapaloka, von der im Awesta gesagt wird, dort wohne der Gott Ahura Mazda.

Asgard - die sechste Welt

Die sechste Welt nannten die Inder Satyaloka und die Germanen Asgard. Hier waren die Wohnungen der Asen. Hier hatten sie sich von den Titanen ihre Paläste bauen lassen, inmitten einer herrlichen Natur und geschmückt mit Gold und Edelsteinen. Kohlenberg vermutet, daß Asgard mit Mag Mell oder Tir nan-og der Kelten identisch sei, jenem "Land der Freude und ewigen Jugend mit blumenreichen Triften und zauberkräftigen Tränken, in dem die Jahrhunderte wie Minuten vergehen". Oder wir denken an den Olymp der griechischen Götter, von dem Schiller singt:

> *Ewig rein und spiegelklar und eben*
> *fließt das zephyrleichte Leben*
> *im Olymp den Seligen dahin,*
> *Monde wechseln und Geschlechter fliehen,*
> *ihrer Götterjugend Rosen blühen*
> *wandellos im ewigen Ruin.*

In Asgard steht Walhall, das großartige Bauwerk, dessen Zinnen so hoch sind, daß der Blick sie kaum erreichen kann. 540

Tore eröffnen den Zugang zu Walhall. Auch Odins Wohnsitz befindet sich in Asgard, Walaskialf. Hier weilt Frigga, seine Gemahlin. Von hier aus vermag Odin das ganze Weltall zu überblicken. Und in Gladsheim haben die zwölf höchsten Götter ihre Throne, wo sie Platz nehmen zu Ratssitzungen und Gerichtsverhandlungen.

Die oberen Welten nahe dem Zentrum der Galaxis werden nach gemeinsamer Überzeugung der alten Völker nur von Göttern bewohnt. Diese oberen Welten sind die "Himmel", wie sie auch genannt werden. Die Bibel und der christliche Glaube kennen nur einen Himmel, der aber nicht mit einer der oberen Welten identifiziert werden kann. Der biblische Himmel kann überhaupt nicht lokalisiert werden. Letzten Endes ist Gott selber der Himmel. Aber trotzdem scheinen auch in den biblischen Texten die alten mythischen Vorstellungen noch durch. Das hebräische Wort für "Himmel", das im Alten Testament sehr oft vorkommt, ist eigentlich ein Plural: schamajim. Abgesehen davon kommen auch "die Himmel" oft vor; etwa wenn es Psalm 19/2 heißt:"Die Himmel erzählen die Ehre Gottes" oder im Jesajabuch:"Träufelt, ihr Himmel, von oben, und die Wolken regnen Gerechtigkeit". Auch das Neue Testament kennt die Mehrzahl von "Himmel, etwa wenn es im zweiten Petrusbrief heißt, daß am Tage des Herrn "die Himmel zergehen werden mit großem Krachen". Und im zweiten Brief an die Korinther schreibt der Apostel Paulus sogar - und er meint damit sich selbst - :"Ich kenne einen Menschen in Christo...vor vierzehn Jahren...ward derselbige verzückt bis in den dritten Himmel".

Biblische Himmelsvorstellung

Während die Inder sieben obere und sieben untere Welten kennen, sind den Germanen nur sechs obere und drei untere bekannt. Das Grimnirlied spielt auf die unteren Welten an, wenn es dort heißt:

Niflheim

> *Drei Wurzeln*
> *gehn nach drei Seiten*
> *von der Esche Yggdrasils:*
> *Hel wohnt unter einer,*
> *unter der anderen die Reifthursen,*
> *unter der dritten der Degen Volk.*

Das Reich der Hel ist Niflheim. Von hier aus regiert sie neun benachbarte Welten, die aber offenbar nicht mehr zum Bereich des Weltenbaums gehören. Hel ist ein entsetzliches Wesen von bläulicher und schwarzer Farbe. Ihr Reich ist durch ein hohes eisernes Gitter von der Umgebung abgeschlossen. In Niflheim wohnt auch die Schlange oder der Drache Nidhögr, der an den Wurzeln der Weltesche nagt; wir würden sagen: die Macht des Bösen, der die Welt zugrunderichten will. Auch Garmer der Höllenhund haust in Niflheim.

Thrymheim   Die Reifthursen bewohnen das gleich unterhalb der Erde folgende Thrymheim. Sie sind Titanen, Riesen und hausen in einer trostlosen dunklen Welt. Sie sind gleicher Abstammung wie die Götter, leben aber mit ihnen im Streit, was die schöne Riesenjungfrau Skade jedoch nicht hindert, Gemahlin des Gottes Njörd zu werden. Aber sie haust lieber zwischen den wilden Felsen ihrer dunklen Heimat als bei ihrem Gemahl auf der Erdenwelt.

Schwarzalfenheim   "Der Degen Volk" haust unter der dritten Wurzel der Weltesche. Es sind die Schwarzalfen in Schwarzalfenheim. Sie sind häßliche kleine Leute, krumm und dürr, mit sehr großen gehörnten oder kahlen Köpfen. Aber sie sind geschickte Schmiede und mit allerlei Zauberkräften begabt. Auch Schwarzalfenheim ist in beständiges Dunkel gehüllt, und die Behausungen seiner Bewohner werden künstlich erhellt. Der Umgang mit den Schwarzalfen ist äußerst gefährlich, und wer einmal in ihre Welt gelangt, kommt nie mehr zurück.

Zwischen den unteren Welten ergießt sich der reißende Strom Hvergelmir, angefüllt mit weiß-roter Glut und mit quirlenden, brodelnden Gasen, "bewacht" von unzähligen Schlangen, die an den Wurzeln des Weltenbaums nagen.

Die Wurzeln der Weltesche   Eine der Wurzeln der Weltesche wird aus der Quelle der Norne Urd gespeist. Am Urdaborn halten sich die drei Nornen Urd, Werdandi und Skuld auf. Urd ist die Schicksalsgöttin der Vergangenheit, Werdandi die Göttin der Gegenwart und Skuld die der Zukunft. Die Götter wissen, daß wahre Weisheit nur bei denen ist, die das Jetzt und Hier gestalten, indem sie das Vergangene bedenken und das Zukünftige fest ins Auge fassen. Die zweite Wurzel bezieht ihr Wasser aus dem Strom oder Brunnen Hvergelmir, die dritte aus dem Brunnen Mimirs, der Quelle der Weisheit.

Vier Hirsche und die Ziege Heidrun ernähren sich von der Rinde und den Blättern des Baumes. Aber weder sie noch die an den Wurzeln nagenden Drachen und Schlangen können dem Baum etwas anhaben, da er sich unaufhörlich erneuert. In der Krone des Baumes sitzt ein Hahn mit goldenem Kamm und hält Ausschau nach Feinden. Er warnt die Götter durch seinen Schrei, wenn sich Riesen nähern. Von dort oben beobachtet auch ein Adler, zwischen dessen Augen ein Habicht sitzt, die ganze Welt. Das Eichhörnchen Ratatoskr (Nagezahn) springt ständig zwischen ihm und dem Drachen Nidhöggr auf und ab und sät Zwietracht unter den beiden. Trotz der ständigen Erneuerung ist der gesamte Baum vom Untergang bedroht. In dem Lied "Von der Seherin Gesicht" ist davon die Rede:

Vom Untergang bedroht

> *Yggdrasils Stamm*
> *steht erzitternd,*
> *es rauscht der Baumgreis;*
> *der Riese kommt los,*
> *Alles erbebt*
> *in der Unterwelt*
> *bis der Bruder Surts*
> *den Baum verschlingt.*

Bei asiatischen und altamerikanischen Völkern ist der Schamane der Mittler zwischen den Menschen und den in den höheren Regionen des Weltenbaums lebenden Göttern und den in unteren Welten befindlichen Toten. Der Schamanenschüler muß die schwierige Prüfungsaufgabe erfüllen, zu den Göttern empor oder zu den Geistern hinabzusteigen, um Botschaften zu empfangen oder auszurichten und Rat und Hilfe zu erbitten. Zu diesem Zweck versetzt er sich mittels Tanz, Gesang und Trommeln in Ekstase. In diesem Zustand verläßt die Seele den Körper und begibt sich auf die Reise. Sie führt ihn kletternd oder fliegend durch die einzelnen Regionen des Weltenbaumes. Hierbei bedient er sich einer Leiter oder eines Vogelkleides. Nach der Vorstellung der Sibirier gliedert sich die Unterwelt, entsprechend der Gliederung des Himmels, in

Der schamanistische Weltenbaum

sieben Schichten. Um zu den Toten oder zu den "Erdalten" hinabzusteigen, gelangt der Schamane durch Löcher von einer Schicht zur anderen. Oder er schwimmt in Fischgestalt durch die unterirdischen Gewässer zu den Verstorbenen. Durch alle über- und unterirdischen Regionen aber denkt man sich den Weltenbaum emporwachsend. Er gibt dem Schamanen die Möglichkeit, alle Bereiche auf den Ästen kletternd zu erreichen.

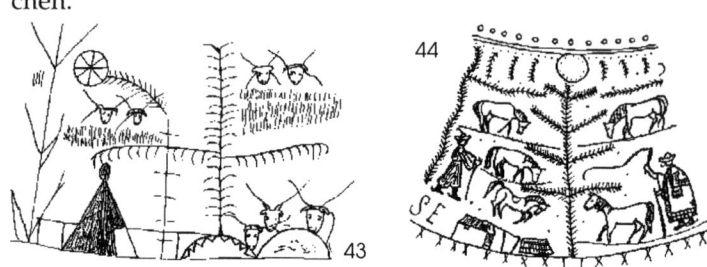

43+44
Der schamanistische Weltenbaum

Der umgekehrte Baum

Nicht selten findet sich bei den indogermanischen Völkern die Vorstellung von dem umgekehrten Weltenbaum, der seine Wurzeln oben in den himmlischen Welten hat und seine Zweige in die darunter liegenden Regionen erstreckt. So heißt es beispielsweise in der Bhagavadgita von dem Asvattha-Baum (Asvattha ist der Sitz der Götter):

> *Unvergänglich nennt man den Asvattha-Baum,*
> *dessen Wurzeln oben und dessen Zweige unten sind,*
> *dessen Blätter die heiligen Lieder bilden.*
> *Wer ihn kennt, der ist vedakundig.*

C.G.Jung hat beobachtet, daß der umgekehrte Baum auch in den archetypischen Traumvorstellungen der Menschen vorkommt. Die Vorstellung vom umgekehrten Baum entbehrt nicht der Logik, wenn das Denken davon ausgeht, daß der Himmel und die Götter oben sind und den Menschen von dorther ihre Kräfte zuströmen.

Die Sykomore

Natürlich hat das Sinnbild des Weltenbaumes bei vielen Völkern durch die Zeiten hindurch mancherlei Bedeutungswandel erlebt, etwa der heilige Baum der Ägypter, die Sykomore, der Feigenbaum. Es scheint, daß er ursprünglich eine ähnliche Bedeutung hatte wie die Weltesche der Germanen. Aber allmählich ist die eigentliche Bedeutung in den Hinter-

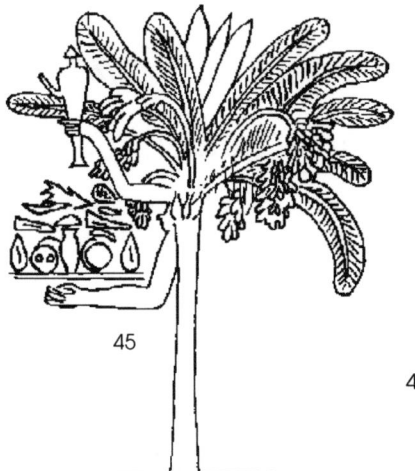

45+46
Die Sykomore
als Sinnbild
weiblicher
Gottheiten
(Ägypten)

grund getreten. Das Interesse haftete mehr und mehr an dem Baum als Sinnbild und Verkörperung der weiblichen Gottheiten Nut, Hathor und Isis, welche sich der Seelen der Verstorbenen annehmen und sie mit Speise und Trank versorgen, wie auf vielen Tempelbildern dargestellt ist. Dabei hatte man die Analogie des täglichen Lebens vor Augen. Es war ein Teil der Erfahrung der Ägypter, daß der erschöpfte Karawanenreisende unter den Sykomoren der Oasen den Labetrunk fand, die Früchte des Baumes als Speise, und zu seiner Erfrischung kühlen Schatten. So war es für das Denken der Ägypter nur natürlich, solche Gaben einer freundlichen Quellennymphe oder einem Baumgeist als Attribut zuzuteilen. Darum werden die Abgeschiedenen in der anderen Welt durch eine Totengöttin in Gestalt einer Baumgottheit versorgt. Es scheint, daß in der ägyptischen Mythologie die ursprünglich grandiose Idee des Welten-Baumes sich zur Vorstellung eines Lebensbaumes gewandelt hat oder in einer solchen Vorstellung aufgegangen ist.

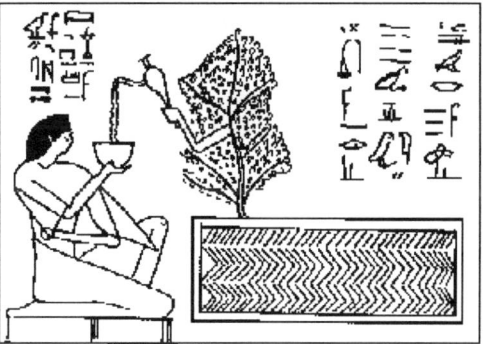

47 Eine Totengöttin
in Gestalt einer
Baumgottheit
versorgt die
Abgeschiedenen

DER WELTENBAUM

9 Lebensbaum - Heiliger Baum

Respekt vor dem Baum

Von Indianern und anderen Völkern wird berichtet, daß sie, wenn sie einen Baum fällen, sich zuvor bei ihm entschuldigen. Vor Bäumen haben naturverbundene Völker überall auf der Erde besonderen Respekt. Mehr als andere Pflanzen beschäftigt der Baum die Gedanken und Gefühle des Menschen. Ihm fühlt er sich verwandt, weil er aufrecht steht wie er selbst und wächst und vergeht wie er. Ihn bewundert er wegen seiner Größe und Standfestigkeit, seiner stolzen und schönen Formen, seiner langen Lebensdauer. Das immergrüne Kleid der Nadelbäume wird ihm zum Sinnbild der Unsterblichkeit. Die alljährliche wunderbare Erneuerung des Blattkleides ist ihm ein Gleichnis für die den Tod stets aufs neue besiegende Wiedergeburt des Lebens. Die Pracht des blühenden und Früchte tragenden Baumes erfüllt ihn mit Freude, ebenso die betörenden Düfte und aromatischen Säfte, die er verströmt. Er hört die "Sprache" des Baumes im Rauschen der Blätter oder im Ächzen und Knarren der Äste im Sturm. Er schätzt den Baum, weil er Kühlung und Schatten spendet in glühender Sommerhitze. Er ist dankbar für den Segen der Früchte zur Zeit der Ernte. Er liebt den Gesang der Vögel, die in seinen Zweigen nisten und das Summen der Bienen, die in der Blütezeit den Honig holen. Er benötigt aber auch sein Holz für den Bau von Häusern und Hütten und zur Herstellung von Geräten, Waffen und Werkzeugen. Und wenn er ihn aus diesem Grunde fällen muß, so empfindet er das als eine notwendige, aber zugleich schmerzliche Handlung - und eben darum entschuldigt er sich.

Der Baum als Sinnbild

Kein Wunder, wenn die Linde und die Birke, die Tanne und die Weide und viele andere Bäume in unzähligen Volksliedern, in Sagen und Märchen, in Sprichwörtern und Redensarten sehr häufig vorkommen. Kein Wunder auch, wenn der Baum im Glauben und Aberglauben der Menschen eine Rolle spielt. Sein ragender Stamm und sein scheinbar den Himmel berührender Wipfel machen ihn zu einem Sinnbild für die Verbindung von Irdischem und Himmlischem. Die Geborgenheit, die Mensch und Tier unter seinen Zweigen empfinden, lassen ihn zum Symbol des Mütterlichen werden, während sein Stamm häufig als phallisches Symbol verstanden wird. Im Baum ist verborgene Lebenskraft, der man durch gewisse Rituale teilhaftig zu werden hoffte. Der Baum galt als Wohnstätte von Geistern und Göttern, und darum wurde er heilig gehalten und verehrt.

Die tief in der menschlichen Seele verwurzelte Wertschätzung des Baumes hat zur Folge ein ebenso tiefes Erschrecken der Menschen angesichts des Baumsterbens in unserer Zeit. Weder die Luftverschmutzung noch die Vergiftung der Gewässer oder irgendeine andere Art der Umweltzerstörung erschüttert die Menschen so sehr wie das Verdorren der Bäume und das beginnende Sterben unserer Wälder. Vielleicht liegt hier der Punkt, wo es dem denkenden Bürger und dem verantwortungsbewußten Politiker endlich klar wird, wie dringend notwendig es ist, umfassende und wirkungsvolle Maßnahmen zum Schutz der Umwelt einzuleiten. Mehr als je ist der Baum und sein Schicksal zu einem Sinnbild geworden: zum Sinnbild des Lebens und Überlebens des Menschen und seiner Welt.

Das Baumsterben unserer Zeit

Oft sind es bestimmte Baumarten, die ein besonderes Ansehen genießen. Bei den Galliern wurde der Kult der Eiche gepflegt, und seine Priester, die Druiden, auf deutsch die "Eichenkundigen", erfreuten sich einer hohen Verehrung. Sie waren die Elite des gallischen Volkes. Bis zu zwanzig Jahren dauerte ihre Ausbildung. Dann aber verfügten sie über ein erstaunliches Wissen. Die Druiden beherrschten nicht nur die religiöse Geheimlehre, sondern auch die Kunst der Weissagung, die Kenntnis des Sternenhimmels und die Baukunst. Sie waren die eigentlichen Kulturträger der Kelten und die Träger des gallischen Nationalbewußtseins. Und darum war es eine gezielte und in ihren Folgen genau berechnete Aktion, als der römische Kaiser Claudius den Eichenkult der Gallier verbot.

Gallischer Eichenkult

Wie schwer solche tief eingewurzelten Vorstellungen und Sitten zu überwinden sind, hat die christliche Kirche bei der

Von Donars Eiche zu Christi Kreuz

Christianisierung Europas erfahren. So hat Bonifatius durch das Fällen der heiligen Eiche bei Geismar wohl etliche Hessen von der Ohnmacht ihrer Götter überzeugt, aber es dauerte noch Generationen, bis an die Stelle des Glaubens an Donar und seine Eiche der Glaube an Christus und sein Kreuz getreten war. Wiederholt ließ die Kirche im Baltikum heilige Eichenbäume fällen, was in der Bevölkerung des öfteren zu Aufständen führte. 1390 fällte der Missionar Hieronymus von Prag eine heilige Eiche und wurde daraufhin von dem Großfürsten Vytautas aus dem Lande gewiesen. Noch zu Beginn des 19. Jahrhunderts wurden im Baltikum heilige Eichen gefällt.

Vor der Eibe kann kein Zauber bleiben

Außer der Eiche war es besonders die Eibe, die unseren Vorfahren als heilig galt. Sie ist der "Lebensbaum", der noch heute bei uns diesen Namen trägt. Die Menschen meinten, in der Eibe müsse eine geheimnisvolle Kraft stecken, welche selbst den Tod in der Natur besiegen könne. Solcher Glaube war nicht unbegründet. Daß die Nadeln nicht abfallen, hat die Eibe ja mit anderen Nadelbäumen gemeinsam. Aber "noch kein Mensch hatte eine Eibe wegen Altersschwäche oder Morschheit stürzen sehen[75]". Dieser Baum besitzt eine erstaunliche Lebenskraft. Noch Jahrhunderte wächst, blüht und fruchtet er weiter, auch wenn sein Stamm innerlich morsch wird. Darum schrieb man ihm eine Kraft zu, die stärker war als alle bösen Mächte und Dämonen. "Vor der Eibe kann kein Zauber bleiben" sagten die Bauern und holten sich Eibenzweige in die Häuser, um sie in den zwölf Rauchnächten auf dem Herde zu verbrennen. Die Lebenskraft dieses Baumes sollte alle bösen Geister vertreiben, sich auf die Hausbewohner übertragen und sie vor allem Übel bewahren. Die Berührung mit einem Eibenzweig zur Mittwinterzeit sah man als ein glückbringendes Zeichen an.

Der paradiesische Lebensbaum

In der christlichen Zeit übertrug man die Eigenschaften der Eibe auf den Genesis 2/9 genannten "Baum des Lebens mitten im Garten", auch Paradiesbaum genannt. Nach dem Sündenfall treibt Gott Adam aus dem Garten Eden, "daß er nicht ausstrecke seine Hand und breche auch von dem Baum des Lebens und esse und lebe ewiglich[76]". Den Weg zu dem Baum des

Lebens bewahren "die Cherubim mit dem bloßen, hauenden Schwert". Wenn zur Weihnachtszeit immergrüne Zweige in die Kirchen und Häuser hereingeholt werden, liegt diesem Brauch zweifellos der alte Glaube von der Unheil bannenden und Leben spendenden Kraft der Eibe zugrunde. Man holte gewissermaßen ein Stück von dem Paradiesbaum in die Häuser, und was man sich davon versprach, das drücken die Verse des bekannten Adventsliedes "Macht hoch die Tür, die Tor macht weit" von Georg Weissel aus:
> *Die Zweiglein der Gottseligkeit*
> *steckt auf mit Andacht, Lust und Freud,*
> *o kommt der König auch zu euch,*
> *ja Heil und Leben mit zugleich*[77].

Allerdings muß man zugeben, daß bei Weissel die "Zweiglein der Gottseligkeit" gleichnishaft gemeint sind für christliches Glauben, Lieben, Hoffen.

Im letzten Buch der Bibel[78] ist die Rede von dem "Holz des Lebens, das im Paradies Gottes ist" und von dem die Überwinder essen sollen. Im letzten Kapitel der Offenbarung des Johannes[79] wird das wiederhergestellte Paradies geschildert: in der Mitte steht der Baum des Lebens, der zwölfmal im Jahr Früchte trägt, und dessen Blätter zur Heilung der Völker dienen. Wer seine Kleider wäscht im Blut des Gekreuzigten (d.h. Vergebung seiner Sünden empfängt), der bekommt "Anrecht an dem Baum des Lebens[80]". Warnend schließt der Seher Johannes den Bericht über seine Visionen auf der Insel Patmos:"Wer von den Worten dieses Weissagungsbuches etwas wegläßt, dem wird Gott wegnehmen seinen Anteil am Baum des Lebens und an der heiligen Stadt, von denen in diesem Buch geschrieben ist"[81].

Holz des Lebens

Manchmal ist die Vorstellung vom Lebensbaum auch auf das Kreuz Christi übertragen worden. Eine solche Übertragung liegt nahe, da Christen das Heil und das Leben nicht von irgendwelchen natürlichen Mächten erwarten, sondern - wie es im ersten Brief des Petrus heißt - von dem "welcher unsere Sünden selbst hinaufgetragen hat an seinem Leibe auf das Holz, auf daß wir, der Sünde abgestorben, der Gerechtigkeit leben; durch welches Wunden ihr seid heil geworden". Das als

Das Kreuz als Lebensbaum

Lebensbaum aufgefaßte Kreuz hat in der bildenden Kunst statt des Querbalkens zwei schräg nach oben strebende Arme, die häufig als Äste geformt oder mit Rankenwerk umgeben sind. In St.Burkhard und in der Marienkapelle zu Würzburg sind derartige Lebensbaumkreuze zu sehen[83].

Beliebtes Motiv der Volkskunst

Sehr verbreitet ist die Darstellung des Lebensbaumes in der Volkskunst. Dabei gehen die Vorstellungen des Lebensbaumes, des Weltenbaumes, des Paradiesbaumes ineinander über und werden zu einem geheimnisvollen und vieldeutigen Sinnbild verwoben. Wir finden diesen Baum eingeschnitzt in die Toreinfassungen niederdeutscher Bauernhäuser, als Steinsetzungen im Mauerwerk, eingeritzt in Ziegel und eingekratzt in den Verputz von Fachwerkbauten. Auf Damast- und Leinentüchern, auf Tongefäßen und Gebäckmodeln ist der Baum zu sehen mit dem symmetrisch angeordneten ersten Menschenpaar. Im vorderen Orient und in den südeuropäischen Ländern wurden Stoffe mit diesem Motiv gewebt. seit dem 16.Jahrhundert wurden solche Motive in Musterbüchern festgelegt. Dadurch erklärt sich ihre weite Verbreitung in der Volkskunst, vor allem in den weiblichen Handarbeiten und in der Töpferei[84].

48 Der Lebensbaum ist ein beliebtes Motiv der Volkskunst

Die Dattelpalme

Der heilige Baum der vorderasiatischen Völker ist die besonders in Mesopotamien gedeihende Dattelpalme. Sie liefert dem Menschen fast alle lebensnotwendigen Dinge und erfreut sich deshalb hohen Ansehens. Auf Tausenden von Reliefs, Rollsiegeln und anderen Denkmälern ist dieser Baum abgebildet, zusammen mit Göttern, Göttinnen, mit Menschen und mythischen Gestalten. Stilisierte Nachbildungen der Dattelpalme finden wir in Verbindung mit Tempeln und Altären, an kultischen Stätten und auf heiligen Bergen. Ihr werden Trankopfer dargebracht, die den Wunsch versinnbildlichen, daß der heilige Baum allezeit gedeihen möge zum Wohle der Menschen. Er ist ein Symbol des göttlichen Segens, der vor allem als Fruchtbarkeit für Pflanzen, Tiere und Menschen verstanden wird. Ihm wird eine numinose Kraft zugeschrieben, die der tierfüßige Enkidu sich aneignet, indem er seine Hände an den Stamm des Baumes legt. Gelegentlich scheint man in der Dattelpalme eine Verkörperung der Frucht-

49   50

barkeitsgöttin Ischtar gesehen zu haben. Ihr gilt die Anbetung der Adoranten, die zu beiden Seiten des Baumes dargestellt werden. Die heilige Dattelpalme bezeichnet den Ort, an dem der Kontakt zwischen den göttlichen Kräften und den Menschen stattfindet[85].

Wahrscheinlich ist dieser Kult sumerischer Herkunft, wie überhaupt "nicht nur die Kunst, sondern die ganze Kultur des westlichen Asiens von einem starken sumerischen Einfluß geprägt worden ist"[86]. Bei den Sumerern gab es anscheinend auch einen heiligen Baum, der als Weltenbaum angesehen wurde. Eine Stelle im Irra-Mythus erwähnt einen Baum Mes oder Mesu, "Speise der Götter, Schmuck der Könige", welcher seine Wurzeln im Ozean hat, in dem Abgrund Arallu, und dessen Wipfel, die oberen Himmel berührt[87]. Aber die Konzeption des Weltenbaumes hat offenbar in den späteren Jahrtausenden des vorderen Orients keine große Rolle mehr gespielt. Der heilige Baum der dortigen Völker war und blieb ein Fruchtbarkeitssymbol.

Speise der Götter - Schmuck der Könige

Die sehr zahlreichen Darstellungen des heiligen Baumes haben nicht in erster Linie künstlerische oder dekorative Bedeutung. Vielmehr besitzt eine Abbildung etwa auf Rollsiegeln oder in der Stickerei der Kleidung eine segenbringende Bedeu-

Segen bringen - Unheil bannen

tung, Segen im Sinne von Fruchtbarkeit verstanden. Von daher bekam dieses Zeichen auch eine Unheil bannende Bedeutung. Die Idee der Fruchtbarkeit ist verbunden mit den Begriffen des Gedeihens, des Reichtums, der Macht, kurz: der ganzen Segenskraft, die die bösen Mächte zunichte macht[88].

Vom Lebensbaum zum Wunderkraut

In den Sagen und Märchen vieler Völker ist der Lebensbaum auch zum Wunderkraut geworden, mit dessen Hilfe Kranke gesund, ja sogar Tote wieder lebendig werden. Das Essen dieses Krautes, das Einatmen seines Duftes, ja die bloße Berührung mit ihm vollbringenn wahre Wunder. Der Mensch gelangt in der Regel durch Tiere in den Besitz dieses Krautes. Oft sind es Vögel, Katzen oder Bären, meist aber Schlangen, die es ihm bringen. Nicht selten ist der Weg zu diesem Kraut mit unsäglichen Mühen verknüpft. Bisweilen spielt auch der Zufall dem Menschen ein Wunderkraut in die Hände. Aber ehe er sich desselben bedienen kann, geht es ihm wieder verloren oder kommt er selbst ums Leben[89].

Der Mann von Babylon

Der Midrasch Koheleth erzählt zur Erläuterung von Pred. Salomo 5/9 folgende Geschichte: Ein Mann zog von Babylon nach dem jüdischen Lande. Bei einer Rast am Wegesrande sah er, wie zwei Vögel miteinander stritten, dabei tötete der eine den anderen. Aber ein Reiher brachte ein Kraut und legte es dem toten Vogel auf den Kopf, wovon dieser sofort wieder lebendig wurde. Der Mann nahm das Kraut an sich und dachte: das trifft sich gut; mit dem Kraut kann ich die Toten in Israel wieder beleben. Er setzte seine Reise fort, und bald fand er einen toten Fuchs auf dem Weg liegen. Er legte ihm das Kraut auf, und der Fuchs sprang auf und lief davon. An der Terrasse von Tyrus angelangt, stieß er auf einen toten Löwen. Als er den Löwen mit dem Kraut berührte, sprang dieser auf und fraß seinen Retter auf. Und die Moral von der Geschicht': Erweise dem Bösen nichts Gutes, damit dir nichts Böses widerfahre![90]

Tod im Honigfaß

Apollodor erzählt, daß der Sohn des Königs Minos von Kreta vermißt wurde. Polyidus fand den Vermißten. Er war in ein Honigfaß gefallen und jämmerlich ums Leben gekommen. Der König ließ Polyidus mit der Leiche in der Grabkammer einschließen. Als sich eine Schlange dem toten Kinde näherte, tötete Polyidus sie mit dem Schwert. Alsbald kam eine andere Schlange und brachte ein Kraut herbei, mit dem sie die Tote wieder zum Leben erweckte. Polyidus nahm das Kraut und legte es auf den toten Königssohn, wodurch dieser wieder zum Leben erweckt wurde[91].

Im 15.Jahrhundert wurden in Europa viele Gemüter in Aufregung versetzt durch die Kunde, im Schloßgarten zu Fontainebleau, nördlich von Paris, sei der biblische Lebensbaum wieder entdeckt worden. Ein Kräuterbuch der damaligen Zeit schrieb über die vermeintliche Wunderkraft des Baumes: "Derselbe besitzt die natürliche Eigenschaft, daß der, welcher davon ißt, dadurch gefeit wird gegen Krankheit und Altersschwäche; ja sein Leib wird unverwundbar wie der des Achilles. Wer aber das Grün als Salat genießt, vergißt alle andere Nahrung und Sorge". Bei näherem Zusehen erwies sich der Wunderbaum als der unter dem Namen Thuja occidentalis noch heute bekannte und aus Nordamerika stammende "Lebensbaum", der in seiner Heimat bis zu sechzig Meter hoch wird.

Der Lebensbaum von Fontainebleau

51 Thuja occidentalis

10 Mond- und Maienbäume

Chinesischer Kalenderbaum

In den "Bambus-Annalen" wird berichtet: "Unter der Regierung Yaos...gab es eine Pflanze. Zur Seite der Stufen wuchs sie. Am ersten Tag des Monats trieb sie eine Schote. Bis zur Monatshälfte hatte sie fünfzehn Schoten getrieben. Am sechzehnten Tag und später fiel je eine Schote. Sie heißt ming-chia und auch li-chia. Bis Monatsende, dann war Schluß. War der Monat klein, vertrocknete eine Schote und fiel nicht ab".

Der Klausenbaum

In der Tölzer Gegend fertigen die Bauern für die Kinder den sogenannten "Klausenbaum", auch "Paradeis" genannt. Das Gebilde besteht aus drei Stäben, die an der Spitze zusammenneigen und durch einen Apfel zusammengehalten werden. Durch jeden Stab sind zwei Äpfel durchgesteckt. Der eine befindet sich unten, der andere in der Mitte. Und noch ein dritter ist an jedem Stab, der Apfel an der Spitze, der allen drei Stäben gemeinsam ist. In jeden Apfel sind drei vergoldete Nüsse mit kurzen Hölzchen hineingesteckt. Neben den Nüssen stecken kleine Buchsbaumzweiglein. Der ganze pyramidenförmige Bau ist auf einen Teller gestellt. Zwischen den Stäben steht ein Lebzelt-Nikolaus, zu dessen Tag (6.Dezember) der Klausenbaum angefertigt wird. Davor brennt eine kleine Kerze, ebenso auf dem Apfel an der Spitze. Die Buchsbaumzweige und der Name "Klausenbaum" deuten an, daß mit dieser Bastelarbeit ein wirklicher Baum gemeint ist.

Das steirische Tischkreuz

In der Umgebung von Köflach und Jogelland in der Steiermark hängt man, mit der Spitze abwärts, Kreuze über den Tisch, an deren drei Enden fünf kleinere Kreuze befestigt sind. Die verkehrte Aufhängung erinnert an den Weltenbaum der Indogermanen, dessen Wurzeln ja auch nach oben und dessen Äste nach unten weisen. Das steirische Tischkreuz erinnert aber auch an die christliche Überlieferung, nach der das Kreuz

Christi eine andere Form des paradiesischen Baumes der Erkenntnis des Guten und Bösen ist.

Alle drei an sich so verschiedenen künstlichen Bäume haben gemeinsam, daß bestimmte Zahlen bei der Konstruktion eine Rolle spielen. Beim chinesischen Ming-chia-Baum ist es die Zahl 15, die zweimal durchgezählt wird, einmal vorwärts und einmal rückwärts. Auch beim steirischen Tischkreuz mit seinen dreimal fünf kleinen Kreuzen liegt die Zahl 15 zugrunde. Beim Tölzer Klausenbaum hingegen handelt es sich um die 3 mal 9 = 27.

Fünfzehn und siebenundzwanzig

Gemeint ist in allen drei Beispielen der Monat mit 30 Tagen. Der Ursprung dieser Tradition reicht zurück in eine frühe Stufe der Menschheitsgeschichte, in der die Zeit noch nicht nach Jahren, sondern nach Monaten gezählt wurde. Der Monat oder "Mond", wie er im Deutschen genannt wurde, besaß 30 Tage, von denen 27 "helle und drei "dunkle" Tage waren, d.h.: 27 Tage, an denen der Mond sichtbar und 3 Tage, an denen er unsichtbar war (Neumond). Die 27 hellen Tage wurden in drei Wochen zu je neun Tagen eingeteilt. Daher spielt im Aufbau mancher Mondbäume die 3 mal 9 eine wichtige Rolle. Die 15 ist dort zu finden, wo man ein anderes Teilungsprinzip zugrunde legte, wo man nämlich die 30 Tage des Monats in zwei Hälften teilte nach dem zunehmenden und abnehmenden Mond.

Zählprobleme

Die Konstruktion von Mondbäumen war keine Spielerei, hatte vielmehr den praktischen Zweck, die Zeit "in den Griff" zu bekommen. Mit anderen Worten: die Mondbäume sind Kalender, an denen man das Datum ablesen konnte. In gewissen Gegenden Rußlands und Polens malten die Bauern neunästige Bäume an ihre Hauswand. Vermutlich malten sie zu Beginn eines Monats, d.h. wenn nach dem Neumond die Mondsichel erstmals wieder zu sehen war, am ersten Baum den ersten Ast, am nächsten Tag den zweiten Ast und so fort, bis am Ende des Monats drei Bäume mit je neun Ästen komplett waren.

Die Zeit "im Griff"

Ähnlich wird es ursprünglich mit dem Klausenbaum gewesen sein. Zunächst wurde das Gestell mit den sieben Äpfeln

Kalenderbäume

angefertigt, wobei der Apfel an der Spitze dreimal gezählt wurde, weil er allen drei Stäben gemeinsam war. Nun wurde jeden Tag eine Nuß an einen der Äpfel gesteckt, bis jeder der drei Stäbe sein neun Nüsse hatte und der Monat beendet war.

Eine ähnliche Sitte haben wir ja auch heute noch in dem sogenannten "Adventskalender", an dem die Kinder in der Vorweihnachtszeit jeden Tag ein Fenster öffnen - bis mit dem Öffnen des letzten Fensters das Weihnachtsfest anbricht.

Etwas anders verfuhr man dort, wo man den Monat in zweimal fünfzehn Tage einteilte. Der Ming-chia-Baum bekam die ersten fünfzehn Tage, also bei zunehmendem Mond, je eine Schote, ab dem sechzehnten Tag, also bei abnehmendem Mond, "verlor" er täglich eine Schote "bis Monatsende, dann war Schluß".

Beim steirischen Tischkreuz scheint es sich um eine christianisierte vorchristliche Sitte zu handeln. Anstelle der Kreuze wird man ursprünglich kleine Zweige oder ähnliche Dinge benutzt haben, von denen fünfzehn Tage lang je eines hinzugefügt und die anderen 15 Tage je eines wieder weggenommen wurde.

Als in einer späteren Zeit an die Stelle des Monatskalenders der Jahreskalender trat, gerieten die alten Zählsitten in Vergessenheit. Man bastelte weiterhin Klausenbäume und Tischkreuze und malte weiterhin Mondbäume an die Hauswände, nur wußte man nicht mehr, welche Bewandnis es ursprünglich mit diesen Sitten hatte.

Das Rätsel vom Jahr

Es ist verständlich, daß man das Jahr ebenfalls unter dem Bild eines Baumes darzustellen suchte oder auch durch zwölfmaliges Aneinanderfügen des Mondbaumes. Sehr beliebt war das Rätsel vom Jahr. Sebastian Brant, der Dichter des "Narrenschiffes" (1494) hat ein solches Rätsel in Gedichtform gebracht:

> *Es ist ein Boum, der hat zwoelf aest,*
> *Yeder ast hat by drysig naest,*
> *Eyn Naest vier und zwentzig ey,*
> *Sechzig ist der vogel geschrey.*
> *Dis nagt ein wisz und swartzer ratz.*
> *Boum, naest, ey, vogel friszt die Katz,*
> *O Gott, wie sorglich ist disz wesen!*
> *Wer mag vor dieser Katzen gnaesen?*[96]

Spieß bemerkt hierzu, daß es eigentlich kein Jahres-, sondern ein Zeiträtsel sei. Außerdem klingt hier eine Erinnerung an den germanischen Weltenbaum an. Die weiße und die schwarze Ratte, die am Baum nagen, erinnern an Nidhöggr, der an den Wurzeln der Weltesche Yggdrasils nagt.

Eine Art Zeitbaum, in dem die Neun eine Rolle spielt, finden wir auch bei Homer im zweiten Gesang der Ilias: *Der homerische Zeitbaum*
" *In Aulis lagen die Nachen*
Aller Achajer und dräuten dem Priamos Leid und den Troern.
Wir aber, rings um den Götteraltar, im Haupte des Quellbronns,
Brachten den Himmlischen dar vollkommene Hundertopfer,
Unterm Platanenbaum, daher die lautere Flut floß.-
Dort erschien groß Wunder: ein Lindwurm, über den Rücken
Purpurfarb, kroch her, von Zeus zum Zeichen gesendet,
Unterm Altar und glitt hinauf am Stamm der Platane;
Drin aber war ein Nest von Sperlingen, nackende Junge,
Hoch auf dem äußersten Ast, im dichten Geläub verborgen,
Acht, und die Mutter die neunte dazu, die die Kinder geboren.
Und er verschlang die Brut elendiglich. Aber die Mutter
Flatterte dicht um ihn her und jammerte wegen der Kindlein,
Bis er sich schwang und faßte die Schreiende selber am Fittich.
Aber nachdem er die Brut und die Sperlingsmutter gefressen,
Gab uns ein Zeichen der Gott und schuf zum Steine den Drachen,
Den er gesandt, der Sohn des unausforschlichen Kronos.
Wir aber stunden und staunten, was dort für Dinge geschehen,-
Da solch Greul und Wunder von Gott beim Opfer erschienen,
Sprach unter uns alsbald und kündete Kalchas, der Seher:
Was verstummt ihr und staunt, langmähnichte Mannen Achajas?
Sehet, ein Zeichen, ein großes, das Zeus Kronion gegeben,
Späthindeutend, späterfüllt und ewiges Nachruhms! -
Denn wie die Sperlingsbrut der Wurm hinuntergeschlungen,
Acht, und die Mutter, die neunte, dazu, die die Kinder geboren,
werden wir liegen und streiten daselbst neun Sommer und Winter,
Bis wir im zehnten Jahr die räumige Feste gewonnen".

In der arabischen Haikar-Erzählung wird dem Haikar vom Pharao von Ägypten folgendes Rätsel aufgegeben: *Ein Palast mit 8760 Steinen*
Was sagst du von einem Baumeister, der einen Palast aus 8760 Steinen erbaut und zwölf Bäume darin gepflanzt hat,

deren jeder dreißig Äste hat; an jedem Ast eine weiße und eine schwarze Traube trägt? Antwort: ein solches Rätsel wird von einem unwissenden Bauern in Ninive verstanden. Der Baumeister ist Gott, der Palast das Jahr, und die 8760 Steine bedeuten die Zahl der Stunden, aus denen er besteht. Die zwölf Bäume sind die zwölf Monate des Jahres, die Äste sind die Tage, die schwarzen und weißen Trauben bedeuten Tag und Nacht.

Die zwölf Bäume kehren auch wieder in dem Rätsel, das Minutschehr dem Sal zu raten aufgibt:

Zwölf Bäume sah ich sprießen, schlank und kühn,
von stolzem Wuchse und frischem Grün:
niemals vermehren sich die dreißig Zweige,
die jeder treibt, noch geh'n sie je zur Neige.

Rätselhafter Janus Rätselhaft ist auch der Doppelkopf des Janus. Als Gott mit dem Schlüssel, als Herr der Türen und Tore, als Öffner und Schließer ist er uns bekannt; als der, der dem ersten Monat des Jahres seinen Namen gegeben hat. Ursprünglich aber ist der Januskopf ein Monatssymbol. Die nach entgegengesetzten Seiten schauenden Gesichter sind die zu- und abnehmende Mondsichel, die zwei Hälften des Monats. Als man von der Monats- zur Jahresrechnung überging, wurde auch dieses Monatsbild zu einem Jahresbild umgestaltet. Janus wurde so dargestellt, daß die Finger der einen Hand die römischen Zahlzeichen CCC (300) und die Finger der anderen Hand die römischen Zahlzeichen LXV (65) ausdrückten. Spieß schreibt dazu: "auch hier bestätigt sich, daß die spätere Zeit nicht mehr die bildgestaltende Kraft der früheren hatte. Die Fingerstellung nach römischen Zahlzeichen ist ein ganz unzureichender Versuch zur Gestaltung eines Sinnbildes, und die armselige Mache verschwindet vor dem so einzig gekennzeichneten Janus - Doppelkopf". Dieses Unvermögen, originelle neue Symbole zu schaffen, zeigt sich überall, wo man den alten Monatsbaum benutzte, um ein Sinnbild für das Jahr zu gestalten.

52 Januskopf

Der Maibaum

Außer den beschriebenen Monatsbäumen gibt es auch solche, die keine eigentliche Kalenderfunktion haben. Man gebrauchte sie nicht, um die Tage zu zählen, sondern um bestimmte Monate oder Festzeiten damit auszuzeichnen. Zu diesen Monatsbäumen im weiteren Sinne gehört vor allem der Maibaum, auch kurz Maien genannt. Er hat besonders in Süddeutschland eine großartige und schmuckreiche Ausgestaltung erfahren. Bezeichnend ist: der Maien ist immer eine Fichte, also ein immergrüner Baum. Allerdings werden die meisten Zweige abgesägt und der Stamm entrindet, so daß nur der Wipfel als grünes Bäumchen belassen wird. Dadurch soll er wohl als ganz besonderer Baum von allen anderen unterschieden werden. In der Nacht zum 1.Mai wird der Maibaum aufgestellt und in der Nacht zum 1.Juni wieder entfernt. Der Maien ist ein Ausdruck der Freude der Menschen, die ja früher in ganz anderer Weise als wir heutigen mit der Natur und den Jahreszeiten lebten. Wenn die kalten und dunklen Wintermonate vorbei waren, wenn die Natur sich anschickte, ihr schönstes Kleid anzulegen, dann richteten die Landbewohner ihren Maien auf, schmückten ihn mit bunten Bändern und umtanzten ihn singend:

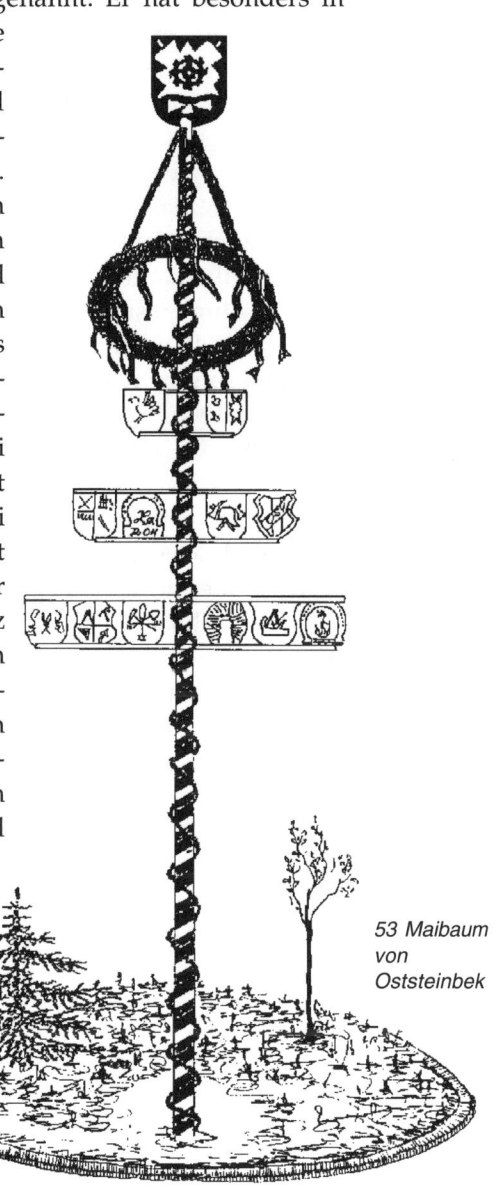

53 Maibaum von Oststeinbek

*Wie schön blüht
uns der Maien,
der Winter fährt dahin.*

Kampf um den Lebensbaum

Es lag nahe, den Maien auch als eine Art Lebensbaum zu verstehen, der Segen bringt und Fruchtbarkeit, "der die Kühe milchreich macht und die Hexen vertreibt". Nach der Überlieferung wird um einen solchen Baum unaufhörlich gekämpft. Er ist das Palladium des Dorfes, und die Bewohner des Nachbardorfes suchen ihn zu rauben, weshalb er besonders nachts scharf bewacht werden muß. Gelingt es trotzdem, ihn zu stehlen, so bleibt er eine bestimmte Zeit im Nachbardorf, dann wird er feierlich gegen eine Art Lösegeld zurückgebracht. Der Ursprung der Maienbräuche reicht weit in die vorchristliche Zeit zurück. Aber die Kirche übernahm diese Baumsitte und erklärte den Maien zum "Paradiesbaum". Als Ersatz für die alten Bräuche veranstaltete die mittelalterliche Kirche unter dem Paradiesbaum christliche Paradiesspiele. Unter dem Einfluß des Humanismus schliefen diese Spiele allmählich ein. Aber das Volk wollte seinen Maienbaum auch weiterhin haben, und so ging man vielerorts über zur Aufstellung eines Maien im Oktober oder November, wo er eigentlich nicht hinpaßt[102].

Auch der Weihnachtsbaum...

Maien oder ähnliche Bäume werden auch noch zu anderen Zeiten und Gelegenheiten aufgestellt: zu Ostern, zu Pfingsten, in der Erntezeit, bei Hochzeiten und Konfirmationen. Der beliebte Weihnachtsbaum gehört ebenfalls in die Reihe der Bäume, die von Urzeiten her im Laufe des Jahres auf dem Dorfplatz, in der Wohnstube, in Kirchen und an Hauseingängen aufgestellt wurden und eine vielschichtige Bedeutung als Mond- und Zeitbaum, als Lebens- und Segensspender haben.

Jupitersäule und Viergötterstein 11

Jupiter ist der Größte - nicht nur der größte unter den sieben Planeten, auch der höchste Gott der griechisch - römischen Antike. Sein berühmtester Tempel stand zu Olympia. Das Heiligtum war geschmückt mit einem Meisterwerk griechischer Bildhauerkunst, einer vierzig Fuß hohen Jupitersäule aus der Werkstatt des im 5.Jahrhundert vor Christus wirkenden attischen Bildhauers Phidias. Die Säule war aus Elfenbein gefertigt und das Bild des auf ihr thronenden Gottes aus Gold. Leider ist dieses prachtvolle Werk zerstört worden. Unter Justinian oder Theodosius soll es nach Konstantinopel gebracht worden sein, wo es im Jahre 476 im Palast des Lausus verbrannte[103].

Die olympische Säule

Von einer anderen Jupitersäule wissen wir durch Cicero. Er schreibt, daß im Jahre 63 vor Christus im Tempel des Jupiter Capitolinus in Rom eine columna Jovis errichtet wurde. Sie ist wahrscheinlich das Vorbild gewesen für viele Jupitersäulen in den Mittelmeerprovinzen. Aber sowohl die römische Säule als auch ihre Nachbildungen sind verloren gegangen[104].

Die römisch-kapitolinische Jupitersäule

Das älteste Denkmal dieser Art befindet sich auf deutschem Boden. Im Jahre 66 nach Christus wurde in Mainz zum Heil des Kaisers Nero eine dreizehn Meter hohe Jupitersäule geweiht. Die Basis der Mainzer Säule wird von einer Stele gebildet, die auf ihren vier Seiten Reliefdarstellungen römischer und gallischer Gottheiten zeigt. Auf diesem "Viergötterstein" steht der zylinderförmige Sockel und auf ihm die eigentliche Säule, beide ebenfalls reich skulpiert. Gekrönt wird das Werk von einem vollplastischen Bild des Jupiter[105].

Die Tatsache, daß wir nur wenige Überreste von alten Jupitersäulen besitzen, obgleich sie im griechisch-römischen Altertum gewiß in großer Zahl vorhanden gewesen sind, ist

Bildersturm

nicht nur durch den natürlichen Ruin der Bildwerke zu erklären. Nachdem sich das Christentum im römischen Reich durchgesetzt hatte, sah man in solchen Bildern nur Idole des überwundenen Heidentums, welche möglichst umfassend zu beseitigen die Kirche bestrebt war. Eine kulturgeschichtliche oder ästhetisch-künstlerische Betrachtungsweise lag den Menschen fern. Diese Haltung hat bis in unsere Zeit hinein vorgeherrscht. Sie hat dazu geführt, daß die meisten derartigen Denkmäler bewußt zerstört und beseitigt wurden. So erwähnt das "Luxemburgische Wochenblatt" 1821 eine Jupiterstatue in Sinz bei Trier, welche die Dorfbewohner zerschlugen und mit deren Kopf die Bauernjungen kegelten. Ähnlich erging es einem Viergötterstein in Stein bei Pforzheim. Er war in die äußere Chorwand der mittelalterlichen Kirche eingemauert, so daß nur eine Seite mit dem Bild der Göttin Juno zu sehen war. Die Dorfbewohner nannten diesen Stein das "Götzenbildle" oder Heidenweible", und die Dorfjugend machte sich einen Spaß daraus, mit Steinen, Knüppeln und Eisenteilen danach zu werfen und es fast bis zur Unkenntlichkeit zu zerstören.

Viergöttersteine im Rhein-Main-Gebiet

Dem Zerstörungsprozeß waren natürlich in erster Linie die Jupiterfiguren selbst ausgesetzt, sodann die ohnehin zumeist aus mehreren Teilen zusammengesetzten Säulen. Am wenigsten litten darunter die kompakten und schweren viereckigen Sockel, die heute "Viergöttersteine" genannt werden. So ist es zu erklären, daß einige von ihnen bis auf unsere Zeit gekommen sind. Man findet sie in den Gebieten West- und Süddeutschlands, die ehemals zum römischen Reich gehört haben, genauer: im Rhein-Main-Mosel-Gebiet. Früher hielt man diese Steinblöcke für Altäre, auf denen den Göttern Opfer dargebracht wurden. Aber genauere Untersuchungen haben ergeben, daß für diese Vermutung kaum Anhaltspunkte vorhanden sind. Weder konnte man auf der Oberfläche Härtung oder Veränderung durch Feuer, eingebranntes Fett oder dergleichen feststellen, noch Andeutungen von eingehauenen Opferbecken oder sonstigen Steinmetzarbeiten, die das Denkmal als Opferaltar hätten ausweisen können.

Stand- und Fundorte

Faßt man die Stand- und Fundorte der Jupitersäulen ins Auge, so fällt auf, daß sie sich in der Hauptsache in ländlich abgeschiedenen Gegenden, auf Gutshöfen und Weilern finden, fern von den großen Verkehrswegen. Das hängt damit zusammen, daß die Jupitersäulen nichts zu tun hatten mit der öffentlichen Religionsausübung, wie sie in den Städten und größeren Ortschaften gepflegt wurde. Die Errichtung dieser Säulen war vielmehr Ausdruck einer ganz privaten bäuerlichen Frömmigkeit. Es ist anzunehmen, daß auf allen oder den meisten gallo-römischen Gutshöfen der oberdeutschen Provinz des römischen Reiches solche Monumente von den Besitzern aufgestellt wurden[106]. Oft handelte es sich bei den Besitzern um römische Soldaten, die bei ihrer Pensionierung einen von der Militärverwaltung angelegten Gutshof übernahmen. Diese Höfe wurden an Stellen errichtet, die nicht nur gute Erträge versprachen, sondern auch günstig gelegen waren für die Versorgung der am Limes garnisonierten Truppenverbände. Die geographische Verteilung dieser Höfe war also nicht dem Zufall überlassen, sondern nach den Erfordernissen der Infrastruktur der römischen Militärorganisation sorgfältig geplant. Von daher ist es zu verstehen, wenn die römischen Gutsbesitzer weitab von den Zentren des zivilen Verkehrs in einsamen Gegenden ihre Aufgaben erfüllten - und durch Errichtung von Jupitersäulen Schutz und Segen ihres höchsten Gottes erflehten.

Recht gut erhalten ist der Viergötterstein von Berdorf in Luxemburg. Nach dem Urteil von F.J. Müller ist er nicht nur der schönste und bedeutsamste unter den erhaltenen römischen Altertümern, sondern auch ein Exemplar, das "in einem Bezirk von 100 Meilen vergebens seinesgleichen sucht". Der Stein hat seinen Platz seit mindestens drei Jahrhunderten in sakralen Räumen der Berdorfer katholischen Kirchengemeinde. Bevor er 1831 in der neu erbauten Pfarrkirche aufgestellt wurde, hatte er mindestens seit 1684 in der Berdorfer Kapelle gestanden. So wurde er vor der Zerstörung bewahrt. Indem er als Altaruntersatz diente, bekam er sogar so etwas wie eine liturgische Funktion. Der moderne Altar hat die Form eines Tisches und ist so gestaltet, daß der darunter stehende alte Stein von allen Seiten gut zu sehen ist.

Der Altaruntersatz von Berdorf

Der Berdorfer Viergötterstein ist ein Sandsteinquader von 100 x 90 cm. Jeweils zu beiden Seiten der vier Flächen befinden

Minerva-Apollo-Juno-Herkules

54
Der Berdorfer
Viergötterstein mit
Minerva - Apollo
- Juno - Herkules

sich Akanthusblattverzierungen. Auf vertieftem Grunde finden wir vier Götterbilder in Hochrelief. Die Vorderseite zeigt Minerva. Sie trägt den Helm und ein faltenreiches Gewand, stützt sich auf den rechten Fuß, während das linke Bein in lässiger Haltung übergeschlagen ist. Den ovalen Schild hält sie auf einen niedrigen Hausaltar gestützt. - Die Rückseite zeigt Apollo mit Lyra und Bogen. Mit der rechten Hand hält er die Sehne des über die Schulter geworfenen Bogens, während die linke sich auf die seitlich gehaltene Leier stützt. Den linken Fuß setzt der fast unbekleidete Apollo auf ein am Boden liegendes Hirschkalb. - Das Relief auf der rechten Seite stellt Juno dar. Sie ist in Tunika und Palla gehüllt. Die Linke hält ein Zepter, die Rechte eine ausgegossene Schale über einem kleinen Opferaltar. Hinter diesem steht ein Lebensbaum, auf dessen Spitze sich der symbolische Pfau befindet. - Links sehen wir den ebenfalls unbekleideten Herkules mit Löwenhaut und Keule.

Jupiter und seine Säule in der Berdorfer Kapelle

Bemerkenswert ist die zuverlässige Überlieferung, in der Berdorfer Kapelle habe sich einstmals eine große Jupiterstatue befunden. Ein Berdorfer Augenzeuge versicherte dem Professor Engling, der den Viergötterstein 1848 untersucht und beschrieben hat, die Statue habe mit Donnerkeilen in der Hand auf dem Petrusaltar gestanden. Das "Luxemburgische Wochenblatt" schrieb 1821 ebenfalls, daß "vor ungefähr siebenzig Jahren ein steinernes Götterbild, vermutlich einen Jupiter vorstellend", in der Kirche von Berdorf zu sehen gewesen sei. Daß dieses heidnische Götterbild auf dem christlichen Altar geduldet wurde, verdankt es dem Irrtum der Gemeinde und ihrer Hirten, daß es sich bei der Statue um ein Bild von Gottvater handele. Der Kaplan, der um die Mitte des 18. Jahrhunderts in Berdorf amtierte, bemerkte den Irrtum und ließ die Statue wegnehmen. Daß der Viergötterstein und die Jupiterstatue höchstwahrscheinlich zu einem einzigen Monument zusammengehörten, war anscheinend nicht bekannt. Erst Prof. Engling stellte 1848 die Vermutung auf, die Jupiterstatue könne früher auf dem Viergötterstein gestanden haben, so daß der Altarstein der Säule als Sockel diente. Andere Gelehrte lehnten diese Vermutung entschieden ab. Offenbar waren Engling die aus drei Teilen bestehenden Jupitersäulen (Viergötterstein, Säulenschaft, Jupiterfigur) noch nicht bekannt, sonst hätte er sicher auf das Fehlen des Säulenschaftes aufmerksam gemacht. Möglicherweise war das fehlende Stück beim Bau der Berdorfer Kapelle verwendet worden, denn nach einer alten Beschreibung stand in der Mitte "eine einzige, etwa 1,70 m hohe, unförmige Säule, welche das ganze Gewölbe des Baues trug". Es sieht so aus, wie wenn beim Bau dieser Kapelle alle drei Teile der römischen Jupitersäule eine bedeutsame Wiederverwendung gefunden hätten: der Sandsteinquader mit den vier Götterbildern als Altar, der Säulenschaft als Träger des Gewölbes und die Statue als Gottvater-Figur auf dem Altar.

Nachdem die Berdorfer bemerkt hatten, welchem Irrtum sie hinsichtlich der Jupiterstatue erlegen waren, entfernten sie das Bild schleunigst aus ihrer Kapelle. Wo es geblieben ist, weiß niemand. Wahrscheinlich hat es das gleiche Schicksal erlitten wie die Sinzer Statue. Und ähnlich wird es wohl auch jener "unförmigen Säule" ergangen sein, die Heiden und Christen vermutlich Jahrhunderte hindurch sozusagen "eine Stütze ihres Glaubens" gewesen ist[107].

Der Ehranger Stein

Ein weiterer sehr gut erhaltener Viergötterstein ist in Ehrang in der Eifel gefunden worden. Er befindet sich heute im Museum zu Trier. Die vier Gottheiten, in schönem Hochrelief dargestellt, sind: Herkules, über der linken Schulter das Löwenfell und in der linken Hand einen Bogen tragend, die Rechte auf die Keule gestützt.- Minerva mit Helm, in der Linken die Lanze, die Rechte auf den am Boden stehenden ovalen Schild gestützt, auf ihrer linken Schulter die Eule. - Merkur mit flachem Hut, in der Linken den Schlangenstab und in der Rechten einen prallen Geldbeutel, neben ihm auf dem Boden ein Hahn.- Juno mit Schleier hält in ihrer nach oben gewinkelten Rechten eine Fackel, in der Linken ein langes auf dem Boden stehendes Zepter. Zu ihren Füßen ein Pfau[108].

55 Viergötterstein von Ehrang (Eifel)

Merkur-Herkules-Minerva-Juno

Entstanden ist der Ehranger Stein während der Regierungszeit des Kaisers Nero (54 - 68 n.Chr.). Etwa seit dieser Zeit erscheint auf den Viergöttersteinen mit großer Regelmäßigkeit die gleiche Göttergruppe, nämlich Merkur, Herkules, Minerva und Juno. Jean Jacques Hatt macht darauf aufmerksam, daß in dieser Zusammenstellung, wenn man den stets die Säule krönenden Jupiter hinzunimmt, zwei Dreiergruppen enthalten sind: die römisch-kapitolinische Triade Jupiter Juno und Minerva und die gallische Triade Taranis, Teutates und Smertrius, welche identisch sind mit Jupiter, Merkur und Herkules. Hatt meint, daß diese Kombination von römischen und gallischen Gottheiten von römerfreundlichen Druiden in der Provinz Gallien ausgearbeitet worden sei, um alte gallische Tradition zu bewahren[109].

Mehr als ein Jahrhundert jünger ist der Straßburger Viergötterstein vom Anfang des 3.Jahrhunderts. Er zeigt die gleiche Kombination von Juno, Minerva, Herkules und Merkur wie das Ehranger Denkmal. Sicher ist es kein Zufall, daß Götter und Göttinnen nicht in "bunter Reihe" um den Stein herum angeordnet sin, sondern die beiden römischen Göttinnen nebeneinander und ebenso die beiden gallisch-römischen Götter. So läßt sich in der Tat die Triadenthese von Jean Jacques Hatt visuell nachvollziehen.

Der Straßburger Viergötterstein

56
Viergötterstein von Straßburg

Stark beschädigt ist der Viergötterstein von Stein bei Pforzheim, heute Königsbach-Stein. Er befand sich eingemauert in einer Pfeilerecke an der Südostseite der zwischen 1460 und 1474 erbauten Stephanuskirche. 1912 wurde er herausgebrochen, als Viergötterstein erkannt und den Sammlungen des Badischen Landesmuseums in Karlsruhe einverleibt. Er besteht aus rotem Sandstein, ist etwas kleiner als die bisher erwahnten und zeigt die seit der Mitte des 1.Jahrhunderts als kanonisch anzusehende Komposition Juno/Minerva/Herkules/Merkur mit den üblichen Attributen. Vermutlich stammt das Denkmal von einer römischen Siedlung, die durch 1913 gefundene römische Baureste für Stein bezeugt ist.

Das "Heidenweible" von Stein bei Pforzheim

57
Viergötterstein von Stein
(Merkurseite)

Wahrscheinlich besteht ein Zusammenhang zwischen dem Viergötterstein und dem Namen des Ortes. Möglicherweise hat ein ausgedienter römischer Soldat am Fuß des Eiselberges, am sogenannten "Weiherbrünnle", eine Villa, d.h. ein Landgut oder einen Hof erbaut und bewirtschaftet. An dieser Stelle wurden 1913 die erwähnten römischen Baureste gefunden. Um den Segen des höchsten Gottes für Haus und Hof zu erflehen, ließ der neugebackene Landwirt nach dem Vorbild vieler seiner Kameraden eine Jupitersäule aufstellen, und der

Zusammenhang mit dem Ortsnamen

Steinmetz hielt sich bei der Arbeit an das seit Kaiser Neros Zeiten übliche Muster. Als dann nach dem Abzug der Römer etwa im Jahre 259 der Hof nicht mehr bewirtschaftet wurde, und die Gebäude allmählich verschwanden, blieb die Jupitersäule noch lange Zeit stehen und bildete einen markanten Punkt in der Talaue. Hierfür bürgerte sich bei den Bewohnern der Umgebung der Name "Stein" ein, mit dem dann auch das im hohen Mittelalter nur wenige hundert Meter vom Weiherbrünnle entfernt um die Wasserburg herum entstehende Dorf benannt wurde.

Auf solche Weise haben viele Ortschaften in Europa ihren Namen bekommen. Der französische Autor Louis Charpentier führt aus, daß man im Mittelalter einzeln stehende Säulen einfach "den Stein" nannte, und daß solche Steine zahlreichen Orten den Namen gegeben haben, in Frankreich: Pierrefite, Pierrelatte, Pierrefeu, Perelonge u.s.w. "Man findet dieselben Namen in den Sprachen und Dialekten der Provence als Per, in Italien als Pietra, in England als Stone, in Deutschland als Stein"[110].

Die Jupitersäule von Köln

Peter Noelke berichtete 1979 im "Rheinischen Merkur"[111] von römischen Steindenkmälern, die aus einer Kiesgrube in Köln geborgen wurden. Eine kleine Sandsteinfigur des Jupiter und weitere Kalksteinteile ließen sich zu einer 3,50 m hohen Jupitersäule zusammensetzen. Dem Monument fehlt nur der Unterbau, also der Viergötterstein, und der Kopf der Jupiterstatue. Die Kölner Säule stammt, wie die mitgefundenen Reste einer Brunnenverschalung und die übrigen Steindenkmäler beweisen, vom Gelände eines römischen Gutshofes. Noelke schreibt:"Daher wird der Stifter am ehesten ein Veteran der 30. Legion gewesen sein, der nach seinem Abschied einen Gutshof im Umland der Colonia Claudia Ara Agrippinensium erworben und sich des Beistandes des Wetter- und Himmelsgottes Jupiter versichern wollte". Die Säule wird um 200 n.Chr. datiert und ist im Kölner Museum wieder errichtet worden.

Die Jupitersäule von Hausen an der Zaber

Zu den jüngst entdeckten Jupitersäulen gehört die von Hausen an der Zaber. 1964 wurden dort beim Ausheben eines Grabens für die Hausleitungen eines Neubaus eine Anzahl Steinblöcke freigelegt, die sich als Teile zweier Jupitersäulen

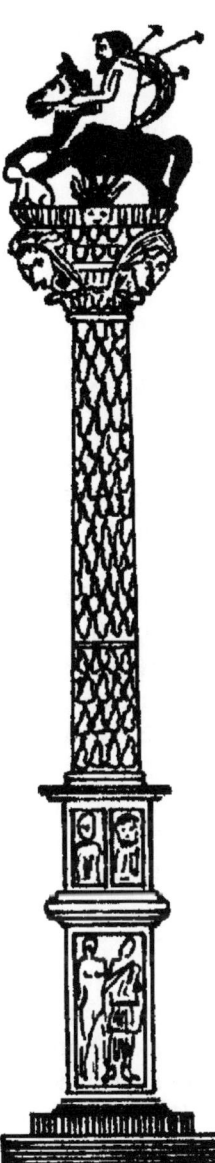

und anderer römischer Heiligtümer erwiesen. Eine gut gelungene Kopie von einer der beiden wieder zusammengefügten Säulen wurde am Nordrand von Hausen aufgestellt und verleiht der Landschaft einen bemerkenswerten historischen Akzent.

Dekor von Eichenblättern

Das Hauptstück des Denkmals ist die vier Meter hohe Säule von einem halben Meter Durchmesser. Die Säule ist von oben bis unten mit einem Dekor von Eichenblättern versehen, die reihenförmig angeordnet sind. Dabei fällt auf, daß in den unteren sechs Reihen die Blätter von unten nach oben gerichtet sind, während es in den oberen achtzehn Reihen umgekehrt ist. Dieses Eichenblattdekor führt uns "mitten in eine keltisch bezeugte Kosmologie"[112]. Wir wissen, daß die Eiche der heilige Baum der Kelten gewesen ist. Sie galt ihnen als Weltenbaum, Weltstütze und Weltachse[113]. Durch das Eichenblattdekor wird die Hausener Jupitersäule zur mythischen Welteiche. Die Zweiteilung der Blatthülle in hängende und stehende Blätter "läuft auf die Vorstellung eines vom Himmel herabhängenden und zugleich von der Erde hinaufwachsenden Baumes heraus"[114]. Diese Vorstellung finden wir auch im Zusammenhang mit der germanischen Weltesche und dem indischen Asvattha-Baum.

58 Jupiter-gigantensäule in Hausen a.d. Zaber

Der Sockel der Hausener Säule besteht aus dem unteren viereckigen Block von etwa 1 m Höhe und 0,67 m Breite und dem oberen achteckigen Block mit 0,67 m Durchmesser. Auf einer der vier Seiten des unteren Steines finden wir die

Der Hausener Viergötterstein

JUPITERSÄULE UND VIERGÖTTERSTEIN

Weihinschrift, umrahmt von einem Eichenkranz, der von einem Adler getragen wird. Die Inschrift lautet:

> J(ovi) O(ptimo) M(aximo) et Junoni Reg(inae)
> C(aius) Vettius Connougus v(otum) s(olvit)
> l(ibens) l(aetus) m(erito)

zu deutsch: Jupiter dem Besten und Größten und Juno der Königin hat Gaius Vettius Connougus das Gelübde erfüllt, gerne, froh und nach Verdienst

Unter dem erfüllten Gelübde ist zweifellos die Errichtung der Säule zu verstehen.

Wenn wir die Inschriftenseite als die Vorderseite betrachten, dann befindet sich auf der linken Seite des Steines eine Darstellung des Apollo, auf der Rückseite Diana und auf der rechten Seite Venus und Vulkan. Obgleich also nur auf drei Seiten Götterbilder zu sehen sind, haben wir es auch hier mit einem Viergötterstein zu tun. Weil die eine Seite durch die dem Auftraggeber offenbar wichtige Inschrift ausgefüllt wurde, half sich der Steinmetz so, daß er zwei Götterfiguren auf einer Seite vereinigte und damit die übliche Vierzahl beibehielt.

Der auf dem Viergötterstein stehende achtkantige Block zeigt acht flache Vertiefungen, in denen wiederum römische Gottheiten dargestellt sind. Auf der Hauptansichtsseite ist eine geflügelte Viktoria mit einem Kranz in der Rechten zu sehen. Links herum folgen dann die Büsten der Wochengötter: Saturn (Samstag), Sol (Sonntag), Luna (Montag), Mars (Dienstag), Merkur (Mittwoch), Jupiter (Donnerstag), Venus (Freitag). Das Säulenkapitell besteht am unteren Rand aus einem Kranz von Akanthusblättern, über denen an den vier Ecken des Kapitells vier Büsten die Deckplatte stützen. Die Figuren stellen die vier Jahreszeiten dar: der Frühling mit Blüten im Haar, der Sommer mit Ähren, der Herbst mit Äpfeln und der Winter, dessen Bild leider stark zerstört ist.

Das Denkmal wird gekrönt von einem Reiterstandbild Jupiters. Die Tunika des Gottes bauscht sich hinter ihm im Winde. In der Rechten trägt er ein Blitzbündel. Das galoppierende Pferd berührt mit den Vorderhufen einen am Boden kauernden Giganten. "Es sieht so aus, als trage dies Ungeheuer die Last des dahinreitenden Himmelsherrn"[115]. Dieses mythische Wesen erscheint auf vielen derartigen Säulen, deshalb werden diese Denkmäler "Jupitergigantensäulen" genannt.

Karl Spieß schreibt:"Im Westen finden wir an den germanisch beeinflußten Jupitergigantensäulen, die als eine Art Irminsul einen Weltenbaum darstellen, Bilder von vier Gottheiten, die den Jahreszeiten oder Weltgegenden vorstehen". Spieß belegt seine Meinung von der germanischen Beeinflussung der Jupitersäulen nicht weiter. Es dürfte schwer sein, einen solchen Zusammenhang zu beweisen. Indessen ist eine Verwandtschaft mit religiösen und kosmologischen Vorstellungen anderer Völker - nicht nur der Germanen - durchaus zu bejahen. Vor allem war es romanisches und gallisches Denken, das die hier beschriebenen Jupitersäulen hervorgebracht hat. Bezeichnend ist, daß in der von Germanen besiedelten Provinz Germania inferior (Niedergermanien) kaum Jupitersäulen gefunden worden sind. Die wenigen Exemplare, die beispielsweise in Köln ausgegraben wurden, sind Ausnahmen, die die Regel bestätigen. Die Verwandtschaft mit den Weltsäulen und Weltbäumen der Germanen, der sibirischen Völker, der Inder und der Indianer reicht in das Dunkel vorgeschichtlicher Zeit zurück. Im Grunde ist die Säule ein Ausdruck des zu dem Heiligen und Göttlichen aufschauenden Menschengeistes schlechthin. Sie kennt keine ethnischen oder nationalen Grenzen. Sie ist ein der Menschheit gehörendes Symbol. Und ebenso verhält es sich mit dem Viergötterstein an der Säulenbasis. Er zeigt die nach den vier Himmelsrichtungen schauenden göttlichen Repräsentanten als Sinnbilder der die Welt beherrschenden Gottheit. So finden wir hier in der Jupitersäule im Ansatz das gleiche Weltbild wieder, wie beispielsweise bei den Hopi-Indianern, deren Kosmos durch die vertikale "Achse der Transzendenz" und die beiden nach den vier Himmelsrichtungen weisenden horizontalen Achsen bestimmt ist.

Eine Art Irminsul?

12 Die Himmelsmühle

Ein altes Volkslied

*Dort nieden in jenem Holze
leit sich ein Mühlen stolz,
es mahlt uns alle Morgen
das Silber, das rote Gold.*

*Dort nieden in jenem Grunde
schwemmt sich ein Hirschlein fein.
Was führt's in seinem Munde?
Von Gold ein Ringelein.*

Volkslieder haben es in sich. Auch dieses! Wer würde vermuten, daß diese früher viel gesungenen Verse eine sehr alte kosmische Vorstellung besingen: die Vorstellung von der Himmelsmühle?! Sie steht in engem Zusammenhang mit der Idee der Weltensäule, von der die Mythen vieler Völker reden. Diese Säule trägt nicht nur das Himmelsgewölbe, ihre Spitze ist auch der Himmelspol, um den sich scheinbar der ganze Sternenhimmel in vierundzwanzig Stunden einmal dreht. Um diesen Vorgang zu veranschaulichen, lassen sich mancherlei Bilder und Gleichnisse finden. Wir würden heute vielleicht an ein Karussell denken, bei dem sich ja auch ein kleiner "Kosmos" um eine Mittelachse dreht. In vorgeschichtlicher Zeit kam man auf das Bild einer Mühle; nur eben, daß diese Mühle kein Getreide mahlt, sondern "das Silber, das rote Gold" der Himmelsgestirne. Und das "feine Hirschlein" unseres Volksliedes mit dem "Ringelein von Gold" in seinem Munde ist eine Anspielung auf die Sonne, die jeden Morgen über dem Wasser aufgeht und des Abends darin zu versinken scheint. Der Hirsch - und ebenso das Pferd - spielt in der Symbolik eine Rolle als "Begleiter des Sonnenjahres".

Reuter erwähnt in seiner "Germanischen Himmelskunde", daß in der Mitte antiker Stadien eine Säule stand als Sinnbild der Weltachse. Die Rennen der Läufer, der Pferde und Wagen hatten eine Beziehung zu dieser Säule. Sie waren ein Abbild der Kreisung des Sternenhimmels um die Weltachse.

Eine ähnliche Vorstellung finden wir bei den Bewohnern des Pelzlandes am Ural. Hier galten - oder gelten noch heute - gewisse Sterne als Pferde, die mit Seilen an der Spitze des Himmelspfahls, an den Polarstern, gebunden sind und um ihn kreisen wie die Zirkuspferde um den Mittelpunkt der Manege[117]. *Symbolische Pferderennen*

Das erinnert an den Atlantisbericht Platos. Plato schildert die Königsinsel des atlantischen Reiches und beschreibt das Heiligtum des Poseidon in der Mitte der Insel. Zu diesem Heiligtum gehörte die Poseidonsäule. Um das Heiligtum mit der Säule lief eine Rennbahn, deren Breite ein Stadion betrug und deren gesamte Länge für den Wettkampf der Rosse freigehalten war. Es wird zwar nicht ausdrücklich gesagt, aber es hat den Anschein, wie wenn auch hier das Pferderennen um die Säule Poseidons einen symbolischen Charakter habe: es soll das Kreisen der Gestirne um die Weltsäule versinnbildlichen.

Übrigens ist Spanuth der begründeten Ansicht, daß die Atlanter den Sport nach Griechenland gebracht haben. Er schreibt: "Der ritterliche, kämpferische Geist, der bei den olympischen Spielen gepflegt und bis in unsere Zeit herübergerettet wurde, hat seine Urheimat nicht in Olympia, sondern auf Basileia, wo schon viele Jahrhunderte vor der Anlage der olympischen Kampfbahnen in der "goldenen Zeit", d.h. in der Bronzezeit, dieser Geist seine Pflegestätte hatte[118].

Sibirische Völker nehmen an, das Himmelszelt werde von einer goldenen oder eisernen Säule getragen. Vereinzelt hat man diese Säule symbolisch nachgebildet in dem hölzernen Pfahl, an dem die Opfertiere festgebunden wurden. Das Gewimmel der Tiere um den Pfahl erschien den Sibiriern wohl als Abbild des Sternenhimmels um die Himmelssäule[119]. *Sibirische Mythen*

Alte Volksgesänge der Irtysch-Ostjaken erzählen von einer wunderbaren Mühle, die sich von selbst drehe und den Staub auf hundert Werst verstreue. Und neben dieser Mühle stehe ein Pfahl, auf dem ein goldener Käfig aufgesetzt sei. An diesem Pfahl klettert ein gelehriger Kater auf und ab. Steigt er herab, so singt er Lieder, steigt er hinauf, so erzählt er Märchen. Dieser Kater erinnert stark an das Eichhörnchen Nagezahn, das in der germanischen Weltesche auf und ab klettert und durch verbale Aktivitäten Zwietracht sät[120].

Wie der Mühle Pfahl...

Auch in Indien finden sich die Bilder der Mühle und sich im Kreise bewegender Tiere als Sinnbilder des sich drehenden Kosmos. In den Bhagavata Purana lesen wir:

> *Die ewigen Sterne und Bilder all,*
> *auch die Planeten werden um dich kreisen,*
> *Du aber wirst unbeweglich stehen*
> *wie der Mühle Pfahl,*
> *um den die Ochsen Körner dreschend geh'n.*
> *So kam der Dhruva zum Himmelspol,*
> *der alles überragt,*
> *zu Wischnus hoch erhab'nem Sitz,*
> *um den die Sphären der Gestirne ewig wandeln,*
> *gleich einer Körnermühle stehende Achse,*
> *endlos die Ochsen mahlend kreisen*[121].

Folklore-Tänze

In den Folklore-Tänzen vieler Völker gibt es eine Figur, die an die Himmelsmühle erinnert. Die Tänzer und Tänzerinnen bewegen sich im Reigen um einen in der Mitte ihres Kreises befindlichen Pfahl, mit dessen Spitze jeder einzelne Tänzer durch ein buntes Band verbunden ist. Der Pfahl in der Mitte ist entweder fest in den Boden gerammt, oder aber er wird von einem Tänzer in der Mitte gehalten. Der Tanz ist eine sehr alte menschliche Lebensäußerung. Auf Felszeichnungen, Wandbildern, Reliefs, Vasenbildern finden wir Tanzdarstellungen, verbunden mit Kulthandlungen und Göttermythen. Wenn wir uns lösen von der modernen Auffassung des Tanzes als gesellschaftlicher, künstlerisch-ästhetischer oder sportlicher Ausdrucksmöglichkeit, dann erkennen wir in solchen alten Tänzen den kultisch-religiösen Ursprung.

Das Fliegerspiel der Totonaken

Die Totonaken-Indianer in Mexiko pflegen noch heute ein Ritual, bei dem nicht Tiere, sondern ebenfalls Menschen um einen Pfahl kreisen. Bei diesem sogenannten "Fliegerspiel" befindet sich an der Spitze eines über zwanzig Meter hohen

Mastes ein rotierender Holzrahmen, an dem auf Rollen dicke Seile befestigt sind. Jeder der "Fliegermenschen" hat ein Seilende um die Hüften gebunden. Nun leitet der Zeremonienmeister mit Flötenspiel das Ritual ein. Die Fliegermenschen lassen sich in die Tiefe fallen. Dabei winden sich die Seile langsam von den Rollen ab. Schwebend, in immer größer werdenden Kreisen, "umfliegen" sie den Mast, bis sie die Erde erreichen[122].

Der Weltnagel

Auf einem Gebiet, das von Island bis zur Beringstraße reicht, bei Völkern nur in der Nähe des Polarkreises, ist der "Weltnagel" oder "pfahlgesteckte Stern" bekannt. Dieser Weltnagel ist nichts anderes als der Polarstern, der nach der Meinung dieser Völker den Zusammenhalt der Weltkreisung sichert. So schlugen beispielsweise die Lappen als Sinnbild des auf der Weltachse sitzenden Polarsterns einen kräftigen Eisennagel in das obere Ende ihrer Opfersäulen ein[123]. Die Esten und Lappen nannten den Polarstern "Himmelsnagel", die Finnen "Nagelstern" oder "Himmelsscharnier"[124].

Die Umschwungstelle

Dieser so unerschütterlich fest erscheinende Himmelspol ist aber keineswegs so konstant, wie es scheint. Weil die Erdachse, deren Verlängerung die Weltachse ist, um die Achse der Sonnenbahn schwankt, beschreibt der Himmelspol in etwa 25 800 Jahren einen vollen Kreis um den Pol der Sonnenbahn. Auch ist der Himmelspol nicht identisch mit dem Polarstern. Eine Fotografie beweist, daß der Polarstern im Lauf eines Tages einen deutlich erkennbaren Kreis um den eigentlichen Himmelspol beschreibt. Schon in alter Zeit

59
Das Fliegerspiel der Totonaken

DIE HIMMELSMÜHLE

haben die Menschen des Nordens die genaue Umschwungstelle des Himmels gesucht und mit großer Genauigkeit ermittelt. Ihr Polarstern war nicht der unsere, "nicht der dux nautarum des abendländischen Mittelalters, sondern der wahren Nabe des kreisenden Himmelsrades so nahe, daß er weit zuverlässiger als jener eine größere Genauigkeit der gesuchten Nordrichtung verbürgte"[125].

60
Fünfstündige Sternkreisung um den nördlichen Himmelspol. Der starke helle Streifen nahe dem Drehpunkt rührt vom Polarstern her.

Phallische Symbole 13

Die physische Existenz von Mensch und Tier hängt weitgehend von der Fruchtbarkeit des Bodens ab. Dieser Zusammenhang ist den Menschen der modernen Industriegesellschaften nicht mehr so unmittelbar einsichtig wie den Jägern, Sammlern und Ackerbauern aller Zeiten. Infolge der wirtschaftlichen Verflechtung mit ihrem gut funktionierenden Warenaustausch brauchen europäische Arbeiter nicht zu hungern, wenn in ihren Heimatländern Mißernten eingefahren werden. Sonnenschein und Regen scheinen ihnen weniger unter dem Gesichtspunkt der Ernährung bedeutsam als vielmehr im Blick auf die Urlaubs- und Freizeitgestaltung. Hingegen brachte - und bringt! - eine anhaltende Dürre oder zuviel Regen den Menschen früherer Zeiten bzw. anderer Erdregionen unvermeidliche Ernährungsprobleme bis hin zur Hungersnot. Kein Wunder, wenn solchen Menschen alles, was Einfluß hat auf das Wachstum und Gedeihen in der Natur, sehr wichtig war. Außer Sonne und Regen gehören dazu auch Wind, Frost und Schnee und der Wechsel der Jahreszeiten. Das alles sind Erscheinungen, die der Mensch nicht beeinflussen kann und die, wie er glaubt, von höheren Mächten gesteuert werden. Ihnen fühlt sich der Mensch ausgeliefert. Aber vielleicht - so sagte er sich - gelingt es, diese Mächte gnädig zu stimmen durch Opfer und rituelle Handlungen. Hierzu benötigte man Sinnbilder, die die Idee der Fruchtbarkeit konkretisieren. So kam der Mensch u.a. auf das Symbol des Phallus. Er verkörpert das männliche Prinzip, die fruchtbare und segensreiche Hinwendung des (männlichen) Himmels zur (weiblichen) Erde. Phallische Figuren und Bilder und ungenierte Darstellungen der männlichen und weiblichen Genitalien sind fast in allen Teilen der Welt gefunden worden. In den Ruinen des Dionysosheiligtums auf Delos finden wir heute noch überdimensionale Phalloi und auf antiken Trinkschalen ungeschminkte Darstellungen des

Sinnbild der Fruchtbarkeit

Geschlechtsaktes. Für die Menschen früherer Zeiten waren solche Symbole nicht im entferntesten mit dem Odium des "Unanständigen" behaftet. Im Gegenteil: alles was zusammenhing mit Fortpflanzung, Zeugung, Fruchtbarkeit wurde des Lobes und der Verehrung für würdig gehalten. Das Motiv der Obszönität ist erst in neuerer Zeit an diese Dinge herangetragen worden[126].

Unter dem Einfluß des mosaischen Gesetzes

Im christlichen Bereich galt der Phallus, unter dem Einfluß des mosaischen Gesetzes, ebenso wie jeder an das Sexuelle erinnernde Symbolismus, als ein pudendum, d.h. als etwas "Unanständiges", also etwas, dessen man sich schämen muß. Daher sind auf europäischem Boden phallische Symbole zum Teil ausgemerzt worden. Jedoch gibt es noch genügend Denkmäler, die beweisen, daß es in vorchristlicher Zeit in allen Regionen des Abendlandes Kulte gegeben hat, in denen der Phallus eine Rolle spielte.

61
"Die heilige Hochzeit"
Bronzezeitliche
Felszeichnung

Norwegische Felszeichnungen bestätigen, daß in Skandinavien der Phalluskult schon in der frühen Steinzeit gepflegt wurde. "Aus der skandinavischen Bronzezeit (1600-400 v.Chr.) ist eine Fülle von Material erhalten, das die beherrschende Stellung des Phallussymbols in jener ganzen Epoche bezeugt"[127]. Das Gleiche gilt von allen späteren Epochen bis in die Zeit der Christianisierung hinein. Um die Mitte des 11. Jahrhunderts, als Schweden noch nicht christlich war, beschrieb Erzbischof Adam von Bremen in seiner Geschichte des hamburgischen Erzbistums[128] den heidnischen Tempel in Uppsala. Er berichtet, daß im Tempel die Bildnisse der drei Hauptgötter Odin, Thor und Frey standen. Die Statue des Frey war cum ingenti priapo - mit einem mächtigen Phallus - versehen[129].

Phalluskult in Skandinavien

Eine wichtige altnordische Quelle, die Flateyjarbok, berichtet von einer Begebenheit, die sich auf den Phalluskult in Schweden bezieht. In einer kriegerischen Auseinandersetzung wird der Norweger Gunnar Helming von den Schweden gerade zu der Zeit gefangengenommen, als das Standbild des Frey im Lande herumgetragen wird, um ein gutes Jahr zu erflehen. Gunnar Helming wird dazu verurteilt, die Rolle des Frey zu übernehmen, wenn die heilige Hochzeit vollzogen wird. "Er machte seine Sache so gut, daß die Priesterin schwanger wird, was allgemein Zufriedenheit auslöste, denn es galt als ein gutes Vorzeichen"[130].

Die heilige Hochzeit

In der Spruchweisheit der Edda sind die sogenannten "Wölsistrophen" überliefert[131]. Sie gehören zu einer Anekdote, die sich die Isländer im 13. und 14. Jahrhundert erzählten. Sie spielt in der Zeit der Bekehrung Norwegens zum Christenglauben um das Jahr 1000. Damals erfuhr König Olaf - so die Erzählung der Edda - daß die Bewohner eines abgelegenen Hofes im Nordlande noch heidnischen Brauch übten. Als das Schiff des Königs dort in der Nähe anlegte, ging der König mit zwei seiner Mannen inkognito auf jenen Hof. Sie nannten sich alle drei Grim und setzten sich mit dem Bauern, der Bäurin, Sohn, Tochter, Knecht und Magd zum Essen. Die Bäurin trug in einem Leintuch den Wölsi herein; das war das Glied eines Hengstes, das sie nach dem Schlachten im Herbst aufgehoben und durch Kräuter haltbar gemacht hatte. Allabendlich bezeigte

Die Wölsistrophen der Edda

ihm die Familie ihre Verehrung. Die Bäurin nahm den Wölsi aus dem Tuch, legte ihn dem Bauern in den Schoß und sprach:

Gehegt bist du, Wölsi,
und gehütet wohl,
in Linnen gehüllt
und mit Lauch gestärkt.
Nimm an, Mörnir,
die Opfergabe!

Der Bauer nimmt den Wölsi und übergibt ihn seinem Sohn. Dabei gibt er seiner Gleichgültigkeit gegenüber dieser Zeremonie Ausdruck, wiederholt aber doch den Satz: "Nimm an, Mörnir, die Opfergabe!" Der Sohn reicht den Wölsi seiner Schwester, diese reicht ihn dem Knecht, der gibt ihn der Magd weiter, diese an einen der Gäste, und dieser an seinen Kameraden. Jeder spricht bei der Übergabe eine mehr oder weniger passende Bemerkung, aber jeder wiederholt auch den Satz: "Nimm an, Mörnir, die Opfergabe!" Zum Schluß bekommt der König den Wölsi überreicht. Der nimmt ihn und wirft ihn dem Hund hin indem er spricht:"Nimm an Mörnir, die Opfergabe, Hund des Hauses, hüte das Opfer!" Als das die Bäurin sah, "flog alles an ihr, sie brauste mächtig auf und sprach: Wer ist der Mann, mir unbekannt, der Hunden gibt heiliges Opfer?" Der König warf seine Verkleidung ab, und sie erkannten ihn. Er lehrte sie darauf den rechten Glauben; sie nahmen ihn an, und der König ließ sie durch seinen Hofpfaffen taufen. -

Die Handlung dieser Erzählung scheint frei erfunden zu sein. Dagegen sieht es so aus, wie wenn die Opfersprüche mit dem Refrain "Nimm an, Mörnir, die Opfergabe!" auf einen tatsächlich geübten alten Ritus zurückgehen. Dabei spielt die Bäurin offensichtlich die Priesterin dieses Kultes. Mörnir als Name eines Gottes ist uns heute nicht mehr bekannt. Vielleicht handelt es sich um einen Namen des Gottes Frey.

Hermessäulen in Athen

Der griechische Geschichtsschreiber Thukydides berichtet in seiner Geschichte des peloponesischen Krieges[132], daß einige Zeit vor Beginn eines Kriegszuges gegen Sizilien nächtlicherweise fast allen Hermessäulen in Athen die Köpfe abgeschlagen oder sie anderweitig beschädigt wurden. Es handelte sich hierbei um Säulen mit Hermeskopf und erigiertem Phallus, aber ohne alle anderen Gliedmaße. Thukydides hebt ausdrücklich hervor, daß es nach der Landesgewohnheit von diesen Säulen in Athen eine große Anzahl gab und diese "Hermen" vor den Türen der Privathäuser und Tempel standen. Vermutlich hatten Betrunkene diesen Streich verübt. Aber die Regierung argwöhnte, es stecke eine Verschwörung zum Sturz der Demokratie dahinter. Außerdem erblickte sie in der Zerstörung der Hermen ein böses Omen für den geplanten Krieg gegen Sizilien. Deswegen rief sie die Einwohnerschaft der Stadt auf, Hinweise für die Ergreifung der Täter zu geben. Die Feinde des Alkibiades, der mit der Führung des geplanten sizilischen Feldzuges beauftragt war, beschuldigten den Feldherrn, an der Schändung der Hermen beteiligt gewesen zu sein. Sie hofften, dadurch das Ansehen des Alkibiades zu untergraben und selbst politischen Einfluß zu erlangen. Es kam zu einem langwierigen Prozeß, in dessen Verlauf der Beschuldigte nach Sparta und später zu dem persischen Statthalter Tissaphernes floh. Zwar versöhnte sich Athen wieder mit Alkibiades, und er erhielt neue Ämter und Würden.

62
Griechischer Schnitzer bei der Anfertigung einer Hermessäule

Aber dann wurde er doch verbannt und im Jahre 404 v.Chr. im Alter von 46 Jahren ermordet. Der Bericht des Thukydides zeigt, welches Ansehen die phallischen Hermessäulen im antiken Athen genossen.

Dionysosfeste

63
Blumengeschmückte Phallusdarstellung wie sie bei den dionysischen Festprozessionen herumgetragen wurden

Aber auch abgesehen von den Hermen hatte das phallische Symbol im alten Griechenland eine große Bedeutung. Die Dionysosfeste, die von einzelnen Haushalten, Dörfern und auch vom Staat durchgeführt wurden, sind ein weiterer Beweis für die religiöse Bedeutsamkeit des phallischen Symbols. Bei den dionysischen Festprozessionen wurden mit Blumen geschmückte riesige Phallusdarstellungen herumgetragen[133]. Anläßlich dieses Festes pflegten die griechischen Mutterstädte den von ihnen gegründeten Kolonien einen Phallus zu schicken. Die Sitte zeigt, daß ein solcher Phallus ein Sinnbild des Wunsches war, die Kolonie möge weiterhin blühen, wachsen und gedeihen.

Priapus

Nach der Sage der Einwohner von Lampsacus in Mysien war Priapus ein Sohn des Bacchus und der Venus. Die zürnende Juno berührte den Leib der schwangeren Venus mit zauberischer Hand, so daß sie ein häßliches, mit unnatürlich großen Zeugungsteilen versehenes Kind gebar, eben den Priapus. Ursprünglich wohl nur eine zu Lampsacus mit eigentümlichen Zügen ausgestattete Gestalt des Bacchus, wurde er als Gott ländlicher Fruchtbarkeit, besonders als Gartengott, verehrt. Seine Bilder trugen als Symbol der Fruchtbarkeit ein ungewöhnlich großes erigiertes Zeugungsglied. Die Verehrung des Priapus verbreitete sich von Lampsacus aus über die ganze griechische und römische Welt. Im Vatikan befindet sich eine Priapusstatue mit Attributen des Pan, Weinlaub und allen Gattungen von Früchten im aufgehobenen Schurz seines Gewandes.

Der phallische Eid

Auch im Alten Testament finden sich Spuren von der einstigen Heiligkeit des Phallus. Die biblischen Autoren ebenso wie die Bibelübersetzer neigten jedoch dazu, phallische Andeutungen durch harmlose Umschreibungen zu ersetzen. So wird beispielsweise in der Genesis die Sitte erwähnt, bei einem Eidschwur die Hand an das Zeugungsglied zu legen. Diese Sitte war im Altertum weit verbreitet. Die Ägypter kannten sie, und in manchen arabischen Ländern besteht sie heute noch. Wenn aber das Alte Testament berichtet, wie Abraham einem seiner Knechte einen Eidschwur abnimmt, dann hört sich das so an:"Lege deine Hand unter meine Hüfte und schwöre bei dem Herrn, dem Gott des Himmels und der Erde...Und da legte der Knecht die Hand unter die Hüfte Abrahams und schwur ihm solches". Zur Erläuterung dieses Vorgangs sagt ein alter Kommentar: "Was aber die Sitte anbetrifft, (beim Schwur) die Hand unter die Hüfte des anderen zu legen, so scheint es klar, daß dies aus der besonderen Heiligkeit des Zeugungsorgans erwachsen ist; Fruchtbarkeit war göttlichen Ursprungs, ihr Werkzeug mußte also von primitiven Semiten als ein Symbol ihres Gottes angesehen werden".

Das alte Ägypten stellte die phallischen Symbole in den Mittelpunkt seiner Welt. "Der Obelisk erhebt dieses Emblem zu seiner höchsten symbolischen Bedeutung"[135]. Plutarch berichtet, daß Osiris mit dem Phallus ausgestattet war, damit seine Bedeutung als zeugende und vermehrende Kraft deutlich werde. So wie seine Gattin Isis die Weltmutter, die Göttin der Erde, die Verkörperung des weiblichen Prinzips war, so verkörperte Osiris das männliche Prinzip in der Natur. Es scheint, daß der Phalluskult in Ägypten eine gewisse Entwicklung durchlaufen hat. Am Anfang steht die Verehrung des einfachen Phallus. Es folgt der doppelte, dreifache, kreuzähnliche Phallus; dann der mit einem Gegenstand - etwa mit einem Baum, einem Stein, einem Grenzpfahl - verbundene Phallus; dann der Phallus an einer menschenähnlichen Gestalt, und schließlich der Phallus an oder in der Gestalt des Sonnengottes Osiris. Jedoch lösten die Entwicklungsstufen nicht einander ab. Vielmehr bestanden alle kultischen Formen gleichzeitig und gleichberechtigt nebeneinander[136].

Ägypten

In allen altorientalischen Ländern, außer im nachexilischen Palästina, war der Kult phallischer Gottheiten sehr im Schwange.

Hieropolis

Ihnen errichtete man Säulen und Standbilder, Tempel, zu ihren Ehren veranstaltete man Prozessionen und Feste. Ein Zentrum dieser Bewegung war Hieropolis am Ufer des Euphrat. Aufgrund der Aufzeichnungen Lukians hat der Kultforscher Dulaure ein sehr lebendiges und plastisches Bild dieser Stadt gezeichnet. Er schreibt: "Nie verehrte man auf irgendeinem anderen Fleck der Erde den Phallus mehr als in dieser Stadt; nie errichtete man ihm gewaltigere, staunen-erregendere Denkmäler als in Hieropolis...Die kostbarsten Kunsthandwerke und die ältesten Opfergaben sind in dieser Stadt versammelt. Unermeßlich sind die Reichtümer von Hieropolis. Was Arabien, Phönizien, Babylonien und Kappadozien diesem Kult an Tribut leisteten, findet sich hier aufgehäuft, und auch die Kilikier und Assyrer pilgern mit allem, was sie in ihren Ländern für das Teuerste halten, nach Hieropolis. Die Schatzkammern beherbergen die prunkvollsten Gewänder und die herrlichsten Kultgegenstände, nur mit Gold und Silber sind diese geheiligten Opfergaben aufzuwiegen. Und nirgendwo anders feierte man so viele Feste. Mitten in der Stadt auf einer Anhöhe erhebt sich der Tempel, von zwei Umfassungsmauern umgeben. Die Tempelanlage hat eine Ausdehnung von 184 Metern. Betritt man das Heiligtum, so ist das Auge des Pilgers zunächst von den mit edelsten Steinen geschmückten Säulen geblendet. Gold glänzt von den Gewölben und von allen Türen, und die Düfte Arabiens umschmeicheln den Geruchssinn. Das wunderbarste aller Wunder ist jedoch der Thron der Sonne - und die Bildsäule Apollos, die sich sogar bewegen und bis hinauf zur Spitze des Tempels reichen kann. Vor der Säulenhalle dieses prachtstrotzenden Tempels erheben sich zwei gewaltige Phalli, die zum Gewaltigsten gehören, das Menschenhand je geschaffen hat". Dulaure gibt die Höhe der zwei Phallen mit 55,30 Metern an, was der Höhe der Türme von Notre Dame in Paris nahekommt. Es ist nicht von der Hand zu weisen, daß die phallischen Türme von Hieropolis zum Vorbild für sakrale Turmbauten in anderen Kulturbereichen geworden sind. Die beiden Phalli von Hieropolis waren nicht nur zum Schmuck des Tempels da, sie spielten auch eine Rolle bei den Kulthandlungen, wie die Chronisten berichten. Einmal im Jahr erklimmt ein Mann einen der beiden Türme. Er verweilt dort oben sieben Tage lang. An einer langen Kette zieht er Holz zu sich herauf und baut sich daraus eine Hütte. Ein Priester am Tempeleingang nimmt von der hereinströmenden Menge die Opfergaben in Empfang. Laut ruft er den Namen des Spenders zum Mann auf den Turm. Daraufhin ertönt von dort ein Klang wie vom Schlag eines Hammers auf ein ehernes Instrument. Dann betet der Mann auf dem Turm für das Seelenheil des Gläubigen.

Im Leben der indischen Völker hat der Phallus eine große Bedeutung. Er ist "bis zu diesem Tage der gewöhnlichste Verehrungsgegenstand in den hinduistischen Heiligtümern[137]". Die Inder nennen ihn das "Linga" und sehen in ihm eine Verkörperung ihres höchsten Gottes Schiwa. Die heiligen Schriften der alten Inder erzählen mancherlei Legenden, die um dieses Thema kreisen. So erzählt das Purana, zwischen den Göttern Brahma und Wischnu sei ein heftiger Streit entbrannt, wer von ihnen beiden der mächtigere sei. Indem sie miteinander stritten, erschien ihnen plötzlich eine unfaßbar große Feuersäule

Schiwas feuriger Strahl

> *ohn Anfang, Mitt und Ende,*
> *frei von Wachstum,*
> *nicht verringernd sich.*

Bestürzt beschließen die Götter, "des Feuers Grund zu suchen". Wischnu verwandelt sich in einen Eber und läuft an der Säule hinab, tausend Jahre lang, ohne ihren Fuß zu finden. Brahma aber nimmt die Gestalt eines Schwanes an und fliegt an dem feurigen Strahl empor, ebenfalls tausend Jahre lang, ohne ein Ende zu erreichen. Enttäuscht treten beide den Rückweg an und treffen sich nach weiteren tausend Jahren wieder am Ausgangspunkt. Vor Schrecken und Müdigkeit sinken sie zu Boden. Da hören sie mit einem Male deutlich und donnergleich den Laut "Om Om". Und dann spricht Schiwa zu dem ohnmächtigen Wischnu:

> *Du, Herr der Erde bist es,*
> *der die Welt erschafft, zerstört, erhält,*
> *O du mein Sohn Wischnu, mein Sohn,*
> *behüte schirmend diese Welt !*
> *Laß fahren die Verblendung jetzt,*
> *dem Brahma sollst du Beistand leih'n,*

Denn wisse: Brahma wird dein Sohn
  im Lotosweltenalter sein.
Dann wirst du schauen mich,
  und dann werd ich auch Brahma offenbar.
Und als er so gesprochen,
  der erhab'ne Gott verschwunden war.
Das Linga aber ward verehrt
  in aller Welt seit dieser Zeit,
Und sichtbar in dem Linga
  wird Schiwas Macht und Herrlichkeit[138].

Die beiden abschließenden Bemerkungen des Puranatextes verdienen, festgehalten zu werden:

1. *Die mythische Säule wird in aller Welt verehrt,*
2. *sie ist ein sichtbares Zeichen von der Macht und Herrlichkeit des höchsten Gottes.*

In der Tat ist der aufrecht stehende Strahl, das Linga, der Phallus, die Säule, der Obelisk, die Massebe, der Baum, Turm und Pfahl ein Symbol, das in mannigfacher Abwandlung bei allen Völkern der Erde wiederkehrt. Und immer weist es hin auf göttliche Macht und Herrlichkeit, insbesondere auf die Schöpferkraft des Höchsten.

64
Verehrung von Schiva
im Linga

Die Inder haben, wie viele andere Völker, das weibliche Gegenstück zum Linga - die Yoni - in ihren Symbolismus mit einbezogen. So wie ein Fels, ein Pfahl und jeder Gegenstand von entsprechender Form phallische Bedeutung bekommen konnte, so wurde ein Ring, ein Kreis, eine Kluft, ein Bogen zum Symbol des Femininen, zur Yoni. "Wenn ein Mann einen Teich grub, war es für ihn eine Yoni, und er weihte sie mit einem Pfahl, den er hineinsteckte und mit Blumen bekränzte. Die See, ein Brunnen, eine Höhle waren natürlich auch eine Yoni. Ein gespaltener Fels auf der Halbinsel Malabar-Point war ein Wallfahrtsort"[139].

Yoni

In solchem Symbolismus schwelgte nicht etwa nur eine üppige erotische Phantasie, sondern es drückt sich darin das Bedürfnis aus, die in der Welt wirkenden Kräfte, in letzterem Fall die gebärende Naturkraft und die sie verkörpernde Göttin Durga, sinnbildlich darzustellen und sie durch rituelle Handlungen günstig zu stimmen.

14 Etemenanki und andere Himmelsberge

Der Verdruß der Sumerer

Vor mehr als fünftausend Jahren wanderte von Norden her das Volk der Sumerer in das Land zwischen Euphrat und Tigris ein. Niemand weiß, woher diese Menschen kamen. Ihre Heimat muß wohl ein Gebirgsland gewesen sein, denn in der Tiefebene zwischen den beiden großen Strömen vermißten sie sehr ihre heimatlichen Berge. Besonders verdroß sie die Tatsache, daß es ihnen in diesem ebenen Lande unmöglich war, ihre Götter in gewohnter Weise zu verehren, nämlich in Heiligtümern, die sie auf Bergen zu errichten pflegten. Aber wo ein Wille ist, da ist ein Weg. Warum sollten sie keine künstlichen Berge errichten, wenn keine natürlichen da waren? Sie schauten sich nach geeignetem Baumaterial um. Steine waren keine vorhanden. Aber bald hatten sie die Kunst gelernt, aus dem reichlich vorhandenen Lehm und Ton künstliche Steine zu formen und durch Brennen in ein vorzügliches Baumaterial zu verwandeln. Und nun fingen sie an zu bauen. Sie bauten Dörfer und Städte, und jeweils inmitten einer Stadt einen künstlichen Berg, eine Zikkurat, die von einem Tempel gekrönt war.

Der Turmbau zu Babel

Am berühmtesten unter ihnen ist der "Turmbau zu Babel" geworden, von dem die Bibel berichtet. Allerdings nimmt die Bibel ein anderes Motiv für den Bau der babylonischen Zikkurat an. "Wohlauf, laßt uns eine Stadt und einen Turm bauen, des Spitze bis an den Himmel reiche, daß wir uns einen Namen machen". Nach dem biblischen Bericht soll es Angst und Übermut gewesen sein, was die Menschen diesen "Turm" bauen ließ. Von einem Tempel auf der Spitze der Zikkurat erwähnt die Bibel nichts. Vielleicht haben wir es hier mit einer aitiologischen Erzählung zu tun, d.h. die Verfasser dieses Berichtes wollten erklären, warum der gewaltige Turm zu Babel zerstört worden war. Die Zerstörung konnte nach ihrer Meinung nur das Werk Gottes sein, der die Menschen für ihre

Gottlosigkeit und ihre Selbstüberhebung strafen wollte. Außerdem bringt die Bibel die Zerstörung des Turmes von Babylon in Zusammenhang mit der Sprachenverwirrung. Nachdem zuvor "alle Welt einerlei Zunge und Sprache hatte", fährt Gott vom Himmel hernieder und verwirrt die Sprache der Menschen, daß keiner mehr den anderen verstand. "Also zerstreute sie von dort der Herr in alle Länder, daß sie aufhören mußten, die Stadt zu bauen"[141]. Offenbar hat die Bibel kein historisches, sondern nur ein theologisches Interesse an dem "Turmbau von Babel". Die Geschichtsforscher und Archäologen sind sich darüber einig, daß die Zikkurat von Babylon einer von den vielen "Himmelsbergen" gewesen ist, die ursprünglich von den Sumerern errichtet und später von den Babyloniern übernommen wurden.

Herodots Schilderung

Der altgriechische Historiker Herodot gibt eine anschauliche Schilderung des babylonischen Heiligtums von Zeus Belos. Er schreibt: "In der Mitte des Heiligtums ist ein Turm gebaut, fest von Stein, in der Länge und Breite eines Stadions; auf diesem Turm erhebt sich ein anderer Turm, auf diesem wieder ein anderer, bis zu acht Türmen[142] steigt man hinauf auf einer Treppe, die von außen rings herum um alle diese Türme angebracht ist...In dem letzten Turm ist ein großer Tempel. In diesem Tempel befindet sich eine Lagerstätte, und daneben steht ein goldener Tisch; ein Götterbild ist dort nicht aufgerichtet". Eine Statue des Gottes Marduk befand sich nach Herodots Bericht in einem Tempel am Fuß der Zikkurat. Sie soll ein Gewicht von 800 Talenten, das sind 23700 kg, puren Goldes gehabt haben. Dem Volk war der Zutritt zu dem Tempel auf der Spitze des Turmes verwehrt. "Nur ein ausgewähltes Weib blieb dort, Nacht für Nacht, zum Genuß des Gottes"[143].

65a +b
Zeichnerische Rekonstruktion des "Turmes" von Babylon

Band des Himmels und der Erde

Der Turm, von dem die Bibel berichtet, gehörte schon zur Zeit der Entstehung des Alten Testamentes der Vergangenheit an. Aber die babylonischen Könige haben an seiner Stelle und im Gedanken an ihn einen neuen Turm errichten lassen. Nabupolassar hinterließ die Worte. "Zu jener Zeit gebot mir Marduk, den Turm Babels, der in der Zeit vor mir geschwächt worden, zum Einsturz gebracht war, sein Fundament an die Brust der Unterwelt fest zu gründen, während seine Spitze himmelan strebe"[144]. Sein Sohn Nebukadnezar setzte das Werk des Vaters fort: "Etemenankis Spitze aufzusetzen, daß mit dem Himmel sie wetteifere, legte ich Hand an"[145]. Etemenanki heißt auf deutsch "Haus der Fundamente des Himmels und der Erde". Andere Zikkuratnamen waren Duranki = Band des Himmels und der Erde; Euriminanki = Tempel der sieben Befehlsübermittler Himmels und der Erde. Die Namen bestätigen, daß diese Gebäude in der Tat eine religiöse Funktion hatten: eine Verbindung von Himmel und Erde sollte hier stattfinden.

85 Millionen Ziegelsteine

Die Bezeichnung "Turm" für die Zikkuraten ist insofern irreführend, als wir unter einem Turm ein hohes Bauwerk mit relativ kleiner Grundfläche verstehen. Die Zikkuraten aber hatten eine Grundfläche, die etwa der Höhe entsprach. So wissen wir, daß Etemenanki eine quadratische Grundfläche von 90 m Seitenlänge besaß. In sieben Stockwerken, jedes mit einer umlaufenden Terrasse versehen, türmte sich der Bau bis zu einer Gesamthöhe von 90 m empor. Das Untergeschoß war 33 m hoch, das zweite 18 m, das dritte, vierte, fünfte und sechste je 6 m. Der Tempel Marduks auf der obersten Terrasse ragte noch einmal 15 m hoch[147]. Der Bau muß jeden Betrachter, von welcher Seite auch immer er sich ihm näherte, stark beeindruckt haben. Mit seiner Höhe, seiner ungeheuren Masse von 85 Millionen Ziegelsteinen[148], mit seinen von Bäumen beschatteten Terrassen, seinem mit blauen Ziegeln und goldenem Dach geschmückten Tempel, mit seinen harmonischen Formen und Farben war er ein prachtvolles Zeugnis sumerisch-babylonischer Gottesverehrung und Baukunst.

Zerstörung Etemenankis

Die Faszination, die von Etemenanki ausging, hat das Bauwerk nicht vor der Zerstörung durch die Eroberer Babylons bewahrt. Tukulti-Ninurta, Sargon, Sanherib und Assurbanipal stürmten Babylon und zerstörten auch Marduks Heiligtum"[149]. Lediglich der Perserkönig Kyros, der die Stadt 539 v. Chr. einnahm, war so begeistert von Etemenanki, daß er die Zikkurat unzerstört ließ. Sein eigenes Grab ließ er als kleinere Nachbildung von Etemenanki anlegen[150].

Die Siebenzahl der Terrassen und Stockwerke versinnbildlicht die Zahl der Himmel. Ursprünglich glaubte man nur an drei übereinanderliegende Himmelsregionen, in deren oberster sich das Paradies befinden sollte. Dementsprechend haben die älteren Zikkuraten nur drei Etagen. Später stockte man das Weltgebäude um weitere vier Etagen auf, und die Himmelsberge wurden ebenfalls siebenstufig.

Siebenstöckige Himmelsberge

66
Siebenstöckiger Turm in Rangun,
das Weltzentrum der Birmaner

Mittelasiatische »Sagen sprechen von einem Wachstum des heiligen Berges Meru[151]. Überhaupt scheint eine Beziehung zu bestehen zwischen den mesopotamischen Himmelsbergen und dem asiatischen Mythos vom heiligen Berg Meru. So haben z.B. auch die Inder den mythischen Meruberg durch künstliche Berge nachgebildet und verehrt. Ein solcher vom Jahre 1027 befindet sich in der Nähe von Benares[152]. Mittelasiatische Sagen schildern den heiligen Berg ebenfalls als terrassenförmig, wobei meist drei oder sieben Terrassen gezählt werden. Die Jakuten sagen, der Thron des Himmelsgottes sei aus weißem Stein und habe drei silberne Stufen. Die Ostjaken sprechen von einem siebenstöckigen Berge[153].

Bisweilen gehen verschiedenartige kosmische und mythische Vorstellungen ineinander über, so etwa in jenem altaischen Schöpfungsmythus, der erzählt, Ulgen habe bei der Erschaffung der Welt auf einem goldenen Berg gesessen, wo Sonne und Mond ohne Unterbrechung strahlten. Später habe sich dieser Berg über die Erde herabgesenkt, ohne jedoch bis an den Erdkreis zu reichen[154]. Hier wird das Himmelsgewölbe offenbar als Weltenberg verstanden. Oben auf dem Gipfel dieses Berges ist die Wohnung und der Thron des höchsten Gottes. Auch der Polarstern befindet sich auf diesem Gipfel, und die Himmelskörper umwandeln ihn in engeren und weiteren Kreisbahnen.

Ulgen auf dem goldenen Berg

Das Weltbild der lamaistischen Kalmücken enthält genaue Vorstellungen über die Beschaffenheit des heiligen Berges.

Weltbild der Kalmücken

Hier steigt er nicht in sieben Stufen auf, sondern er ist das Zentrum eines mythischen Gebirges, dessen Struktur genau beschrieben wird. Um ihn herum gruppieren sich sieben ringförmige Bergketten, die durch sieben Meere vom heiligen Berg und voneinander getrennt sind. Diese Meere sind natürlich auch ringförmig. Je näher die Bergketten dem Zentralberg liegen, desto höher sind sie. Die äußerste Kette ist nur 625 Meilen hoch, die zweite 1250, die dritte 2500, die vierte 5000, die fünfte 10 000, die sechste 20 000 und die siebente 40 000 Meilen hoch. Der Himmelsberg selbst hat eine Höhe von 80 000 Meilen über dem Meer. Ebenso tief reicht er ins Weltmeer hinab. Dort unten ruht er auf einem Sockel von Gold, der seinerseits von einer Schildkröte getragen wird. Auch die Entfernung der Bergketten voneinander ist genau bestimmt. Je höher die Berge sind, desto weiter sind sie voneinander entfernt. Das Wasser der Ringmeere ist süß, aber die äußerste Bergkette ist von einem salzigen Weltmeer umschlossen. Das Weltmeer, ebenfalls ringförmig, ist von einem 312,5 Meilen hohen eisernen Bergring umgeben, der einen Umfang von 3 602 625 Meilen hat. Der Gipfel des Zentralberges hat die Form eines Pyramidenstumpfes. Sein Umfang auf dem Meeresniveau beträgt 2000 Meilen, der Umfang des Gipfelplateaus 3,5 Meilen. Die vier Seiten der Gipfelpyramide sind je nach der Himmelsrichtung verschiedenfarbig gestaltet. Der Norden ist gelb, der Osten weiß, der Süden blau und der Westen rot[155].

67
Der von den Drachen umkreiste Meruberg in der japanischen Kunst

Berg oder Baum?

Wenn man die Höhe dieses "Berges" über dem Meeresspiegel zu seinem Durchmesser in Beziehung setzt, dann ergibt sich das überraschende Verhältnis von etwa 1 : 2 000, mit andern Worten: der Berg ist zweitausendmal höher als sein Durchmesser. Zum Vergleich: ein Strohhalm von einem halben Zentimeter Durchmesser müßte etwa zehn Meter hoch sein, wenn das gleiche Maßverhältnis zugrundegelegt wird. Das bedeutet also, daß von einem Berg im eigentlichen Sinn keine Rede sein kann, eher von einem überdimensional hohen Turm oder Baum. So sehen wir denn auch in japanischen Darstellungen den heiligen Berg in hoher und schlanker Gestalt. In bestimmten Zwischenräumen weist er weit ausladende Dächer auf, die verschiedenen Himmelsschichten auf diese Weise veranschaulichend. In dieser Gestalt erinnert der Meru tatsächlich mehr an einen

Baum als an einen hohen Berg oder an eine Zwischenform zwischen dem ästigen Weltbaum und der Weltsäule[156].

Daß die Vorstellungen vom heiligen Berg und vom Weltenbaum miteinander verbunden und vermischt werden, zeigt auch eine mittelasiatische Sage. Sie stellt den dreistufigen Berg viereckig vor, und auf den quadratischen Gipfel stellt sie noch einen mächtigen Weltenbaum. Die Höhe dieses Baumes ist ungeheuer. Ein von der Baumkrone herabgeworfener Felsbrocken von der Größe eines Ochsen braucht 50 Jahre, um auf den Boden zu fallen, und dann ist er auf Lammgröße zusammengeschrumpft[157].

Mittelasiatische Mythen

Die buddhistischen Pagoden mit ihren sieben ausladenden Dächern sind nichts anderes als symbolische Darstellungen des Himmelsberges mit seinen sieben übereinander liegenden Himmelsregionen.

68
Pagode in Schanghai

Die Idee des Himmelsberges war auch in Europa bekannt. In der Edda wird der Himinbjorg genannt. Ein finnischer Ursprungsspruch des Feuers lautet:

Europäische Himmelsberge

> *Wo ist des Feuers Wiege,*
> *werden Gluten eingelullet?*
> *Droben dort am Himmelsnabel,*
> *auf berühmten Berges Gipfel.*

Holmberg[158] sagt: »Nach den im Volksmund weiterlebenden Überlieferungen ist dieser Weltenberg entweder ein inmitten des Erdkreises liegender, in Himmelshöhen ragender Riesenberg oder die Himmelskuppel in ihrer Gesamtheit«.

Im Gegensatz zu diesen traumhaft ineinander übergehenden und verschwimmenden nordischen Vorstellungen stellen die Zikkuraten Mesopotamiens eine sehr handfeste und konkrete, darum aber nicht weniger tiefsinnige Symbolik dar.

15 Donnerbesen und Windmühle

Schmuckformen am Bauernhaus

Zwischen Ems und Elbe und darüber hinaus finden wir an der Schauseite vieler alter Backsteinhäuser, zumeist rechts und links der Haustür oder über ihr, den Donnerbesen und die Windmühle. Die Zeichen sind in die Hauswand eingemauert. Ein senkrecht in die Mauer eingefügter Ziegel stellt den Besenstiel dar. Darüber findet sich meist ein waagerechter Stein, neben und auf welchem drei bis fünf weitere Steine, senkrecht nebeneinander stehend oder fächerförmig angeordnet, den eigentlichen Besen bilden. Die Formen weichen regional etwas voneinander ab. Im Lauenburgischen und im linkselbischen Heidegebiet ist häufig eine mehr strauchförmige Abwandlung des Besens zu finden[159].

Bei der Windmühle variieren die Formen noch häufiger als beim Besen. Es gibt ganz einfache Ausführungen, die mit sechs Steinen auskommen und reichere Formen, für die mehr als die doppelte Anzahl verwendet wird. Aber alle Variationen haben das charakteristische Andreaskreuz der Windmühlenflügel.

69 Schmuckformen am Bauernhaus: Donnerbesen und Windmühle

Alter Aberglaube?

Die heutigen Hausbesitzer sehen in diesen Zeichen zumeist

nur Schmuckformen. Allenfalls sind sie der Meinung, daß es sich dabei um den Ausdruck irgendeines alten Aberglaubens handle. Fest steht, daß es in der Tat ein sehr alter Brauch ist, diese beiden Zeichen an der Hauswand anzubringen. H.A.Herrmann hält die Annahme für berechtigt, daß diese Art des Hausschmucks schon vor der allgemeinen Verwendung der Brandsteine gebräuchlich war: "Das Formmotiv selbst scheint ebenfalls schon lange vor Einführung des Ziegelbaus in der ländlichen Bauweise eine Rolle gespielt zu haben"[160].

Der Besen ist übrigens nicht nur als profanes, sondern auch als kultisches Gerät zu betrachten. Verschiedentlich wurde er zur symbolischen Reinigung von Tempeln verwendet[161]. So liegt es nahe, dieses bei der Entfernung von Schmutz und Unrat wichtige Requisit auch symbolisch einzusetzen bei dem Bestreben, Unheil und böse Mächte vom Hause fernzuhalten. In der Hand der Hausfrau hat der Besen wohl schon in alter Zeit auch als Mittel gedient, ungebetene Gäste von der Schwelle zu weisen, seien es nun Tiere oder Menschen. Ungebetene Gäste sind aber auch Krankheit und Krieg, Feuers- und Wassersnot, Sturm, Blitzschlag und andere Unheilsmächte. So mag der in der Nähe der Haustür angebrachte Besen ein sinnfälliger Ausdruck des Wunsches sein, das Haus und seine Bewohner möchten vor allem Unglück bewahrt werden. In Mecklenburg war es Sitte, bei Ausbruch eines Gewitters einen Besen auf die linke Seite der Tür zu stellen. In Stormarn galt ein auf das Dach gesteckter kleiner Besen aus Kiefernzweigen, der als "Dunnerbesen" bezeichnet wurde, als abwehrende Maßnahme gegen den Wetterschlag[162]. Wahrscheinlich hat sich aus solchen alten Sitten der Brauch entwickelt, Steinsetzungen in Form eines Besens - eben des "Donnerbesens" - in der Nähe der Haustür in dauerhafter Weise anzubringen. Und was ursprünglich nur der halb humorvolle Ausdruck einer Hoffnung gewesen sein mag, das wurde dann später vielfach zu plattem Aberglauben.

Der symbolische Besen

Es ist aber auch möglich, daß der Donnerbesen noch ganz andere Ursprünge hat. Es bedarf keiner großen Phantasie, um in diesem Gebilde nicht nur das wohlbekannte Reinigungsgerät zu erkennen, sondern pflanzliche Formen: einen Strauch oder

Die alles heilende Mistel

einen Baum. Sträucher und Bäume spielen in der germanischen Mythologie eine große Rolle. Wir denken vor allem an die Mistel. Sie stand bei den alten Völkern Europas in hohem Ansehen. Die Druiden, die Priester der Kelten, sollen sie nach Plinius die "Alles-Heilende" genannt und im Winter unter religiösen Zeremonien mit goldenen Sicheln von den Eichen geschnitten haben. Noch zu Beginn des vorigen Jahrhunderts hängte man in pommerschen Dörfern Mistelzweige in Haus und Stall auf, um Mensch und Vieh vor Behexung zu bewahren. Zur Weihnachtszeit werden in England noch heute Mistelzweige in den Stuben aufgehängt. So kann man durchaus der Meinung sein, der in Ziegel- oder Sandstein ausgeführte Donnerbesen sei nichts anderes als eine Nachahmung solcher gewachsenen Formen, also ein in die Architektur einbezogener Abwehrzauber[163].

Ein archaischer Blitzableiter

Mit der Bezeichnung "Donnerbesen" war aber ursprünglich nicht die Mistel gemeint, sondern das ihr ähnliche struppige, verwirrte, nestartige Gewächs, das man gelegentlich auf Baumästen findet. Diese abnorme Zweigbildung wird durch parasitische Pilze verursacht[164]. Das Volk aber schrieb die Entstehung dieser krankhaften Gebilde dem Blitz zu. Gerade deshalb hielt man den Donnerbesen auch für geeignet, den Blitz abzuwehren. Häuser, in denen der Donnerbesen als Brennholz benutzt wurde, waren nach altem Aberglauben im Gewitter besonders gefährdet. Darum hob man das struppige Naturgebilde auf und steckte es auf den Giebel des Hauses, um dieses gegen Blitzschlag zu schützen. Aber bald wehte der Sturm das dürre Gezweig vom Giebel herab. Man suchte nach einem Ersatz des Donnerbesens und fand ihn in einer Nachahmung desselben im Mauerwerk des Giebels. In der niederdeutschen Ziegelbauweise war eine solche Nachahmung besonders leicht möglich. Sie findet sich aber auch, allerdings etwas weniger deutlich, im Gebälk von Fachwerkhäusern.

Hexenbusch und Hexenwasser

Otto Schnell weist im Zusammenhang mit dem Donnerbesen auf einen Aberglauben hin, der seinen Ausdruck in mancherlei Wörtern und Redewendungen der deutschen Sprache gefunden hat. Wer bei Regenwetter unter einem auf einem Baum gewachsenen Donnerbesen vorübergeht, wird natürlich von den herabsickernden Tropfen benetzt. Da der Donnerbesen auch als "Hexenbusch" galt, hatten die von ihm herabfallenden Tropfen eine unheilvolle Wirkung: sie verursachten Kopfschmerzen, Alpdrücken, Depressionen und ähnliche Leiden. Ein "Betrübter" ist eigentlich ein von solchem Hexenwasser betröpfelter Mensch. In Westfalen sagt man von einem Traurigen, er sei "bedrüppelt". Damit zusammen hängt wohl auch die Bezeichnung "Tropf" für einen Toren oder Narren. Früher glaubte man übrigens auch, daß die Sommersprossen auf solche Weise entstehen. Gegen sie hilft nur das Gegengift der Entstehungsursache: der Morgentau.

Möglicherweise haben wir im Donnerbesen auch eine Erinnerung an die germanische Weltesche vor uns, die als Welt-, Jahres- und Lebensbaum eine vielschichtige Bedeutung hatte.

Eine weitere Deutung geht davon aus, daß die bäumchenartige Figur durch "Hineinsehen" in ein Männchen mit erhobenen Armen verwandelt worden ist. Damit sind wir bei der vielgestaltigen und mehrdeutigen Man-Rune der Germanen. Als Donnerbesen steht die Man-Rune in ihrer späteren Zauberbedeutung als Schutz gegen Unholde und Unwetter neben der "Mühle". Die Grundbedeutung dieses Zeichens ist jedenfalls der Mann, der Mensch, der seine Hände zu den göttlichen Mächten emporhebt[160], um von ihnen Schutz und Hilfe zu erbitten.

Die Man-Rune

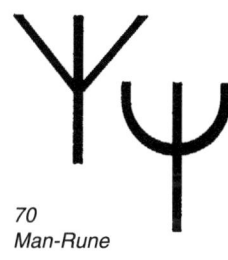

70
Man-Rune

Einige Interpreten sehen in unserem Zeichen ein phallisches Symbol. Karl Theodor Weigel[167] meint, der Donnerbesen sei "als ausgesprochen männliches Prinzip erwiesen". In diesem Falle wäre sein Sinn zu suchen in dem Verlangen nach Fruchtbarkeit, und dies nicht nur im Blick auf die Menschen, sondern ebenso für das Vieh und die Äcker.

Phallisches Symbol?

Bekanntlich wird der Besen vielfach mit bösen Geistern in Verbindung gebracht. Die Hexen reiten in der Walpurgisnacht auf Besen zu ihrem Stelldichein auf dem Blocksberg, wo sie wilde Orgien feiern[168]. Vielleicht ist der Besen auch ein Symbol für die Mächte, die dieses Instrument nicht vertreiben konnte und die sich nun seiner bemächtigen. Sergius Golowin[169] ist

Hexenbesen

allerdings der Ansicht, daß der Hexenritt auf dem Besen eine ziemlich junge Vorstellung sei. Wenn er recht hat, dann sind wir wahrscheinlich näher bei der Wahrheit mit der Annahme, daß der Besen an der Hauswand Hexen und alle bösen Geister fernhalten soll.

Von der Handmühle zur Windmühle

S.Fischer-Fabian beschreibt in seinem Buch "Die ersten Deutschen"[170] die Lebensgewohnheiten der Germanen: "In den einfachen Haushalten ertönte jeden Morgen das mißtönende Geräusch, das Steine verursachen, wenn sie gegeneinander gerieben werden. Die dazwischen liegenden Körner wurden zerquetscht, und das ergab dann unter Zugabe von Wasser oder Milch, jenen Brei, den hoch und niedrig, arm und reich Morgen für Morgen zu essen pflegte." Weizen, Hafer, Hirse, Roggen und vor allem die Gerste bildeten den Hauptbestandteil der Nahrung dieser Menschen. So war die Handmühle ein wichtiges Haushaltsgerät, dessen Bedienung mühsam genug gewesen sein dürfte. Wahrscheinlich entstammen die Wörter "Mühe" und "Mühle" der gleichen indogermanischen Wurzel.

Die Erfindung der mit Wasserkraft oder der mit Wind betriebenen Mühle wurde gewiß als ein großer und wunderbarer technischer Fortschritt begrüßt. Von daher wäre es wohl zu begreifen, wenn die Mühle zum Sinnbild für das Gewinnen der täglichen Nahrung geworden wäre. Schutz vor allen bösen Mächten (Donnerbesen) und jederzeit das tägliche Brot (Windmühle) - was kann man einem Hause und seinen Bewohnern Besseres wünschen!

Das weibliche Prinzip

Mag sein, daß man das an den niederdeutschen Häusern anzutreffende Symbol der Windmühle - zumindest in neuerer Zeit - so verstanden hat. Indes ist die ursprüngliche Bedeutung des Sinnbildes wahrscheinlich eine andere. Weigel[171] sieht in der Mühle unbedingt das weibliche Gegenstück zu dem als "männliches Prinzip" verstandenen Donnerbesen. "Aus zahlreichen Volksliedern, oft recht derben Volksbräuchen usw. sehen wir immer wieder, daß die Frau ausdrücklich als »Mühle« oder »Müllerin« bezeichnet wird. Das Mahlen dieser Mühle ist ein Zeugen... Das Kind ist das neue Leben, die Gewähr des Weiterlebens der Sippe schlechthin."

Wenn der Donnerbesen tatsächlich aus der Man-Rune entstanden sein sollte und somit das "männliche Prinzip" repräsentiert, dann ist auch nicht auszuschließen, daß die Windmühle sich ebenfalls aus einer Rune entwickelt hat, aus einer Rune, die dem "weiblichen Prinzip" Gestalt verleiht. Die Umkehrung der Man-Rune ist die Yr-Rune. Während die erstere[172] den Menschen bedeutet, der seine Hände zu den göttlichen Mächten emporhebt, kann letztere gedeutet werden als der Mensch, der sich den erdhaften Mächten verbunden fühlt: dem Boden und Allem was sich auf ihm regt und webt: der Pflanzen- und Tierwelt und den geheimnisvollen Kräften des Werdens und Vergehens. Man ist die Hinwendung zum Schöpfer, Yr die Hinwendung zu dem Geschaffenen. Wie die beiden Geschlechter auf einander angewiesen sind und nur miteinander "den Menschen" darstellen, so gehören Man und Yr zusammen und versinnbildlichen in ihrem Miteinander die Fülle menschlichen Lebens. Das Wissen um die Zusammengehörigkeit von Man und Yr hat dazu geführt, daß beide Zeichen zu einem einzigen vereinigt wurden. Die Vereinigung beider Runen ergibt den Lebensbaum, der "aus den Kräften von oben und unten entsteht und das Sinnbild des ewigen Daseins ist"[173]. Das Zeichen, das Man und Yr zu einem einzigen vereinigt, konnte in einer späteren Zeit, die nichts mehr wußte von den Runen und ihrem Sinn, leicht als Windmühle gedeutet werden, womit eine denkbare, aber keineswegs bewiesene Erklärung dieses Symbols gegeben wäre.

Man- und Yr-Rune

71 Yr Rune

Man-Yr-Kombination

16 Das einfachste Bild der Welt : Das Kreuz

Ein Bild der Welt

Das einfachste Bild der Welt - so nennt Sergius Golowin das Kreuz[174]. Das Wort gilt in doppeltem Sinne. Wie man von der "einfachsten Sache der Welt" spricht, so ist das Kreuz das einfachste von allen Bildern: ein waagerechter und ein senkrechter Strich - und schon hat man ein aussagekräftiges Bild. Sodann: von allen Weltbildern, die der Mensch sich gemacht hat, ist das Kreuz das einfachste, weil es mit geringsten Mitteln ein tiefsinniges kosmisches Symbol hergibt, ein Bild der Welt.

Die Waagerechte

Aber auch die beiden Bestandteile des Kreuzes, die Senkrechte und die Waagerechte, je für sich genommen, haben eine symbolische Bedeutung. Die waagerechte Linie bezeichnet im Denken der Menschen von je her "das Liegende", den Boden, auf dem wir leben, die Erdoberfläche, den Wasserspiegel, den Horizont. Der Erdboden ist die ruhende Basis für das lebendige Geschehen, das auf ihm stattfindet.

Das Sprichwort sagt:"Nach getaner Arbeit ist gut ruh'n". Wenn der Mensch müde ist von der Arbeit, wenn er der Erholung bedarf, begibt er sich in die horizontale Lage, er schließt seine Augen, er schläft. So wird die waagerechte Linie - etwa in der Zeichensprache der Zigeuner[175] - zum Sinnbild für eine passive Haltung, für das Aufgeben einer Auseinandersetzung, für das Strecken der Waffen, für das Sich-Ergeben, für den Verzicht auf weitere Aktivitäten.

72+73
Die Waagerechte und die Senkrechte sind tiefsinnige Symbole

Die an und für sich scheinbar ruhende und passive Erde ist aber gleichzeitig die Empfangende. Sie empfängt Samen, Regen und Sonnenschein und gebiert neues Leben. Deshalb wird die Waagerechte auch zu einem Sinnbild des "weiblichen Prinzips".

Die Senkrechte

Ein wesentlicher Vorgang bei der Menschwerdung war die Aufrichtung des Körpers aus der Horizontalen in die Vertikale.

Durch seine aufrechte Körperhaltung unterscheidet sich der Mensch von den vierfüßigen Tieren. Er kann sich selber durch einen einfachen senkrechten Strich darstellen. Die "Strichmännchen" in alten Höhlenzeichnungen sind ganz ähnlich geformt wie auch heute noch die Kinder den Menschen darstellen, wenn sie anfangen, die Welt zu begreifen und zu zeichnen. In der senkrechten Linie sieht der Mensch ein Sinnbild seiner selbst, seiner einzigartigen physischen Beschaffenheit, die ihn abhebt von der Menge der anderen Geschöpfe und ihn - verbunden mit seinen anderen menschlichen Eigenschaften - vor allen Kreaturen auszeichnet.

Durch seine aufrechte Haltung wurde der Mensch befähigt, seinen Blick zum Himmel zu erheben, zu den geheimnisvollen Mächten, die "dort oben" regieren und ihm offensichtlich weit überlegen sind, von denen er sich abhängig fühlt. Der Himmel, die obere Welt, Gott und die überirdischen Mächte wurden für den Menschen zu einer wesentlichen und wichtigen Realität und Bedingung seines Daseins. So ist es zu verstehen, daß die Senkrechte für ihn schon früh eine Bedeutung bekam, die den Zusammenhang des himmlisch-göttlichen "Oben" mit dem irdisch-menschlichen "Unten" versinnbildlichte. *Verbindung zwischen oben und unten*

Dieser Zusammenhang realisiert sich in zwei Richtungen: von unten nach oben und von oben nach unten. So wie die Senkrechte ein Bild des aufgerichteten Geschöpfes ist, so wird sie auch zum Sinnbild für das Aufschauen des Menschen zu den ewigen göttlichen Mächten. Empor zu ihnen steigen seine Gedanken und Gefühle, der Rauch und "liebliche Geruch" seiner Brandopfer. *Opferpfahl und Kathedrale*

All die ragenden religiösen Bauwerke, die der Mensch errichtet hat, vom steinzeitlichen Opferpfahl bis hin zu den Türmen gotischer Kathedralen, sind architektonische Ausprägungen dieser geistigen Bewegung des Menschen aus den Niederungen seines Daseins zu den himmlischen Höhen der Gottheit.

Aber noch wichtiger als das "Von unten nach oben", das die Senkrechte symbolisiert, ist das "Von oben nach unten". Von oben herab senden Sonne und Mond ihre Strahlen, von oben *Alles Gute kommt von oben* strömt der Regen und tränkt die durstige Erde. Und so wie das Licht, die Wärme, die Feuchtigkeit aus der Höhe kommen, so auch die geistigen Güter und Segnungen, welche die Menschen sich erbitten. "Alle gute Gabe und alle vollkommene Gabe kommt von oben herab, von dem Vater des Lichts, bei welchem ist keine Veränderung noch Wechsel des Lichtes und der Finsternis"[177].

Das männliche Prinzip

So wird die Senkrechte zum Sinnbild der lebendigen Verbindung zwischen Himmel und Erde, zwischen Ewigkeit und Zeit, zwischen Gott und Mensch, zwischen Schöpfer und Geschöpf. In dieser Verbindung ist Gott der dominierende Teil. Das wird beispielsweise deutlich in dem indischen Mythus, der erzählt, wie Schiwa den streitenden Göttern Brahma und Wischnu in der Gestalt eines endlos hohen feurigen Strahls erscheint. Dieser Strahl verkörpert Schiwas Wesen als lebenschaffende Kraft. Darum wird er auch mit dem Linga gleichgesetzt:

> *Das Linga aber ward verehrt*
> *in aller Welt seit dieser Zeit,*
> *und sichtbar in dem Linga*
> *wird Schiwas Macht und Herrlichkeit*[178].

Während die Waagerechte als Sinnbild des weiblichen Prinzips angesehen wird, ist die Senkrechte das Zeichen des männlichen Prinzips, der Phallus als Symbol der Fruchtbarkeit im weitesten Sinne dieses Wortes.

Gott - die Nummer Eins

Jedermann weiß, daß der senkrechte Strich auch das Symbol für die Zahl "eins" ist. Das erscheint in unserem Zusammenhang zunächst als belanglos. Bemerkenswert wird es aber, wenn wir nach der etymologischen Herkunft dieses Zahlwortes fragen. Es ist verwandt mit dem Neutrum "As", also der Eins auf Würfel und Spielkarte. Die "Asen" ist eine Bezeichnung für das jüngere Göttergeschlecht der Germanen. Der Singular von Asen ist altnordisch ass, angelsächsisch os, welcher Begriff nach Kluge[179] einen "heidnischen Gott" bedeutet. Lautgesetzlich entwickelte er sich aus ans = Gott, das in Personennamen wie Anshelm oder Ansgar erscheint. Die Grundbedeutung von ans ist wahrscheinlich "Balken". Sie erscheint in gotisch ans, altnordisch ass, mittelhochdeutsch ansboum = Brückenbalken. Es sieht so aus, wie wenn "eins" verwandt wäre mit der altgermanischen Bezeichnung ans oder ass für Gott. Gedankengänge wie: "Gott ist der Eine oder Einzigartige, Gott ist die Nummer Eins, das As, das im Spiel des Lebens stärker ist als alle anderen Mächte" scheinen hier eine Rolle gespielt zu haben. Bestätigt wird diese Deutung durch die Tatsache, daß der ansboum im Mittelhochdeutschen einen Balken, genauer einen Brückenbalken bezeichnet, also einen Balken der Verbindung herstellt, einen Balken, der alles trägt. Schon Herrmann Wirth hat darauf hingewiesen, daß unter den arktisch-nordatlantischen Ideogrammen der Gottessohn unter dem Zeichen des armlosen senkrechten Balkens erscheint "als Teiler des Sonnenjahres, als eins".

Die Vereinigung der Waagerechten und der Senkrechten zu einem einzigen Zeichen ergibt eines der ältesten Symbole, das bei allen Völkern der Erde bekannt ist. Jahrtausende bevor die christliche Kirche dieses Zeichen als Sinnbild für den Kreuzestod Jesu und für das Christentum adoptierte, war es ein vielgebrauchtes Signum mit einer Fülle von Formen und Bedeutungsinhalten. *Eins der ältesten Symbole*

Wahrscheinlich im hohen Norden Europas entstanden ist das Sonnenkreuz. Bei der Beobachtung des Laufes der Sonne fielen den Menschen vier Punkte besonders auf. Dies waren die beiden Solstitienpunkte, also der Höchststand der Sonne im Sommer und der Tiefststand im Winter, sowie die beiden Äquinoktialpunkte, also die Frühlings- und die Herbsttag und nachtgleiche. Trägt man diese Punkte auf dem Jahreskreis ein und verbindet Sommer- und Winterpunkt sowie Frühlings- und Herbstpunkt miteinander, so entsteht ein Kreuz. Der Sinn dieses Kreuzes als Hinweis auf den Jahreskreislauf der Sonne blieb auch dann erhalten, wenn der umschreibende Kreis wegfiel. Beide Formen finden sich zurück bis zur jüngeren Steinzeit[180]. *Das Sonnenkreuz*

74+75
Das Sonnenkreuz

Auch bei den orientalischen Völkern wurde das gleicharmige Kreuz als Sonnensymbol verstanden. Allerdings dachte man hier weniger an den Jahreslauf der Sonne als vielmehr *Sonne, Wind und Regen* an die vier Weltgegenden, über denen die Sonne scheint. Allmählich ist das Symbol dann auf die Gottheit bezogen worden, die das Gestirn regiert. So war es bei den Chaldäern, den Indern, den Griechen, den Persern und vielleicht bei den Galliern[181]. Bei den Kulturvölkern des vorkolumbischen Amerika war das Kreuzzeichen eine Windrose, welche die Richtungen anzeigt, aus denen der Regen kommt, oder besser: die vier Winde, die den Regen bringen. Von daher ist das Kreuz zum Zeichen des Regengottes Tlaloc geworden und zum Sinnbild des toltekischen Luft- und Windgottes Quetzalcoatl[182].

Kreuz der Welt   In China stellt das gleicharmige, in ein Quadrat eingezeichnete Kreuz schlicht und einfach die Erde dar. Ausgehend von den vier Haupthimmelsrichtungen, waren die Chinesen der Ansicht, die Welt sei viereckig, und nach M. Samuel Beal glaubten sie sogar, Gott habe die Erde in Kreuzform geschaffen[183]. Diese Weltvorstellung berührt sich mit dem Denken der Alchemisten des europäischen Mittelalters. Auch für sie war das Kreuz ein Sinnbild der Welt, die nach alchemistischer Ansicht von bedeutenden Vierheiten geprägt und bestimmt wird: den vier Himmelsrichtungen, den vier Jahreszeiten, den vier Elementen (Feuer, Wasser, Luft und Erde), den vier Temperamenten der Menschen: dem sanguinischen, phlegmatischen, cholerischen und melancholischen Temperament.

Fruchtbarkeit und Vermehrung   In vielen Fällen ist das gleicharmige Kreuz ein Fruchtbarkeitssymbol. Das Licht und die Wärme der Sonne, der Regen und der Wind und die sie regierenden Mächte, die das Kreuz versinnbildlicht, sie müssen alle zusammenwirken, wenn die Natur hervorbringen soll, was der Mensch zum Leben benötigt. So wird schon früh mit dem Kreuzeszeichen der Sinn der Fruchtbarkeit und der Vermehrung verbunden. Daher ist es auch kein Zufall, wenn das Kreuz als Pluszeichen bei der Addition verwendet wird. Bei der Multiplikation handelt es sich ebenfalls um Vermehrung. So ist es zu verstehen, daß auch bei dieser Rechenart das Kreuz als Multiplikationszeichen verwendet wurde, allerdings das liegende, das sogenannte Andreaskreuz.

Weigel berichtet, daß bei einer Reihe von Lichtmeß- und Fasnachtsbräuchen mit Ruß Kreuze dieser Form auf die Stirnen von jungen Mädchen gezeichnet wurden, die man damit unter ein "Lebenswunschzeichen" stellte. "Vermutlich ist auch das Aschekreuz christlicher Buße an die Stelle dieses lebensbejahenden Symbols getreten"[184].

Eine unechte Form des Kreuzes ist das Tau-Kreuz, auch ägyptisches Kreuz genannt. Tau-Kreuz heißt es, weil es die Gestalt des griechischen Buchstabens Tau = T hat. Unecht kann man es nennen, weil die beiden Linien des Zeichens sich nicht wirklich kreuzen, sondern nur berühren. Das Tau-Kreuz begegnet mit der gleichen Bedeutung in Palästina, Gallien und auf germanischem Boden. Es ist ebenso in den christlichen Katakomben anzutreffen wie bei den mittelamerikanischen Kulturvölkern, und natürlich in Ägypten. Bei den Kelten und Germanen finden wir es als Darstellung des himmlischen Hammers mit zwei Köpfen", welcher als Instrument des Lebens und der Fruchtbarkeit galt. Man kann fragen, wieso ausgerechnet ein Hammer als Symbol des Lebens und der Fruchtbarkeit angesehen wurde. Ryley Scott hat eine Erklärung hierfür. Er ist der Meinung, daß das Kreuz in dieser Form ursprünglich das "männliche Fruchtbarkeitsprinzip" versinnbildlichte, nämlich Penis und Testikel. Scott beruft sich dabei auf Payne Knights "Discourse on the Worship of Priapus" (1796). Dort heißt es sinngemäß: die männlichen Zeugungsorgane werden manchmal durch Zeichen dargestellt, die eigentlich Symbole von Symbolen genannt werden müßten. Eins der bemerkenswertesten dieser Art ist ein Kreuz in der Form des Buchstabens T, welches als Sinnbild der Zeugung diente, bevor die Kirche es als Heilszeichen annahm. Payne Knight ist der Meinung, daß diese ursprüngliche Bedeutung des Tau-Kreuzes seine Aufnahme unter die religiösen Sinnbilder zweifellos erleichtert habe. Er erwähnt, daß diesem Zeichen manchmal auch ein menschlicher Kopf hinzugefügt wurde, welcher ihm das exakte Aussehen eines Kruzifixus verlieh[186].

Wir finden dieses Kreuz in den Händen vieler Statuen und Darstellungen heidnischer Gottheiten. So bei Brahma, Schiwa, Wischnu, Krishna, Osiris, Buddha und anderen. Und immer ist es das Symbol der Zeugungskraft und des ewig fortdauernden Lebens. Mit der Verchristlichung dieses Zeichens geht

Der himmlische Hammer

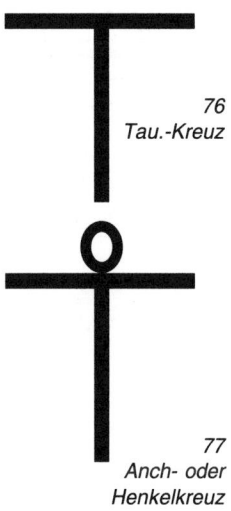

76
Tau.-Kreuz

77
Anch- oder Henkelkreuz

75
Tai-Kreuz auf der irischen Insel Tory (Grafschaft Donegal)

eine Vergeistigung der vorchristlichen Vorstellungen von der physische Fortdauer des menschlichen Lebens Hand in Hand.

Das Tau-Kreuz wurde von der in Ägypten sich bildenden koptischen Mönchskirche zum Sinnbild ihres Glaubens und ihrer asketischen Lebensweise gemacht. Erstaunlich, daß am andern Ende der damaligen Welt, in Irland, sehr intensive Einflüsse dieses koptischen Christentums zu verzeichnen sind.

"Sogar auf Tory, einer der schier unbewohnbaren Inseln vor der Nordküste der Grafschaft Donegal, wo seit Jahrhunderten eine Handvoll abergläubischer, heillos miteinander versippter Familien unter dürftigsten Verhältnissen lebt, ragt eine dieser fremdartigen Kreuzformen über dem Atlantik auf"[187].

Der Nilschlüssel

Wahrscheinlich ist das Tau-Kreuz der koptischen Christen aus dem Anch oder Henkelkreuz, dem ägyptischen Heils- und Lebenszeichen hervorgegangen. Dieses Zeichen ist in verschiedenster Weise gedeutet worden. So hat man in ihm den "Nilschlüssel" sehen wollen, mit dessen Hilfe die Götter die für das Land lebenswichtigen Nilüberschwemmungen regulierten.

Eine andere Deutung erklärt das Zeichen für die Abbildung eines Opferaltars mit daraufstehender Vase. Wieder ein anderer meint, es handele sich um eine Abart der bekannten ägyptischen Flügelsonne. Natürlich hat man auch ein phallisches Symbol in ihm sehen wollen, ja sogar einen Lendenschurz, wie er bei den alten Ägyptern üblich war. Goblet[188] d'Alviella verweist darauf, daß das Zeichen in der ägyptischen Hieroglyphenschrift ein Ideogramm darstellt, das den Laut "anch" wiedergibt und "leben" oder "lebend" bedeutet. Offensichtlich dient das Anch- oder Henkelkreuz in der Hand der Götter dazu, die Verstorbenen zu neuem Leben zu erwecken. Ryley Scott identifiziert[189] dieses Symbol mit dem Kreuz auf der Weltkugel ("Reichsapfel"). Durch einfaches Umdrehen des ägyptischen Heilszeichens sei das neue Sinnbild, das Zeichen königlicher Herrschaft, entstanden.

Die Kreuzigung Jesu

Am geläufigsten ist uns Europäern das Kreuz als christliches Symbol. Nach Matthäus und den anderen Evangelien ist Jesus etwa drei Jahrzehnte nach seiner Geburt von seinen

Feinden ans Kreuz geschlagen worden. Die Kreuzigung war in der Antike die für Sklaven übliche, schwerste und schimpflichste Art der Hinrichtung. Dabei wurden Hände und Füße des Delinquenten an Querbalken und Stamm angenagelt, in seltenen Fällen auch festgebunden. Zweifellos handelt es sich bei der Kreuzigung Jesu um einen Justizmord, der besondere Bedeutung dadurch bekommt, daß der Gekreuzigte von seinen Jüngern als menschgewordener Gottessohn und als der von den Propheten verheißene Erlöser der Menschheit bekannt und verehrt wird. Sein Tod gilt ihnen als ein stellvertretendes Leiden und Sterben. Jesus, der Schuldlose, hat dadurch die Strafe Gottes für die Sünden der Menschheit auf sich genommen. Gott hat ihn auferweckt von den Toten und verheißt allen, die an ihn glauben und auf seinen Namen getauft werden, ewiges Leben. Das Kreuz Jesu ist aber nicht nur ein Sinnbild seines Leidens. Seine "Erhöhung" ans Kreuz ist gleichzeitig ein Sinnbild für seine Erhöhung von der Erde und der den Jüngern verheißenen Auferweckung und des ewigen Lebens. Darum setzen die Christen auf die Gräber ihrer Verstorbenen das Kreuz als Zeichen einer Hoffnung, die durch Jesus Christus Tod und Grab überwindet.

Die Annahme des Kreuzes als christliches Symbol folgte nicht unmittelbar auf die Kreuzigung Jesu. Erst gegen Ende des zweiten Jahrhunderts finden wir es in den römischen Katakomben auf den Grabtafeln der Christen[190]. Die zögernde Annahme des Kreuzsymbols durch die christliche Kirche beruhte auf der antiken Vorstellung, daß der Tod am Kreuz ein im höchsten Grad schimpflicher Tod sei. Hinzu kam, daß das Kreuz im Bewußtsein der damaligen Menschen mit vorchristlichen religiösen Vorstellungen verknüpft war. Minucius Felix, der unter dem Kaiser Marc Aurel zu Ende des zweiten Jahrhunderts in Rom lebte und eine Apologie des Christentums geschrieben hat, bezeichnet das Kreuz ausdrücklich als "heidnisch" und sagt, daß es "durch laue Christen in die christliche Kirche eingeschmuggelt" sei[191].

Das eingeschmuggelte Symbol

Zur Popularisierung des christlichen Kreuzsymbols hat der römische Kaiser Konstantin der Große (274-337) beigetragen. Von ihm erzählt die Legende, daß er auf einem Heereszug, bei

In hoc signo vinces !

dem seine Erfolgsaussichten zweifelhaft waren, im Traum ein feuriges Kreuz am Himmel erblickte mit der Inschrift: In hoc signo vinces! - In diesem Zeichen wirst du siegen! In der folgenden Nacht erschien ihm Christus und gebot ihm, eine jenem Kreuze ähnliche Fahne, das Labarum, dem Heere vorantragen zu lassen. Bald darauf besiegte er vor Rom seinen Gegner Maxentius (312) und wurde zum ersten Augustus ernannt. Noch im gleichen Jahr erließ er ein Gesetz zugunsten der Christen für die allgemeine Freiheit der Gottesverehrung. In den folgenden Jahren erhob Konstantin das Christentum offen zur Staatsreligion. Seit 325 war das Labarum mit dem Monogramm Christi die offizielle Reichsfahne, und damit war die Geltung des Kreuzeszeichens als christliches Symbol im öffentlichen Bewußtsein nicht mehr zweifelhaft.

Griechisches und lateinisches Kreuz

Die Gestalt des christlichen Kreuzes ist mehrfach variiert worden. Noch in der karolingischen Zeit war die sogenannte griechische Form üblich, d.h. die vier Arme des Kreuzes waren gleich lang. Aber im Lauf der Zeit verschob sich der Schnittpunkt der beiden Kreuzesbalken nach oben, und das Kreuz nahm die bekannte und bis heute übliche langgestreckte, die sogenannte lateinische Form an. Aniela Jaffé sieht in dieser Formwandlung den Ausdruck einer inneren Entwicklungsrichtung des Christentums. Gemäß dem Wort Christi: "Mein Reich ist nicht von dieser Welt" bestand bis zum Hochmittelalter die "Tendenz, das Zentrum des Menschen und des Glaubens der Erde zu entrücken und mehr und mehr ins Geistige zu erhöhen. Die Sehnsucht ist auf das Jenseits gerichtet. Der

79
Griechisches Kreuz

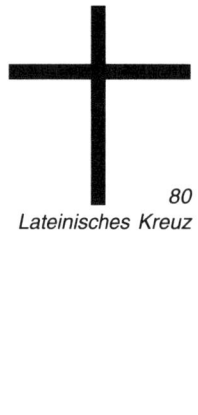

80
Lateinisches Kreuz

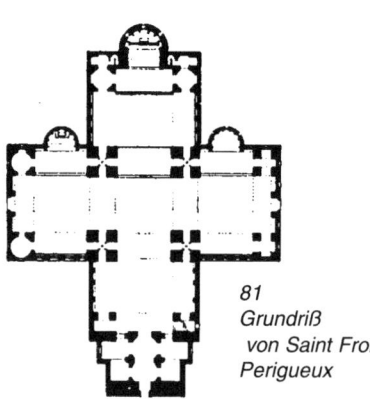

81
Grundriß von Saint Front, Perigueux

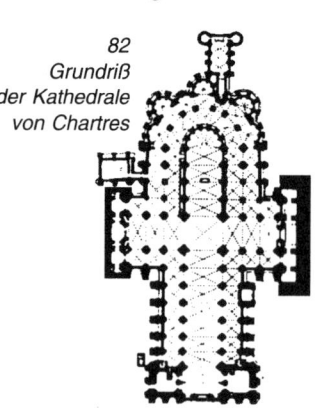

82
Grundriß der Kathedrale von Chartres

Höhepunkt dieser Entwicklung wurde im Mittelalter und in seiner Mystik erreicht. Er fand seinen symbolischen Ausdruck nicht nur in der Zentrumsverschiebung des Kreuzes, sondern spricht auch aus den in die Höhe wachsenden und die Materie überwindenden gotischen Kathedralen". Auch in der Grundrißarchitektur der christlichen Kirchen macht sich diese Änderung bemerkbar. Während vorher das gleicharmige griechische Kreuz den Grundriß bildete, ging man im Mittelalter dazu über, den Kirchenbauten das langgestreckte lateinische Kreuz zugrunde zu legen. In der Renaissance schlug diese Bewegung in die Gegenrichtung um. Der Mensch wandte sich wieder mehr der Erde zu. Der künstlerische Stil wurde realistischer und sinnenhafter. Anstelle der hohen gotischen Kathedralen tritt nun wieder, vor allem in Italien, der Zentralbau stärker hervor, dessen Grundriß allerdings nicht mehr das Kreuz, sondern der Kreis ist. Wichtigstes Beispiel hierfür ist der Petersdom in Rom[192].

Leidenszeichen - Lebensbaum

Je nach der Akzentuierung der Glaubensinhalte variierte man in der Kirche die Form des Kreuzes. Wo die Betrachtung der Passion Jesu dominierte, betonte man den Charakter des Kreuzes als Marterinstrument. Wo aber der Auferstehungsglaube, die Gewißheit der Seligkeit und des ewigen Lebens vorherrschten, neigte man dazu, aus dem Sinnbild des Leidens einen Lebensbaum zu machen, ein Zeichen des Wachstums, des Frühlings und der österlichen Freude. Die waagerechten Kreuzesarme richten sich schräg nach oben wie die Äste eines Baumes. Sie tragen Blätter und Blüten als Sinnbilder des Lebens, das von dem Kreuz Jesu ausgeht.

Diese Ausführung des Kreuzes ist nach Form und Geist verwandt mit vorchristlichen Symbolen, etwa mit dem germanischen Dreisproß, der "als Lebenssinnbild oder lebenweckendes Zeichen in den katholischen Kirchenbrauch übernommen" worden ist[193]; oder mit dem "Baum des Kreuzes", vor dem die Chortis ihre Riten zelebrieren. Sie nennen dieses Zeichen auch den "gesegneten Pfahl" oder "Pfahl der Gnade", weil er die Kraft hat, Regenfälle, Fruchtbarkeit und neues Leben bei Pflanzen und Menschen zu bewirken[194]. Das gleiche Symbol findet sich in mexikanischen Codices, z.B. in der Gestalt eines kreuzförmigen Kapokbaumes, dessen Zweige sechs

Blüten tragen, drei auf jeder Seite. Oben auf dem Baum sitzt ein Vogel.

Vereinigung von Zeit und Ewigkeit

Eine christlich-philosophische Deutung sieht im Kreuzeszeichen die Vereinigung von Zeit und Ewigkeit. Dabei stellt die Waagerechte die Zeit dar und die Senkrechte die Ewigkeit. Mit der Menschwerdung Gottes in Jesus Christus ist die Ewigkeit in der Zeit "erschienen". Deshalb ist das Erscheinen des Gottessohnes auf der Erde ein einzigartiges und einmaliges weltgeschichtliches Ereignis in der Mitte der Zeit. Die Menschen haben in dem Maße Anteil an der Ewigkeit, in dem sie durch den Glauben und die Nachfolge in einer geistigen Verbindung mit Jesus Christus stehen. Ohne diesen lebendigen Kontakt mit dem Ewigen sind sie und ihre Welt dem Untergang ausgeliefert.

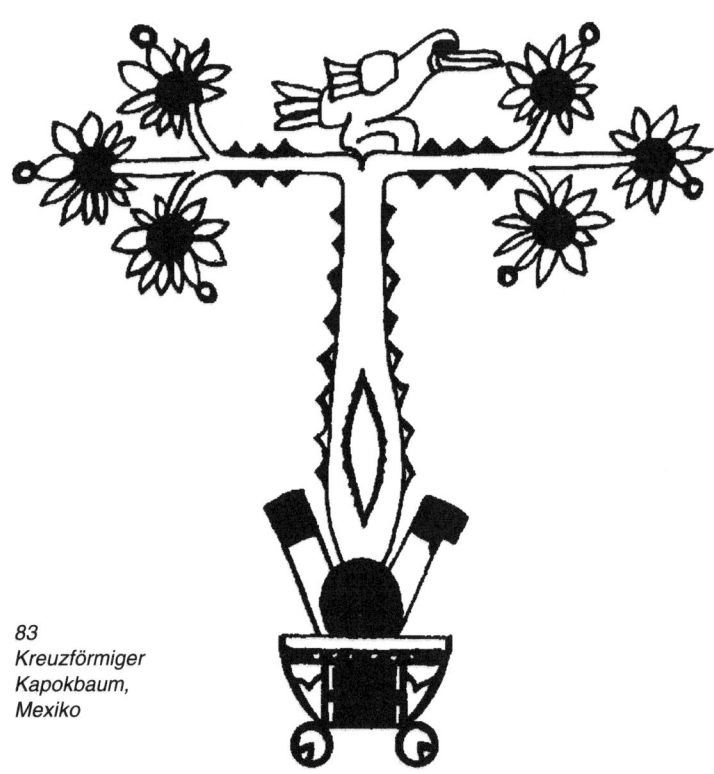

83
Kreuzförmiger Kapokbaum, Mexiko

Himmelfahrt 17

Bei dem Stichwort "Himmelfahrt" denken viele Menschen unserer Zeit zunächst an den so wenig verstandenen und dennoch so beliebten christlichen Feiertag in der Frühlingszeit. Die Sitte, an diesem Tage Herrenausflüge zu unternehmen, womöglich in birkengeschmückten Fahrzeugen, erinnert in mehrfacher Hinsicht an vor- und außerchristliche Bräuche und Vorstellungen, insbesondere an die Himmelsreise der Schamanen bei sibirischen, indianischen und anderen Völkern. In gewissen Riten und Zeremonien ahmen die Schamanen die als besonders schwierig und gefahrvoll gedachte "Reise zum Himmel" nach.

Herrenausflug

Als Beispiel diene die Auffahrt der Altaier. Der Reiseweg des Schamanen zum Obergott Ulgen beginnt bei einem Zelt, neben dem ein Feuer brennt. Auf seinem Weg trifft er zunächst auf das an einen Pfahl gebundene Opferpferd und auf drei Gefäße mit Opfertrunk. Der Schamane vollzieht die Opfer und hängt das Fell des Pferdes auf einen schräg in die Erde gesetzten Pfahl. Aber die eigentliche Auffahrt beginnt erst auf dem Baum, der eine Birke sein soll. In ihren Stamm sind neun Kerben eingeschnitten. Ursprünglich waren es sieben Kerben, aber bei einigen sibirischen Völkern hat die Neunzahl die frühere Siebenzahl verdrängt. Die Kerben stellen die Stufen dar, auf denen der Schamane zum Himmel aufsteigt. Im tieferen Sinn symbolisieren sie die einzelnen übereinander-liegenden Himmelsregionen und erinnern damit etwa an die mesopotamischen Stufentürme. Oberhalb des Baumes ist Bogdygans Wohnung, vor der wir auch ein anderes mythisches Wesen sehen. Aber die Schamanenreise geht weiter. Die neun Querstriche sind die "schwankenden Stellen" der Himmelsreise, also besondere Gefahrenzonen, die zu überwinden sind. Nachdem der Schamane noch einem mythischen

Himmelsreise der Schamanen

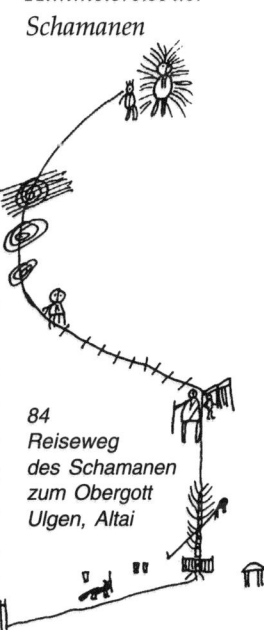

84
Reiseweg des Schamanen zum Obergott Ulgen, Altai

Wesen begegnet ist, kommt er auf dem Weg zu Ulgen an eine wässrige Stelle mit blauem Sande, sodann an eine ähnliche mit weißem Sand und schließlich an einen Ort, "zu dem die Wolken sich nicht mehr erheben". Die drei letztgenannten Stellen sind durch konzentrische Kreise bezeichnet. In der obersten Abteilung wohnt der weiße Ulgen selbst, von Strahlen umgeben. Neben ihm sehen wir seinen Gesandten.

Schweres Examen

Eine solche Himmelsreise gehörte zu dem Examen, dem sich jeder Schamanenkandidat unterziehen mußte. Durch die erfolgreiche Reise erhielt er die Weihungen, die "die Vernunft des Teilnehmers erleuchten, ihm die Geheimnisse des Lebens nach dem Tode und der Geisterwelt offenbaren, ihm die Kenntnisse über die Götter und deren Aufenthaltsorte, den ihnen untertanen Geistern sowie darüber, durch wessen Vermittlung und in welcher Weise man sich an die Götter wenden muß, vermitteln"[196].

Musik, Tanz, Drogen

Natürlich muß sich der Kandidat in gebührender Weise auf die beschwerliche Reise vorbereiten. Zu seiner Ausrüstung gehören ein mit Glöckchen und klirrenden Metallstücken behängtes Gewand und eine Handtrommel. Durch deren Klang, durch lang anhaltendes Tanzen, auch durch Drogengebrauch, versetzt er sich in Ekstase. Seine "Freiseele" verläßt den Körper und begibt sich auf die Reise. Manchmal stellt das Gewand auch einen Vogeltyp dar, weil die Seele als Vogel gedacht wird, der fliegend sein himmlisches Ziel erreicht[197].

Auch in die Unterwelt

Die Himmelsreise unternimmt der Schamane, um den Obergott um Rat und Hilfe zu bitten oder um die Seele eines Verstorbenen in die himmlische Obhut zu bringen. Übrigens reist der Schamane nicht nur in die oberen Welten, sondern in ähnlicher Weise auch zu den unteren Örtern, um die dort befindlichen Götter und Dämonen aufzusuchen.

Weihung durch den Schamanenvater

Außer diesen magischen Reisen gehören auch Heilung von Kranken und selbstlose Hilfe bei allen möglichen Nöten zu seinen Amtspflichten. Darum ermahnt der Schamanenvater den Kandidaten: "Wenn ein Armer dich zu Hilfe ruft, so gehe zu Fuß zu ihm, fordere nicht viel für deine Mühe, nimm an, was dir gegeben wird. Du mußt dich immer um die Armen kümmern, ihnen helfen und für sie den Schutz der Götter gegen böse Geister und deren Gewalt erbitten. Wenn dich ein Reicher ruft, so reise auf einem Ochsen zu ihm, verlange nicht viel für deine Mühe. Wenn dich gleichzeitig ein Reicher und ein Armer rufen, so gehe zuerst zu dem Armen, dann zu dem Reichen". Der Kandidat gelobt, diese Vorschriften zu befolgen. Außerdem wird er - nackt auf dem Boden sitzend - mit Wasser benetzt, seine Augen und Ohren werden mit dem Blut einer eigens für diesen Zweck geschlachteten Ziege bestrichen[198].

Der Schamanenflug oder die Schamanenreise ist nur recht verständlich vor dem Hintergrund eines archaischen Weltbildes, das drei Hauptebenen kennt: die irdische Welt in der Mitte, den oder die Himmel oben und die Unterwelt. Nach Kopernikus ist der Schamanismus eigentlich sinnlos geworden - wenn er nicht eine neue Interpretation erfährt. Eine solche Sinngebung versuchen Robin und Tonia Ridington in ihrer Arbeit "Das innere Gesicht von Schamanismus und Totemismus". Sie schreiben: "Das Übernatürliche kann nur einen symbolischen Sinn haben, und der Flug des Schamanen muß eine innere Reise ins Land der Erfahrung sein. Die drei Welten der schamanistischen Kosmologie sind keine geographischen Orte, sondern innere Seinszustände, die durch geometrische Analogien dargestellt werden. Der Schamane fliegt nicht wirklich nach oben oder unten, sondern nach innen, zum Sinn der Dinge. Schamanismus ist der magische Flug in eine verborgene innere Dimension der Erfahrung, in der Zeit und Raum, Subjekt und Objekt zu einer Einheit verschmelzen. So definiert ist der Schamanismus in der Tat eine universale menschliche Erfahrung, die allerdings nur in sogenannten wilden Gesellschaften auch institutionalisiert wird"[199].

Reise zum Sinn der Dinge

Noch ein kurzes Wort zur Herrenpartie am Himmelfahrtstag. Ist es Zufall oder eine uralte dunkle Erinnerung, daß sie ein halbes Dutzend Tatsachen enthält, die an den Schamanismus erinnern? Es handelt sich um folgende Umstände:

Herrenpartie am Himmelfahrtstag

1. daß der Himmelfahrtstag für das Unternehmen gewählt wird,

2. daß es sich dabei um einen Ausflug (Reise) handelt,
3. daß nur Männer auf Tour gehen (nur Männer konnten Schamanen sein und auf die Himmelsreise gehen),
4. daß Musik und Lärm dabei eine Rolle spielen,
5. daß Narkotika dabei gebraucht werden (Alkohol,Tabak),
6. die Verwendung von Birkenreisern.

Hatuibwari, die geflügelte Schlange

Himmelfahrtserzählungen gibt es in den Sagen und Mythen fast aller Völker. Insbesondere sind es die "Kulturheroen", die mit ihren Kulturgütern nicht nur vom Himmel auf die Erde herabgekommen sind, sondern auch häufig zwischen den beiden Welten hin und her pendeln. Große Bedeutung haben solche Erzählungen bei den melanesischen Völkern. Auf den Salomonen-Inseln wird erzählt: Hatuibwari, ein weibliches Wesen in Gestalt einer geflügelten Schlange, lebt gleichzeitig im Himmel und auf dem Gipfel eines Berges. Sie kam vom Himmel herab auf den Bergesgipfel. "Sie schuf Menschen und Tiere mitsamt den nötigen Lebensmitteln, Schweine, Obstbäume, Kokospalmen, Yamwurzeln u.s.w. Sie setzte das Erntefest ein, und es heißt, daß sie im Schoß der Frauen Embryos erzeuge. Aber die Menschen behandelten sie schlecht, darum kehrte sie in den Himmel zurück. Beim Abschied sagte sie: Ich gehe, aber nun wird es Mißernten geben! Und so war es auch"[200].

Taimis Aufstieg in den Himmel

In Netar gibt es einen großen Kristall, den die Eingeborenen "Blitzstein" nennen. Über ihn wird Folgendes erzählt: Eine schwangere Frau fuhr mit ihrem Kanu auf den See hinaus, um zu fischen. Plötzlich erhob sich ein heftiger Sturm. Ein Blitz traf die Frau. Sie starb und wurde begraben. Einige Tage später kam ein Knäblein aus dem Grab. Es wurde von den Verwandten der Frau aufgezogen. Sie gaben ihm den Namen Taimi. Als Taimi erwachsen war, beschloß er, sich zu rächen. Er kletterte auf eine Palme. Durch ein Zauberwort ließ er die Palme so hoch wachsen, daß sie an den Himmel reichte. Im Himmel traf er Wiri, den Blitz, schlafend an. Er tötete ihn, indem er ihm den Kopf abschnitt. Dann stieg er auf seiner Palme wieder zur Erde herab. Den erbeuteten Kopf nahm er mit. Er ist der Blitzstein[201].

Auf St.Matthias gibt es die Karakarasansage. Karakarasan und seine neun Brüder erfanden die Lebensmittel, Werkzeuge und Häuser, ebenso das Kanu. Einst kamen sie mit ihrem Kanu in die Nähe der Sonne und in einen schweren Sturm. Das Kanu zerbrach, die neun Brüder fielen ins Meer und ertranken. Karakarasan aber kletterte auf einem Baum in den Himmel und kam auf einen Stern. Die Sternbewohner wußten nichts von Zeugen und Gebären. Karakarasan war der erste, der mit einer Frau ein Kind erzeugte. Als das Kind einmal hinter einer Eidechse her war, schob es einige Blätter zur Seite und konnte plötzlich auf die Erde hinabschauen. Karakarasan schaute auch selbst hinab und sah seine Mutter. Er machte sich ein langes Seil, an welchem er wieder zur Erde zurückkehrte[202].

Die Karakarasansage

Auf den Neu-Hebriden wird erzählt, daß Quat ein vom Himmel gekommenes Mädchen, dem seine Flügel gestohlen worden waren, zur Frau genommen hatte. Durch Zufall fand sie eines Tages die Flügel wieder und flog in den Himmel zurück. Quat schoß viele Pfeile in den Himmel, von denen jeder den vorhergehenden traf, bis schließlich die auf solche Weise verbundenen Pfeile bis auf die Erde hinabreichten. Quat kletterte an ihnen zum Himmel empor, suchte und fand seine Frau und wollte sie auf dem gleichen Wege auf die Erde zurückbringen. Hierbei verunglückte er tödlich, und seine Frau flog in den Himmel zurück[203].

Quats Trick mit den Pfeilen

Melanesier glauben, daß alle weißen Menschen vom Himmel kommen. Sie halten es für eine ganz natürliche Sache, daß einer von dort auf der Erde erscheint oder von der Erde in den Himmel zurückkehrt. Riesenfeld hat es wiederholt erlebt, daß Melanesier ihn beiläufig, aber allen Ernstes fragten, wie es denn dort oben im Himmel sei.

Na, wie war's im Himmel?

In der Bibel ist von Himmelfahrt viel weniger die Rede als viele Menschen meinen. Im Alten Testament gibt es nur zwei Stellen, an denen von derartigem die Rede ist. Die Genesis sagt von Henoch: "weil er ein göttliches Leben führte, nahm ihn Gott hinweg, und er ward nicht mehr gesehen"[204]. Die Tradition spricht von seiner "Entrückung" mit Leib und Seele in den Himmel.

Himmelfahrt im Alten Testament

Das zweite Königsbuch schildert einen ähnlichen Vorgang. Die Propheten Elia und Elisa gingen am Jordan. "Und da sie miteinander gingen und redeten, siehe, da kam ein feuriger Wagen mit feurigen Rossen, die schieden die beiden voneinander. Und Elia fuhr also im Wetter gen Himmel. Elisa aber sah es und schrie: Mein Vater, mein Vater, Wagen Israels und seine Reiter ! und sah ihn nicht mehr"[205].

Nach biblischer Überzeugung ist Gott der Herr auch über den Tod. Die Berichte von der Entrückung des Henoch und des Elia sind Ausdruck des Glaubens, daß Gott, der dem Tode die Macht gegeben hat, sie ihm auch wieder nehmen kann.

Die Jakobsleiter   Genesis 28[206] erzählt zwar nicht von einer Himmelfahrt, aber von einem wichtigen Traumerlebnis des Jakob, das in diesen Zusammenhang gehört. Jakob schlief im Freien und

82
Jakobs Traum
von der Himmelsleiter
Genesis 28

hatte sein Haupt an einen Stein gebettet. Im Traum sah er eine Leiter, die stand auf der Erde und rührte mit der Spitze an den Himmel. "Und die Engel Gottes stiegen daran auf und nieder; und der Herr stand oben darauf und sprach...". Als Jakob erwachte und sich des Traumes erinnerte, sprach er: Wie heilig ist diese Stätte! Hier ist nichts anderes denn Gottes Haus, und hier ist die Pforte des Himmels! Und Jakob nahm den Stein, den er zu seinen Häupten gelegt hatte und richtete ihn auf zu einem Mal und goß Öl oben darauf und hieß die Stätte Beth-El, das heißt: Haus Gottes[207].

Während Henoch und Elias mit ihrer Entrückung endgültig in das "Himmelreich" eingegangen sind, kennt das neue Testament auch die Möglichkeit einer zeitweisen Himmelfahrt. Kein Geringerer als der Apostel Paulus hat von sich selbst bezeugt: "Ich kenne einen Menschen in Christo; vor vierzehn Jahren (ist er in dem Leibe gewesen, so weiß ich`s nicht; oder ist er außer dem Leibe gewesen, so weiß ich`s auch nicht; Gott weiß es) ward derselbe entzückt bis in den dritten Himmel...entzückt in das Paradies und hörte unaussprechliche Worte, welche kein Mensch sagen kann"[208]. Aber der Apostel erwähnt dieses Ereignis nur am Rande. Er betrachtet es nicht etwa als Legitimation für seine apostolische Tätigkeit.

Entzückt bis in den dritten Himmel

Im Jahre 1950 hat Papst Pius XII. die Lehre von der leiblichen Himmelfahrt der Maria zu einem offiziellen Dogma der römisch-katholischen Kirche erhoben. Nach evangelischer Überzeugung ist dies ein schwerer Fehler gewesen, weil die Bibel nichts von einer Himmelfahrt Mariens berichtet. Aber die Lehre der katholischen Kirche ruht nicht allein auf der Heiligen Schrift, sondern auch auf der kirchlichen Tradition. In der Überlieferung ist der Glaube an eine leibliche Himmelfahrt der Maria seit dem 5./6. Jahrhundert bezeugt. Seit dem Ende des 6. Jahrhunderts gibt es auch ein am 15. August gefeiertes Fest, das zunächst "Entschlafung Mariae" (lat. Dormitio) hieß. In der Ostkirche trägt es noch heute diesen Namen, während es in der abendländischen Kirche schon früh als "Himmelfahrt Mariae" (lat. Assumptio) bezeichnet wurde. Der Glaube an eine leibliche Himmelfahrt der Maria ist aus der Meinung entstanden, die Mutter des Gottessohnes müsse vor der Verwesung bewahrt

Leibliche Himmelfahrt der Maria

worden sein. Mit der Dogmatisierung dieser Lehre ist die katholische Kirche der weitverbreiteten Marienfrömmigkeit ihrer Glieder entgegengekommen. Die ökumenische Gemeinsamkeit aller christlichen Kirchen hat durch die Dogmatisierung des Glaubens an die leibliche Himmelfahrt der Maria einen schweren Rückschlag erlitten.

Christi Himmelfahrt

In der Bibel kommt das Wort "Himmelfahrt" an keiner einzigen Stelle vor. Die Himmelfahrt Christi spielt im Neuen Testament nicht eine so überragende Rolle wie etwa das Leiden und Sterben Christi und seine Auferstehung. Die Evangelien des Matthäus und Johannes sprechen mit keinem Wort von der Himmelfahrt Jesu. Nur an drei Stellen des Neuen Testamentes ist davon die Rede: jeweils am Ende des Markus- und des Lukasevangeliums und am Anfang der Apostelgeschichte des Lukas. Der Markusbericht ist von frappanter Kürze: "Und der Herr, nachdem er mit ihnen geredet hatte, ward er aufgehoben gen Himmel und sitzt zur rechten Hand Gottes"[209]. Lukas ist in seinem Evangelium kaum ausführlicher, wenn es dort heißt: "Er führte sie aber hinaus gen Bethanien und hob die Hände auf und segnete sie. Und es geschah, da er sie segnete, schied er von ihnen und fuhr auf gen Himmel"[210]. Lediglich die Apostelgeschichte schildert den Vorgang etwas ausführlicher: "Er sprach aber zu ihnen...Ihr werdet die Kraft des heiligen Geistes empfangen, welcher auf euch kommen wird, und ihr werdet meine Zeugen sein zu Jerusalem und in ganz Judäa und Samarien und bis an das Ende der Erde. Und da er solches gesagt, ward er aufgehoben zusehends, und eine Wolke nahm ihn vor ihren Augen hinweg. Und als sie ihm nachsahen, wie er gen Himmel fuhr, siehe, da standen bei ihnen zwei Männer in weißen Kleidern, welche auch sagten: Ihr Männer von Galiläa, was stehet ihr hier und seht gen Himmel? Dieser Jesus, welcher von euch ist aufgenommen gen Himmel, wird kommen, wie ihr ihn gesehen habt gen Himmel fahren"[211].

Überwindung der räumlichen Himmelsvorstellung in der Bibel

Der völlige Mangel an jeglichem kosmologischen Interesse, der in diesen äußerst knappen und undetaillierten Himmelfahrtsberichten des Neuen Testaments zu bemerken ist, hat seinen Grund in dem universalen biblischen Gottesglauben. Schon Jahrtausende vor Kopernikus hat die Bibel das dreistöckige vorkopernikanische Weltbild praktisch überwunden. Zwar schimmert es in den Texten des Alten und Neuen Testamentes noch vielfach durch. Aber schon die Frommen des Alten Bundes sind zutiefst davon überzeugt, daß Gott nicht irgendwo in einem fernen hohen Himmel thront, sondern überall gegenwärtig ist. In klassischer Weise wird das im 139. Psalm ausgesprochen:

> *Ich gehe oder liege,*
> *so bist du um mich*
> *und siehest alle meine Wege.*
> *Von allen Seiten umgibst du mich*
> *und hältst deine Hand über mir.*
> *Führe ich gen Himmel,*
> *so bist du da.*
> *Bettete ich mir in die Hölle,*
> *so bist du auch da.*
> *Nähme ich Flügel der Morgenröte*
> *und bliebe am äußersten Meer,*
> *so würde mich doch deine Hand daselbst führen*
> *und deine Rechte mich halten.*

Hier ist die räumliche Himmelsvorstellung eindeutig aufgegeben zugunsten der Überzeugung von der Allgegenwart Gottes.

Himmelfahrt Christi bedeutet also nichts anderes als seine Rückkehr zu dem allgegenwärtigen Gott. Folgerichtig lehrt das Neue Testament, daß der auferstandene und zum Vater zurückgekehrte Christus in gleicher Weise lebendig und gegenwärtig ist wie Gottvater. Gott der Vater, Gott der Sohn und Gott der heilige Geist bilden eine unzertrennbare, lebendige und in der Welt wirkende Kraft.

Himmelfahrt Christi - Rückkehr zu Gott

Auch Martin Luther, obwohl noch in der vorkopernikanischen Tradition verwurzelt, hat die räumliche Vorstellung von der Himmelfahrt Christi aufgegeben; aber nicht wegen der Lehren seines Zeitgenossen Kopernikus, sondern aufgrund seiner aus der Bibel gewonnenen Glaubensüberzeugung, insbesondere auch infolge der Lehre von der Realpräsenz Christi

Martin Luther über Christi Himmelfahrt

im heiligen Abendmahl. In einer Streitschrift gegen Zwingli und seine Anhänger schreibt Luther: "Was es aber ist, Christum gen Himmel fahren und sitzen (sc. zur Rechten Gottes), wissen sie nicht. Es gehet nicht also zu, wie du steigst auf einer Leiter ins Haus, sondern das ist's, daß er über alle Kreaturen und in allen und außer allen Kreaturen ist". Luther hat auch ausdrücklich betont, daß der zum Vater zurückgekehrte Christus zum Heil für die Menschen tätig ist: "Er schläft nicht droben, er wachet für uns".

Die nächtliche Himmelsreise Mohammeds

Die 17. Sure des Koran, betitelt "Die Nachtfahrt", beginnt mit dem Wort: "Preis dem, der seinen Knecht des Nachts von dem heiligen Gebetsplatz zu dem weitentfernten Gebetsplatz reisen ließ". In dieser Stelle sehen die muslimischen Kommentare einen Hinweis auf eine geheimnisvolle nächtliche Reise Mohammeds mit seinem Reittier Burak von Mekka nach Jerusalem, an die sich eine Himmelsreise anschloß. Vermutlich handelt es sich um eine Traumvision des Propheten, der sich von Mekka aus auf den "himmlischen Betplatz", d.h. zum himmlischen Gottesdienst versetzt glaubte, vielleicht im Zusammenhang mit der Idee vom "himmlischen Jerusalem". Erst in einer späteren Zeit deutete man den "weitentfernten Gebetsplatz" auf die nach der muslimischen Eroberung in Jerusalem errichtete Moschee; sie heißt daher noch heute "Al-Aksa-Moschee", d.h. weitentfernte Moschee[212].

Kai Chosrus Verschwinden

In dem iranischen Nationalepos Schahname (Königsbuch) von Firdousi (935-1020) wird in eindrucksvoller Weise erzählt, wie der Schah Kai Chosru in den Himmel entrückt worden ist. Nachdem der Schah sein Amt freiwillig an seinen Nachfolger Lohrasp übergeben hatte, machte er sich auf zu seiner "letzten Reise". Sieben Tage ritt er auf seinem Pferd Bahsad ins Gebirge, begleitet von den Großen des Reiches. In einer wüsten Gegend am Rande einer Quelle schlug man ein Lager auf. "Hier übernachten wir" sagte Chosru. "Morgen werdet ihr mich nicht mehr sehen, hat mir Serosch enthüllt". Als es dunkel wurde, kniete Chosru nieder und betete. Er wusch sich Kopf und Brust und sagte: "Lebt wohl! Wenn die Sonne aufgeht, seht ihr mich nur noch im Traum". Als über den Bergen die Sonne aufging, war Kai Chosru verschwunden, ohne eine Spur zu hinterlassen. Die Großen durchstreiften die Gegend, aber Chosru war verschwunden. "Der Friede sei mit ihm" sagte Feriburs. "Noch nie war ein Schah auf solche Weise aus der Welt gegangen; daß er lebend zu Gott gegangen sei, konnte ein Mensch kaum fassen - und dennoch: Kai Chosru war spurlos verschwunden, als ob er in den Himmel entschwebt wäre!"[213]

Das Motiv "Verschwinden eines heiligen Mannes im Gebirge" erscheint in neuerer Zeit auch im Zusammenhang mit der Lebensgeschichte des 1889 geborenen indischen Evangelisten Sadhu Sundar Singh. Auch von ihm wird berichtet, daß er eines Tages ins Gebirge aufgestiegen, spurlos verschwunden und nie mehr zurückgekommen sei.

Sadhu Sundar Singh

18 Bildstock und Steinkreuz

Flurdenkmäler
in Mitteleuropa

"Es ist in unserem Teutschland ein sehr altes und löbliches Herkommen gewesen, an den offenen Landstraßen gottseelige Bilder uffzurichten, damit die vorüberreisenden dadurch einen Antrieb zu der Gottseeligkeit, und ihrer im Reisen übernommenen Arbeit etzlichermaßen eine Leichterung oder Ent-

86
Fränkischer Bildstock
Bechofen

hebung empfinden mögten"[214]. Zu diesen "gottseeligen Bildern", von denen Eucharius Sang, Weihbischof von Würzburg, im Jahre 1607 schrieb, gehören die Bildstöcke, in Bayern und Österreich auch "Marterln" genannt, die Steinkreuze und die Kreuzsteine. Ihre Verbreitung reicht von Skandinavien bis nach Italien und vom Rhein bis Schlesien[215]. In Mitteleuropa finden wir etwa 4000 derartige Flurdenkmäler. Davon befinden sich 2000 allein in Bayern und Franken[216].

Das eingangs zitierte Wort von Eucharius Sang erweckt den Anschein, wie wenn die Bildstöcke samt und sonders errichtet worden seien zur seelischen Erbauung der Vorüberreisenden. Sicher gibt es unter ihnen nicht wenige, die ihre Aufstellung keinem andern Motiv verdanken. Aber in dieser Verallgemeinerung trifft der Satz des Würzburger Bischofs gewiß nicht zu. Vor allem übersieht er den Charakter vieler Bildstöcke als Sühnemale, ihre Beziehung zu "Mord und Totschlag" sowie zu tödlichen Unglücksfällen. Leider finden sich gerade auf den ältesten Denkmälern dieser Art niemals Inschriften, die auf die eigentliche Ursache ihrer Aufstellung hinweisen. Aber nicht selten sind noch Urkunden vorhanden, die darüber Aufschluß geben.

Sühnemale

Ein Beispiel. Zu Eckersmühlen in Mittelfranken befindet sich ein solches stummes Sühnekreuz. Aber eine Urkunde lüftet sein Geheimnis. Sie sagt: "1476 wurde Kunz Pölletter von Brunnau (bei Allersberg) von Hans Örtel zu Eckersmühlen erschlagen. Hans Örtel mußte zur Sühne dreißig heilige Messen lesen lassen, zehn Pfund Wachs geben, dreiundzwanzig Gulden an die Hinterbliebenen zahlen und eine Rom- und Aachfahrt unternehmen, außerdem ein Steinkreuz setzen lassen[217].

Sühnevertrag

Der Inhalt dieses Sühnevertrages ist typisch für die Behandlung derartiger Kapitalverbrechen im Mittelalter. Obgleich man damals garnicht zimperlich war mit Strafen und schon Diebstahl oder Gotteslästerung mit dem Tode geahndet wurden, konnte ein Mörder dieser Strafe entgehen, wenn er ein Sühnegeld an die Hinterbliebenen zahlte und die ihm von der Kirche auferlegte Buße auf sich nahm. Hier hat sich ein Stück altes germanisches Stammesrecht erhalten: Geldstrafe für Mord! Man nannte die Geldbuße das Wergeld (von lat. vir=Mann). 23

Humane Rechtspraxis

Gulden - wie in dem Eckersmühlener Beispiel - waren für die damalige Zeit ein sehr erheblicher Betrag. Auch die Errichtung des Sühnekreuzes kostete viel Geld, und Wallfahrten nach Rom und Aachen waren gewiß keine Kleinigkeiten. Durch diese Art der Rechtsprechung wurde Folgendes erreicht: der Mörder wurde empfindlich bestraft; durch die Zahlung des Sühnegeldes erhielten die Angehörigen des Ermordeten immerhin eine begrenzte materielle Wiedergutmachung. Dem Übeltäter wurde Gelegenheit gegeben, Vergebung für seine Tat zu suchen. Für das Heil des so jäh und ohne priesterlichen Beistand aus dem Leben Geschiedenen dienten die von dem Täter zu veranlassenden Meßlesungen, aber auch die Gebete, die von den am Sühnekreuz Vorübergehenden verrichtet wurden. Und endlich diente das Sühnekreuz und der oftmals daneben errichtete Bildstock im Sinne von Eucharius Sang den Vorübergehenden zur Warnung, zur Mahnung und zur Übung der "Gottseeligkeit". Alles in allem war das eine humane und vernünftige Rechtspraxis, die versuchte, für alle Beteiligten das Beste aus einer bösen Sache zu machen.

Fehlen von Inschriften

Daß der Täter das Sühnekreuz und den Bildstock aufstellen mußte, erklärt übrigens auch das Fehlen von Inschriften auf den Denkmälern. Der Mörder legte verständlicherweise keinen Wert darauf, die Kunde von seiner Untat auch noch in Stein graben zu lassen und sie so der Mit- und Nachwelt selber bekanntzugeben.

Freie Vereinbarung

Charakteristisch für die mittelalterliche Verfahrensweise war die freie Vereinbarung der Sühnemaßnahmen zwischen dem Täter und den Angehörigen des Opfers. Kam es nicht zu einer solchen Vereinbarung, etwa weil der Täter uneinsichtig war, so fiel er der Blutrache anheim - und ihr wohl auch meist zum Opfer.

Die peinliche Halsgerichtsordnung von 1532

Durch die "Peinliche Halsgerichtsordnung", die Kaiser Karl V. 1532 auf dem Reichstag zu Regensburg verkündete, wurde die beschriebene Rechtspraxis abgeschafft. Von nun an mußten alle Mordfälle vor die ordentlichen Gerichte gebracht werden. Freie Vereinbarungen zwischen den Parteien gab es jetzt nicht mehr - und somit auch keine Aufstellung von Sühnekreuzen.

Aber die Sitte der Aufrichtung von Steinmälern bei gewaltsamen Todes- und jähen Unglücksfällen war so tief eingewurzelt, daß man sie auch nach 1532 beibehielt. Nun waren es nicht mehr die Mordtäter, sondern die Angehörigen des ums Leben gekommenen, die für die Aufstellung sorgten. Denn nach wie vor bestand das Bedürfnis, nicht nur das Andenken des Verstorbenen zu bewahren, sondern auch etwas für sein ewiges Heil zu tun. Während wir heute die noch stehenden Bildstöcke und Steinkreuze nur als mehr oder weniger interessante Überbleibsel der Vergangenheit betrachten, können wir sicher sein, daß unsere Vorfahren nicht eilig an ihnen vorübergegangen sind, sondern der stummen Aufforderung zum Gebet, die von diesen Denkmälern ausging, nachgekommen sind - und wenn es auch nur ein kurzes Stoßgebet war, das sie im Vorbeigehen zum Himmel schickten.

Etwas für sein Heil zu tun

Es scheint aber, daß bei dieser bis ins 19.Jahrhundert festgehaltenen Sitte der Errichtung von Bildstöcken noch etwas anderes eine Rolle gespielt hat als nur das Andenken an den Verstorbenen. Für das Denken unserer Vorfahren bildeten Leib und Seele des Menschen eine viel engere und schwerer zu trennende Einheit als für uns. Die Seele eines Verstorbenen irrte nach der alten Anschauung noch in der Nähe des Platzes umher, an dem die Bluttat geschehen war. Um ihr einen Rastplatz zu geben oder gar einen neuen und unvergänglichen Leib, errichtete man eine Säule aus Stein. Die Sitte der Steinsetzung für einen Verstorbenen ist keine eigentlich christliche Sitte, sondern eine Gepflogenheit, die weit in vorchristliche Zeiten, ja bis in die Steinzeit zurückreicht, in der man schon im Gedenken an Verstorbene die sogenannten Menhire errichtet hat. Wahrscheinlich ist die Setzung von Steinkreuzen und Bildstöcken die Fortführung und "Christianisierung" einer sehr viel älteren Überlieferung. Georg Hetzelein berichtet aus seiner Erfahrung[218], daß die Meinung, in der Nähe solcher Steine gehe der Geist eines Erschlagenen um, auch heute noch durchaus lebendig ist. Auch O.A.Müller schreibt, von manchen Bildstöcken erzähle man sich, man habe sie gestellt, um einem irrenden Geist die Ruhe zu geben, z.B.in Peterstal/Renchtal, Bildstock im Bestenbach am Sattelplatz[219]. Dieses vorchristliche Denken hat sich offenbar sehr zäh bis in unsere Zeit erhalten.

Vorchristliche Wurzeln

Zunehmendes Mitteilungsbedürfnis

Nach dem Ausgang des Mittelalters und nach der Einführung der "Peinlichen Halsgerichtsordnung" Karls V. werden die Bildstöcke "gesprächiger" als sie vorher waren. Die Angehörigen der ums Leben gekommenen, die nunmehr für die Errichtung des Steines sorgen mußten, verzeichnen jetzt bereitwillig den Namen ihres Toten, seinen Beruf - häufig durch Eingravierung eines berufstypischen Zeichens wie Pflugschar oder Winzermesser - das Datum der Tat oder des Unglücks u.s.w. Dabei geben die Bildstöcke dem Mitteilungs- wie auch dem Schmuckbedürfnis des Volkes mehr Möglichkeiten als die Steinkreuze. Dies könnte dazu beigetragen haben, daß der Bildstock das Steinkreuz allmählich abgelöst hat[220].

Sagen und Erzählungen

Um die Bildstöcke rankt sich fast immer ein Kranz von Sagen und Erzählungen. Aufgrund von Zeichen, Inschriften, Jahreszahlen oder angeregt durch den Namen des Standortes oder des Bildstockes, weiß der Volksmund oft Schreckliches zu berichten. Der Phantasie sind da keine Grenzen gesetzt. Nicht selten aber widersprechen die Erzählungen sogar der Inschrift auf dem Bildstock. O.A. Müller berichtet von einem solchen im Vorderberg, Gemarkung Peterstal. Das Volk erzählt, ein junger Mann sei dort am heiligen Abend ums Leben gekommen. Dies sei die Strafe Gottes dafür, daß er an diesem hohen Feiertag Holz geschlagen habe. Dagegen besagt die Inschrift am Stock:"...verlohr am 1ten März 1841 sein irdisches Leben". Ein anderes Beispiel: Der Sage nach hatten im Schwedenkrieg plündernde Soldaten einem Bauern auf dem Birkhof schon alles geraubt, was an Eßbarem und Wertvollem im Hause war. Da er deshalb einem neuen Trupp von Marodeuren nichts mehr geben konnte, habe man ihn an den Schweif eines Pferdes gebunden, um ihn zu Tode zu schleifen. In seiner Not gelobte er der Mutter Gottes einen Bildstock. Und siehe, an der Stelle, wo heute der steinerne Stock steht, seien die Knoten der Riemen aufgegangen, und er sei vom Pferde losgekommen. Auf dem Stock aber steht die Jahreszahl 1595, ein Beweis dafür, daß er schon lange vor dem "Schwedenkrieg" errichtet wurde[221].

Zu Tode gekitzelt

Manchmal bemächtigt sich auch der Humor oder die Spottlust dieser Denkmäler und erzählt makaber-witzige Geschichten über sie. So steht am Kupferbergweiher bei Ungertal in der Nähe von Schwabach eine zwei Meter hohe Martersäule. Von ihr erzählt man sich, daß sich hier zwei Schlotfeger zu Tode "gekitzelt", d.h.mit Messern zu Tode gestoßen hätten. Solche Kitzelgeschichten gibt es viele; allein im Landkreis Schwabach finden wir sie dreimal. Im Volksmund werden diese Säulen auch "Kitzelsteine" genannt.

Nicht immer waren jähe Todesfälle der Grund für die Setzung von Bildstöcken. Sehr oft verdanken sie ihr Dasein den Gelübden frommer katholischer Christen. Die Geburt eines Kindes, Genesung von schwerer Krankheit, Errettung aus großer Gefahr - solcher und ähnlicher Art waren vielfach die Gründe, die zur Aufstellung eines Bildstockes führten. Sie sind Zeichen der Freude und Dankbarkeit gegen Gott, die Jungfrau Maria oder bestimmte Heilige, denen man Rettung und Hilfe zuschrieb. Dementsprechend bezeugen die Inschriften dieser "Votivstöcke", daß sie"zur Ehre Gottes" oder für die "Muttergottes" errichtet wurden. Oder da wird der Hl. Sebastian um Fürsprache bei Gott gebeten. Die Zeichen C.M.B. weisen auf die heiligen drei Könige Caspar, Melchior und Balthasar hin, die ja auch große Reisende gewesen sind und darum von den Reisenden des Mittelalters gern um Schutz und Hilfe in den Gefahren ihrer Reise angefleht wurden.

Votivstöcke

In Wolfach im Schwarzwald steht ein solcher "Dreikönigsbildstock", der wegen seiner lateinischen Inschrift und wegen seiner Erstellungsursache besonders bemerkenswert ist. Der erste Teil des Textes UT TERRAE SINT INCOLUMES A GRANDINE FRUCTUS drückt die Bitte aus,"daß die Früchte der Erde vor Hagelschlag bewahrt" werden möchten. Im zweiten Teil sind anscheinend Buchstaben verstümmelt. Die Worte AD SANCTA ALARUM TELMINAMANDO MAGIS konnten bis jetzt noch nicht befriedigend übersetzt werden. Fest steht aber, daß dieser Bildstock zum Schutz der Feldfrüchte gegen Hagelschlag gestiftet wurde. Das erinnert an die vorchristliche Setzung von Menhiren, denen ja auch eine Bedeutung für das Gedeihen der Feldfrüchte zugeschrieben wurde. Der bedeutsame Unterschied ist allerdings, daß bei den letzteren die Seelenkräfte der Verstorbenen den Ackersegen bewirken sollten, während die Christen ihn von Gott erbitten.

Die Früchte der Erde vor Hagelschlag bewahrt

Mancherlei Motive zur Setzung von Bildstöcken

Bildstöcke werden gern an markanten Punkten der Landschaft errichtet, an Wegekreuzungen, an Stellen, wo eine alte Straße eine Paßhöhe erreicht, aber auch auf der Hofgrenze oder am Anstieg zum Hof. Manchmal zeigen sie auch den Platz an, an dem früher Kapellen standen, beispielsweise der Barbara-Bildstock bei Erlach/Renchtal. Der Bildstock von 1673 bei Ebersteinburg steht nach O.A.Müllers Ansicht höchstwahrscheinlich an der Stelle einer früheren Antoniuskapelle[223]. Andere Stöcke kennzeichnen den Weg der Flurprozession oder die Stationen bei Wallfahrten.

Bildstock als Statussymbol

Nicht immer war es pure Frömmigkeit, was die Menschen zur Aufstellung dieser heiligen Zeichen veranlaßte. Vielfach folgten sie auch einfach dem Brauch der Vorfahren. Das Ansehen der Familie und des Hofes verlangte es, daß man einen ansehnlichen Bildstock aufstellte. Nicht selten waren reine Geltungssucht und "Angabe" die Hauptmotive. Weil der Nachbar, der doch nur mittelmäßig betucht war, einen so schönen Stock hatte aufstellen lassen, mußte man selbst einen noch größeren und schöneren hinstellen. Man konnte es sich ja leisten und gönnerhaft etwas besonderes stiften. Der Bildstock als Statussymbol! Durch solches Konkurrenzdenken wurden die Bildstöcke zwar größer und prächtiger, aber keineswegs schöner. Was dabei herauskam, waren zumeist seelenlose und protzige Gebilde, denen man es abspürt, welches Geistes Kinder sie sind.

Der Katzwanger Bildstock

Wie alle Bauwerke, so sind auch die Bildstöcke gewissen stilistischen Wandlungen unterworfen gewesen. Alle Stilepochen haben auf die Gestaltung dieser Denkmäler eingewirkt. In beachtlicher Zahl sind uns die schönen und schlanken gotischen Bildstöcke erhalten. Einer der schönsten dieser Art befindet sich vor der Kirche in Katzwang. Christoph Haag hat sich eingehend mit ihm beschäftigt. Er schreibt:

"Hier sind die Maße nicht willkürlich, sondern alles ist aufgebaut auf ganz bestimmte Dreiecke, geometrische Konstruktionen und Symbolik: hier ist alles - am Marterl wie auch am Kirchenbau selbst und an den Altären - so groß und so klein, wie es eben sein muß. Dieselben Bauhüttengeheimnisse finden wir im Kloster Pillenreuth, in der Schwabacher Stadtkirche u.s.w." Haag hat sich auch mit der "Triangulation" des Katzwanger Bildstockes befaßt:

"Kunst war im Mittelalter nur, was nicht nur schön in technischer und ästhetischer Hinsicht gestaltet war, sondern auch den Gesetzen der Symbolik der Bauhütten, die schriftlich weiterzugeben verboten war, entsprach. Und das ist hier bei unserem Katzwanger Bildstock bis ins Kleinste der Fall. Neben einer gewissen Zahlenmystik und den Verhältnissen des goldenen Schnittes galt vor allem das Gesetz der Quadratur und der Triangulatur. Die Quadratur, aufgebaut auf einem für jede Bauhütte eigenem Fußmaß (in Katzwang 1 Fuß gleich 24,8 cm) ergab die Grundmaße, auf welche man dann "seine drey angeln" absteckte, also Dreiecke baute, welche gleichschenklig waren und die an der Spitze einen 60-Grad (Romanik) oder einen 45-Grad-Winkel (Gotik) besaßen. Wenn wir uns mit der Triangulatur des Bildstockes befassen, finden wir eine ganz bestimmte Gesetzmäßigkeit...Lang ist der Sockel des Denkmals genau vier Fuß, breit drei Fuß. Baut man auf der Länge des Sockels, diese als Basis nehmend, ein gleichseitiges Dreieck auf, so ergibt die Höhe in diesem Dreieck genau die Höhe des Sockels. Errichtet man aber auf derselben Basis ein gleichschenkliges Dreieck mit einem 45-Grad-Winkel an der Spitze, so finden wir die Stelle, wo die Abfasung des Schaftes beginnt; und verlängern wir nun dieses Dreieck um sich selbst, so haben wir die Höhe des Schaftes einschließlich des Schaftkopfes gefunden. Ein weiteres 45-Grad-Dreieck daraufgesetzt, zeigt uns in seiner Höhe die des Bildstockhäuschens an. Auch der Schaft für sich hat wieder zwei um sich geschlagene 45-Grad-Dreiecke als Grundlagen. O, welch wunderbare Ordnung!"[224]

87
Bildstock
vor der Kirche
zu Katzwang
Höhe 3,27

Bauschlüssel
des Bildstockes

Stilvariationen   Die gotischen Stöcke wurden nicht nur im 15. und 16. Jahrhundert aufgestellt. Gotische Stilmerkmale finden sich bis ins 18. Jahrhundert hinein, allerdings nur vereinzelt. An ihre Stelle traten überwiegend die prächtigen und lebensfrohen Formen des Barock. Sie waren beim Volk sehr beliebt, und die Handwerksmeister bemühten sich, hier etwas besonderes zu schaffen. Bis ins vorige Jahrhundert hinein hat man Barockstöcke aufgestellt. Seltener finden sich die zierlichen und anmutigen Rokokodenkmäler. Bei Sandweier stehen einige sehr schöne

88
Badischer Bildstock
Nordracher Tal

Bildstöcke dieses Stils. "Spielte die Nähe des Rokokokleinods Favorite dabei eine Rolle?" fragt O.A. Müller[225]. Natürlich haben auch der Empirestil und die Renaissance auf die Gestaltung eingewirkt. Aber diese Stilarten haben beim Volk nur wenig Eingang gefunden. Die machtvolle Welle des Barock schwemmte die geringen Ansätze von Empire und Renaissance schnell hinweg.

Außer den zeitbedingten Stilvariationen finden sich auch regionale Eigentümlichkeiten. In manchen Gegenden bevorzugte man die schlanke runde Säule, in anderen die bauchige oder vierkantige. Große Verschiedenheiten finden sich auch in der Gestaltung des die Säule krönenden Bildhauses und des darin befindlichen Bildwerkes, das meist das Leiden Christi darstellt, die Marter Christi, die dem Bildstock in Bayern und Österreich seinen Namen "Marterl" oder "Marterstock" gegeben hat. Stellenweise findet man auch sehr schöne Holzbildstöcke.

Regionale Eigentümlichkeiten

Wie sie aber auch gestaltet sein mögen, die älteren Stöcke zeugen zumeist von starker Anteilnahme des Bestellers und von der Freude an der Arbeit bei dem Handwerksmeister, der das Werk schuf. Bei den jüngeren Stöcken sind die wirklich guten Arbeiten in der Minderzahl. So wie im Laufe des 19. Jahrhunderts der Materialismus sich ausbreitete, so verliert auch der Bildstock seine Seele. Schmucklose und seelenlose Steinkästen treten an die Stelle der früheren kunstvollen Ädikula, und die liebevoll gearbeiteten und aussagekräftigen Bilder und Symbole werden jetzt durch kitschige Nippesfiguren und fabrikmäßig hergestellte Dutzendware verdrängt. Die Zeit der Bildstöcke ist vorbei. Vielleicht gelingt es dem Denkmalschutz, die Restbestände noch eine Weile zu erhalten.

Seelenlose Machwerke des 19. Jahrhunderts

19 Solare Sinnbilder

Die Sonne als Verkörperung kosmischer Intelligenz

Von allen Himmelskörpern hat die Sonne das Denken und Fühlen der Menschen am meisten beschäftigt. Abgesehen von dem für unser Auge etwa gleich großen Mond, erscheint sie uns als das größte aller Gestirne. Ihr Licht macht alle Dinge der Erde erst sichtbar. Ihre Wärme ruft das Leben hervor. Ihr regelmäßiger Auf- und Untergang läßt es Tag und Nacht werden. Sie ruft den Menschen zur Arbeit und schickt ihn zur Ruhe. Sie teilt die Zeit in Tage und Jahre und regiert das Leben der Menschen ebenso wie das der Pflanzen und Tiere. Kein Wunder, wenn sie von vielen Naturvölkern und in frühen Hochkulturen als Gott dargestellt und verehrt wurde. In ihr sahen die Menschen die Verkörperung einer einzigartigen kosmischen Intelligenz, das lebenspendende männliche Prinzip. Die Wertschätzung ist umso höher, je weiter nördlich die Menschen wohnen. In äquatornahen Zonen kann die Sonne auch als feindliche Macht erscheinen. "Das Motiv vom Sinbrand, der alles vernichtenden Sonnenhitze, ist ziemlich weit verbreitet. So taucht es beispielsweise auf der Gazellenhalbinsel in Neupommern auf. Ein Mann stellte der Sonne nach. Eines Tages fing er sie mit einer Schlinge. Trotz ihres Bittens und Flehens tötete er sie. Da kam eine andere Sonne und durchsuchte alles mit ihren Strahlen, um den Mörder ausfindig zu machen. Der Boden glühte vor Hitze. Wo sich der Frevler auch versteckte, es half ihm nichts. Überall brannte ihm die Sonne so auf den Schädel, daß er starb. Ebenso tötete sie alle seine Brüder und Schwestern. - Einen ähnlich typischen Sinbrandbericht haben die Bilgula in Nordamerika. Diesen Sinbrandberichten legen wir am einfachsten einen wirklichen Naturvorgang zugrunde, eine große Dürre, die alles versengte und auch Menschen das Leben kostete"[226].

Im Gegensatz hierzu begrüßen die Bewohner der arktischen Regionen den Aufgang der Sonne mit Jubel und Freude, weil sie Kälte, Finsternis und Todesstarre vertreibt und Wärme, Licht und Leben beschert. Andererseits empfinden die Menschen des Nordens den Untergang der Sonne als ein ganz besonders schmerzliches Ereignis. Die Ehrfurcht vor diesem Gestirn hat begreiflicherweise eine außerordentlich reiche und tiefe Symbolik hervorgebracht.

An alten Bauern- und Bürgerhäusern, besonders im nördlichen Deutschland, finden wir solare Sinnbilder in verschiedenen Ausführungen. Die einfachste Form ist der Kreis. Er ist nicht nur dekorative Auflockerung strenger architektonischer Linien und Formen, sondern ein aussagekräftiges Sinnbild. Er symbolisiert die Sonnenscheibe, oft mit einer Korona von Strahlen oder Flammen geschmückt. Dabei ist nicht nur an die Sonne als Gestirn gedacht, sondern vor allem an das Licht und die Wärme, die sie ausstrahlt zum Segen für Mensch, Pflanze und Tier.

Der Kreis

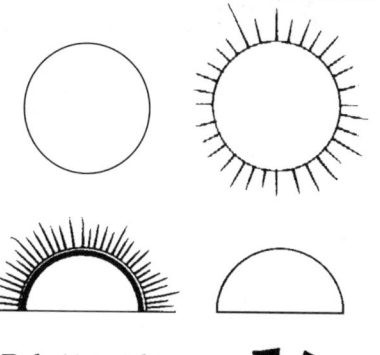

89
Solare Sinnbilder

An Bürgerhäusern des niederdeutschen Raumes finden sich sehr zahlreich die halbierten Sonnen. Ein besonders schönes Beispiel hierfür ist das Dekanatsgebäude der katholischen Kirche in Höxter. In den Brüstungsfeldern dieses mehrstöckigen Fachwerkhauses zählt der Betrachter an die fünfzig große geschnitzte Halbsonnen. Mag sein, daß sie die aufgehende Sonne darstellen sollen, die natürlich die Gemüter der Menschen in besonderer Weise anspricht. Aber für die Halbierung oder gar Viertelung des Zeichens können auch bautechnische und ornamentale Gesichtspunkte eine Rolle gespielt haben. In der Symbolik kommt es häufig vor, daß - nach der Regel pars pro toto - nur Teile eines Symbols dargestellt werden. Ihnen wird aber die gleiche Gültigkeit und Kraft zugeschrieben wie dem ungeteilten ganzen. Oft sind auch die Haustüren mit dem ganzen oder halbierten Sonnenzeichen versehen. Oder die

Der Halbkreis

90
Dekanatsgebäude
in Höxter

Öffnungen und Fenster im Giebel von Backsteinhäusern sind als Sonnen und Halbsonnen ausgestaltet. So gewiß auch das Schmuckbedürfnis bei der Verwendung dieser Zeichen mitgespielt hat, besonders in späteren Zeiten, so gewiß ist ihre ursprüngliche und eigentliche Bedeutung die Beschwörung der Segenskraft der Sonne.

Der Gesichtskreis

Das Zeichen des Kreises ist nicht immer und nicht nur als Abbild der Sonne zu verstehen. Es bedeutet auch den Horizont, der sich uns ja als "Gesichtskreis" darstellt, in dessen Mittelpunkt wir uns selber befinden. Der Gesichtskreis hat insofern eine wichtige Beziehung zur Sonne, als auf ihm die sich täglich ändernden Punkte des Sonnenauf- und Sonnenuntergangs markiert werden. Besonders wichtig waren den Menschen von je her die Aufgangspunkte zur Winter- und Sommersonnenwende (die sogenannten Solstitien) und zur Zeit der Tag-

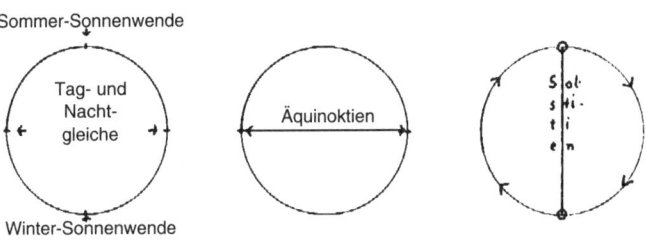

91
Der Gesichtskreis

156 HOCH UND HEILIG

und Nachtgleiche (Äquinoktien). Verbindet man die beiden Äquinoktialpunkte, so wird der Kreis in eine obere und eine untere Hälfte geteilt. Die obere Hälfte steht für das Sommerhalbjahr, die untere für das Winterhalbjahr. Verbindet man die Solstitienpunkte miteinander, so wird der Kreis senkrecht geteilt. Die linke Hälfte bezeichnet dann das Halbjahr der aufsteigenden, die rechte Hälfte das Halbjahr der absteigenden Sonne.

Ferner bezeichnet der Kreis die Bahn der Sonne im Laufe eines Tages. Von diesem Kreis ist für uns allerdings nur der obere Teil wahrnehmbar, aber es bedarf keiner großen Phantasie, um sich vorzustellen, daß die Sonne während der Nacht unterhalb des Horizontes eine Bogenbewegung von West nach Ost beschreibt, die den "Tagesbogen" zu einem vollständigen Kreis ergänzt.

Der Tageskreis

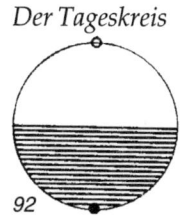

92

Schließlich ist der Kreis auch ein Symbol für den durch die Sonne bestimmten Jahreskreislauf: von der Wintersonnenwende oder dem Mittwintertag über die Frühlingstag= undnachtgleiche, die Sommersonnenwende oder den Mittsommertag, die Herbsttagundnachtgleiche wieder bis zur Wintersonnenwende, mit der das Jahr beginnt und endet.

Der Jahreskreis

93

Werden in dem Gesichtskreis jeweils die Solstitien und die Äquinoktialpunkte linear miteinander verbunden, so entsteht ein gleichschenkliges Kreuz. Zurück bis zur jüngeren Steinzeit findet sich das Sonnenkreuz mit und ohne den umschreibenden Kreis. Beide Formen dieses Sonnenzeichens finden sich häufig in den nordischen Felszeichnungen.

Das Sonnenkreuz

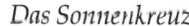

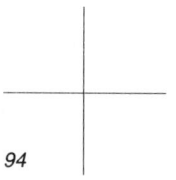

94

Bei allen indoeuropäischen Völkern findet sich der "Vielfuß", auch "Hakenkreuz" genannt. Bei den Ägyptern, Chaldäern, Assyrern und Phöniziern ist er so gut wie unbekannt. Der Vielfuß (angelsächsisch fylfot) ist entstanden aus dem Sonnenkreuz. Durch Umknicken oder Umbiegen der Enden des Kreuzes ergab sich eine Form des Symbols, welche die Bewegung der Sonne andeutet. Mit ihren "Füßen" läuft die Sonne auf ihrer Bahn und bringt Segen und Gedeihen für die

Der Vielfuß

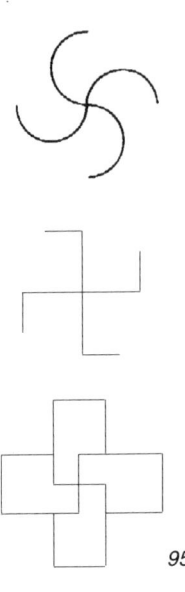

ganze Welt. So ist der Vielfuß zu einem Symbol der Fruchtbarkeit und des Segens geworden und wird überall als Glücksbringer angesehen. Darüber hinaus ist er ein Symbol der astronomischen Bewegung überhaupt. Er wird auch für den Mond verwendet und für alles, was sich anscheinend von selbst bewegt: Luft, Wasser, Blitz und Feuer. In Japan bezeichnet der Vielfuß die Zahl 10 000, welche das Unendliche symbolisiert, das Vollkommene und Großartige; kein Wunder, wenn er auch schlechthin als Sinnbild für Gott und Göttliches gebraucht wird. Auch von den Christen ist er in diesem Sinne verwendet worden. In Skandinavien hat man den Vielfuß mit dem christlichen Kreuz kombiniert.

Wenn in einer unseligen Epoche der neueren deutschen Geschichte das Hakenkreuz von nationalistischen Gruppen als politisches Emblem mißbraucht worden ist, so konnte dies nur aus Unkenntnis über den Sinn dieses Zeichens geschehen, das keineswegs ein typisch deutsches oder germanisches Sinnbild ist, sondern fast in der ganzen Welt als religiöses Symbol gebraucht wurde.

Das Sonnenrad

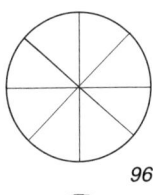

Ein sehr wichtiges und häufig vorkommendes Zeichen ist der Achtstern oder das Sonnenrad. Es stellt eine Kombination des stehenden und liegenden Sonnenkreuzes dar. In Norddeutschland finden wir dieses Symbol oft an Tür und Tor, häufig in der Gestalt des Drehwirbels. Das Rad mit acht Speichen kann als Jahresrad angesehen werden. Die gedankliche Verbindung des Jahres, also der dahineilenden Zeit, mit einem rollenden Rad ist ja naheliegend.

Gleichzeitig ist dieses Zeichen ein Sinnbild der Sonne und ihrer Segenskraft, von der die Menschen abhängig sind. Im Buddhismus versinnbildlicht das Rad das Gesetz der zwangsläufigen Wiedergeburten, aber auch das von Buddha in Bewegung gesetzte "Rad der Lehre". Das Rad des Buddha erscheint in der Flagge der Republik Indien.

Die acht Himmelsgegenden

Der Kreis mit dem Achtstern ist auch als Aufteilung des Gesichtskreises in acht Teile zu verstehen. Die Völker des Nordens schufen sich hiermit ein einfaches und brauchbares Instrument für die Orientierung zu Wasser und zu Lande. Der Achtstern mit seinen acht Winkeln zu je 45 Grad war auch mit primitiven Mitteln leicht herzustellen und ermöglichte es, die Wind- und Himmelsrichtungen zu bestimmen. Die Bewohner Norwegens, Islands und der Faröer nannten die acht Teile der Windrose die "Hauptseiten". Sie übertrugen das Schema auf ihren jeweiligen Wohnsitz und vermerkten auf ihrem Gesichtskreis die Auf- und Untergangspunkte der Sonne mit Hilfe von hervorragenden Geländepunkten wie Berge, Felsen, Klippen, Wasserfälle, Bäume, Baumgruppen u.s.w. Wo solche natürlichen Merkmale fehlten, schaffte man sich künstliche Merkpunkte, sogenannte "Dagsmarken" in Gestalt von kleinen Steinpyramiden. Die Herstellung der Tagmarken geschah folgendermaßen: man teilte zunächst den Horizont nach den vier Hauptkanten" ein. Die so entstandenen vier Sektoren wurden wiederum halbiert. Die auf diesem Wege erhaltenen acht Sektoren hießen att oder aett, plr.attir "Himmelsgegenden"[230]. Wie Arntz in seinem "Account of Söndfjord" vom Anfang des vorigen Jahrhunderts noch berichtet, waren diese Sonnenbeobachtungen sehr genau und wiesen nicht viel Unterschied zur Uhrzeit auf[231]. -

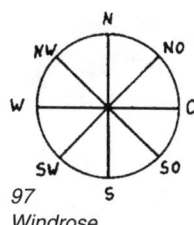

97
Windrose

Die Acht war wegen ihrer arithmetischen Eigenschaften bei den Alten sehr angesehen. Sie kommt daher häufig vor in mythischen Vorstellungen, in Ideogrammen und im Brauchtum. Von Sleipnir oder Yggdrasil, dem Reittier Odins, wird beispielsweise gesagt, es habe acht Füße. Vielleicht steht die Achtfüßigkeit Sleipnirs in Zusammenhang mit den acht Himmelsrichtungen. Sie würde dann bedeuten, daß Odin dank Sleipnir der Herr der ganzen Welt ist und sich mit Windeseile überall hintragen lassen kann.

Zu den solaren Sinnbildern gehört auch die Spirale, zu deutsch "Wendel". Das Zeichen ergibt sich aus der Beobachtung des Sonnenlaufs. Im Frühjahr vergrößert sich der Bogen, den die Sonne über dem Horizont beschreibt, von Tag zu Tag bis zur Sommersonnenwende. So dreht sie sich anscheinend spiralig in die Höhe. Und eben diese Bewegung der Sonne symbolisiert die Wendel. In Süddeutschland hat man früher gern die sogenannten "Ammonshörner", jene spiralförmig gewundenen

Die Sonnenspirale

98
Die Spirale oder Wendel versinnbildlicht die aufsteigende oder absteigende Bewegung der Sonne im Laufe eines halben Jahres

SOLARE SINNBILDER   159

Schneckenabdrücke, an den Häusern eingemauert und "Sonnensteine" genannt. Bei Ausgrabungen am Bodensee hat man kleine Ammonshörner gefunden, die durchbohrt waren und offensichtlich als Anhänger getragen worden sind. Aber auch die gewundenen Widderhörner der Heidschnucken erinnerten die Menschen an den Sonnenlauf. Aus diesem Grunde befestigte man sie früher in der Lüneburger Heide gelegentlich an den Eckpfosten der Häuser.

Während die einfache Spirale den Lauf der Sonne bis zur Sommersonnenwende bezeichnet, versinnbildlicht die Doppelspirale den Sonnenweg durch das ganze Jahr. Denn von der Sommer- bis zur Wintersonnenwende verkleinert sich der Sonnenbogen mit jedem Tag. Die große Bedeutung, welche die Sonnenwende für unsere Vorfahren besaß, spiegelt sich gelegentlich noch heute im Brauchtum wieder. So kennt man im Sauerland eine doppelspiralige Kuchenform, die zwischen Weihnachten und dem Dreikönigstag benutzt wird. Man nennt sie bezeichnenderweise "Sommer und Winter". Die gleiche Kuchenform gibt es auch in der Eifel, wo sie "Kommheromchen" (Komm herum) genannt wird, eine deutliche Anspielung auf die Sonnenwende[233].

99
Die Doppelspirale ist das Ideogramm für den Jahresablauf der Sonne

Das Rad mit sechs Speichen

Während das achtspeichige Rad aus der Kombination des liegenden und des stehenden Sonnenkreuzes entstanden ist, verdankt das ebenfalls häufig vorkommende sechsspeichige Rad seine Entstehung dem Verbund des liegenden Rechtkreuzes "mit der großen Weltachse Nord-Süd, der alten arktisch-atlantischen Jahresachse der Sonnenwenden[234].

Eine semitische Form dieses Rades besteht lediglich aus sechs sternförmig um einen Mittelpunkt angeordneten Punkten, den "sieben Augen Jahves". Es sind dies die Endpunkte der drei Geraden des Rades mit sechs Speichen. Der Schnittpunkt dieser Linien ergibt den Mittelpunkt.

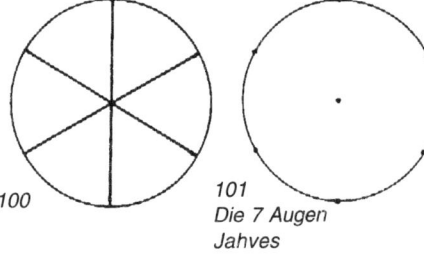

100

101
Die 7 Augen Jahves

Hexagramm und Davidstern

Verbindet man die äußeren Punkte des sechsspeichigen Rades gemäß nebenstehender Abbildung, so erhält man das Hexagramm oder den Davidsstern. Dieses Zeichen besteht aus zwei gleichseitigen Dreiecken; die Spitze des einen ist nach oben, die des anderen nach unten gerichtet. Das Dreieck, dessen Spitze nach oben weist, galt in Indien als Sinnbild männlicher Zeugungskraft und in übertragenem Sinn der Schöpferkraft Gottes. Umgekehrt ist das Dreieck, dessen Spitze nach unten gerichtet ist, das Zeichen für das weibliche Element, den gebärenden Schoß. In der europäischen Alchemie des Mittelalters ist das Dreieck nach oben die emporzüngelnde Flamme, das "männliche Feuer". Das Dreieck mit der Spitze nach unten ist dagegen Sinnbild des von den Höhen, den himmlischen Wolken, den Bergen zur Erde niederrinnenden Wassers. Die Verbindung beider Dreiecke ist für die Inder die Vereinigung der schöpferischen und gebärenden Kräfte, das Zeichen für die Liebe der Gottheit zur Welt und der Welt zum Göttlichen, die Vereinigung, "aus der in alle Ewigkeit alles wird". In Europa kennt man dieses Zeichen über den Orient als Davidsstern. In der volkstümlichen Zauberei, in die es nach Sagen über die Juden wie über die Zigeuner gelangte, wird es fast überall zur Abwehr gegen böse Mächte verwendet. - Der Mittelpunkt des Hexagrammes bedeutet in gewissen magischen Vorstellungen die Sonne[235].

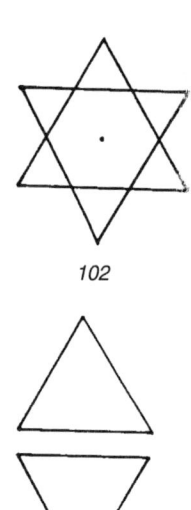

102

Ähnlich wie aus dem sechsspeichigen Sonnenrad der Davidsstern entstanden ist, ist aus dem achtspeichigen Rad ein ebenfalls ganz andersartiges Symbol entstanden. Durch Weglassung des Kreisbogens und durch waagerechte Verbindung von Kreis und Strahlen entsteht das stilisierte Bild eines Baumes, des Jahres-, Welt- oder Lebensbaumes. "In unmißverständlicher Weise lassen die Denkmäler erkennen, daß das Sinnbild des Jahres-, Welt- oder Lebensbaumes aus der linearen Verbindung der Hauptpunkte des Gesichtskreissonnenjahres entstanden ist"[236]. Dieses Zeichen hat sich dann zu mehr oder weniger naturalistischen Baumideogrammen weiter-

Der Jahres-, Welt- oder Lebensbaum

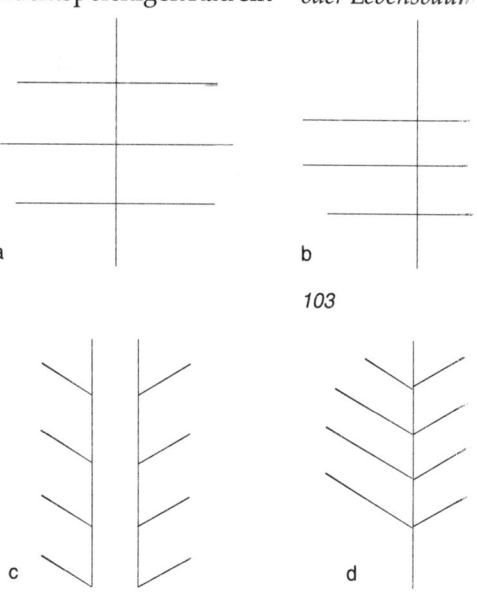

103

SOLARE SINNBILDER 161

*103- Abb. a-f
"In unmißverständlicher Weise lassen die Denkmäler erkennen, daß das Sinnbild des Jahres-, Welt- oder Lebensbaumes aus der linearen Verbindung der Hauptpunkte des Gesichtskreissonnenjahres entstanden ist.*

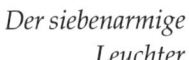
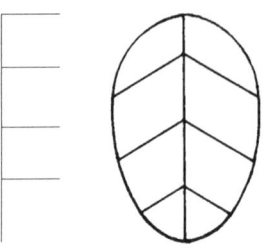

entwickelt. Auch Spaltungsformen sind nicht selten. Anstelle des Kreises wird das Baumsymbol häufig mit rechteckigen oder ovalen "Rahmen" umgeben. Dieses vielfältig variierte Symbol hat sich mit der Megalithkultur verbreitet[237].

Der siebenarmige Leuchter

Der siebenarmige Leuchter der Juden, die sogenannte "Menora", ist nichts anderes als eine Variation des Jahres-, Welt- und Lebensbaumzeichens. Bis zum Mittelalter war die Menora das allgemein bekannte Wahrzeichen des Judentums. Dann wurde sie von dem aus der gleichen Wurzel entstandenen Davidsstern abgelöst. Die sieben Ölflammen des Leuchters entsprachen im Denken der Alten den sieben Planeten, die ihrerseits wieder die sieben Himmelsregionen versinnbildlichten. Eine Abart der Menora ist die "Chanukka", der neunarmige Leuchter mit acht Ölflammen, die auf einer Leiste

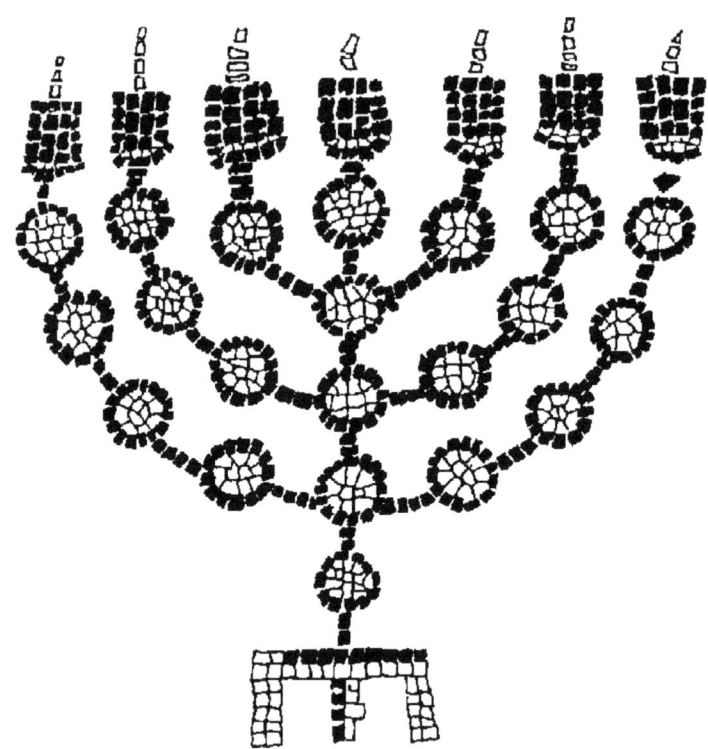

*102
Die Menora, der siebenarmige Leucht der Juden, ist eine Variation des Jahres-, Welt- und Lebensbaumzeichens*

nebeneinander angeordnet sind; das neunte Licht auf dem Mittelarm dient zum Anzünden. Die Lichter der Menora und der Chanukka sind eine Erinnerung und Bestätigung der Tatsache, daß es sich um solare Sinnbilder handelt.

Die majestätische Bewegung der Sonne, ihre tägliche "Fahrt" von Ost nach West und ihre unsichtbare nächtliche Reise in entgegengesetzter Richtung hat die Menschen der frühen Zeit tief beeindruckt. Der Vergleich mit der Fahrt eines stolzen Schiffes lag nahe. So segelt nach ägyptischer Vorstellung der Sonnengott Re während des Tages in einer Barke über den Himmel und des Nachts durch die Unterwelt[238]. An die Stelle des Schiffes trat in bronzezeitlichen Mythen der Wagen[239]. Schon das Rad als Sonnensymbol ließ an einen Sonnenwagen denken. Zum Wagen wiederum gehörten Zugtiere. Helios, der griechische Sonnengott, fährt täglich in dem mit vier Pferden bespannten Sonnenwagen über den Himmel, nachts allerdings benutzt er für den Rückweg einen goldenen Kahn.

Sonnenschiff und Sonnenwagen

Vom Zugtier zum Reittier ist nur ein kleiner Schritt. Das Pferd, vor allem das weiße Pferd, wurde als sonnenhaftes Wesen und als Reittier der Götter angesehen. Odin durchreitet die Welten der Weltesche mit Windeseile auf seinem achtfüßigen Pferd Sleipnir, "dem besten von allen Pferden".

Sonnentiere: das Pferd

Ebenso wurde der Hirsch als ein sonnenhaftes Tier angesehen, vielleicht wegen seines Geweihes, das vielen Völkern als Symbol der Sonnenstrahlen erschien. Der Kampf des Hirsches mit anderen Tieren symbolisiert den Kampf des Lichtes mit der Finsternis. Der Wagen der Artemis wurde von vier Hirschkühen mit goldenem Gehörn gezogen[240]. Ihrem indischen Götterkollegen Wischnu diente Garuda als Reittier, ein adlerartiger Vogel, Fürst der Vögel und Feind der Schlangen.

Der Hirsch

Ein weitbekanntes Symboltier mit zumeist sonnenhafter Bedeutung ist der Löwe. Die Beziehung zur Sonne lieferte wohl die goldgelbe Farbe des Löwenfelles und die strahlenartige Mähne, die das Haupt des männlichen Tieres schmückt, aber auch die physische Kraft, die der Löwe verkörpert. In Ägypten gibt es Darstellungen von jeweils zwei Löwen, die einander

Der Löwe

den Rücken zuwenden. Sie versinnbildlichen den Aufgang und den Untergang der Sonne, Osten und Westen, Gestern und Morgen[241].

Die Schlange In gewisser Hinsicht muß auch die Schlange, die bei den meisten Völkern eine wichtige und vielseitige Rolle als Symboltier spielt, als ein "Sonnentier" angesehen werden. In Ägypten begleitet die Schlange als Zeichen der Unsterblichkeit das Bild des Osiris, des Gottes der untergehenden Sonne. In Persien wurde der Lichtgott Ormuzd und sein Gegenspieler Ahriman als zwei auf den Schwänzen aufrecht stehende Schlangen dargestellt, die sich mit ihren Zähnen an dem zwischen ihnen befindlichen Weltei festgebissen haben und um dessen Herrschaft beide streiten.

Der Hahn Bei Syrern, Griechen und Ägyptern galt der Hahn, der morgendliche Künder der Sonne, als Sonnensymbol. Wegen seines schillernden Gefieders und seines feuerroten Kammes war er auch ein Feuersymbol. In Japan glaubte man, erst der Hahnenschrei rufe jeden Morgen die Sonnengöttin aus ihrer Höhle hervor. Die christlichen Gemeinden setzten den Wetterhahn auf ihre Kirchtürme als Symbol der Auferstehung am jüngsten Tag. Außerdem versinnbildlicht er den Sieg des Lichtes Christi über die Macht der Finsternis. Schließlich erinnert er auch an das Wort Jesu an Petrus: "Ehe der Hahn kräht, wirst du mich dreimal verleugnen"[242]. So mahnt der Hahn auch zur Treue und zur Wachsamkeit im Glauben.

Die Spinne Ein Symboltier mit sehr gegensätzlichen Bedeutungen ist die Spinne. In Indien wird sie als Sinnbild der Weltordnung angesehen wegen ihres kunstvollen, radial angelegten Netzes und ihrer zentralen Position darin. Weil sie die Fäden ihres Netzes aus sich selbst hervorbringt wie die Sonne ihre Strahlen, gilt sie auch als Sonnensymbol. Unter diesem Gesichtspunkt kann das Netz auch die Emanation des göttlichen Geistes versinnbildlichen.

Pflanzliche Symbole Jede Blüte hat etwas Sonnenhaftes. Ihr Erscheinen und Verschwinden erinnern an Sonnenaufgang und Sonnenuntergang. Ihr Leuchten läßt sie als Abbild des Tagesgestirnes erscheinen. Ihre Blätter ähneln den Sonnenstrahlen. Die Heilkraft vieler Blüten ist verwandt mit der Segenskraft der Sonne. So ist es verständlich, wenn in symbolischen Darstellungen solare und pflanzliche Motive große Ähnlichkeit miteinander haben, vielfach ineinander übergehen und miteinander verwechselt werden. Einige Pflanzen sind in besonderer Weise zu Sonnensymbolen geworden.

Die sagenumwobene Sonnenblume mit ihrer goldgelben Riesenblüte und ihren strahlig angeordneten Blütenblättern ist in verschiedenen Kulturen zum Sonnen- und Hoheitssymbol geworden. Ihre Eigenschaft, ihren Blütenkelch stets der Sonne zuzuwenden, hat sie auf christlichem Boden auch zum Sinnbild der Seele gemacht, die ihre Gedanken und Gefühle auf Gott richtet. Insofern ist sie auch ein Symbol des Gebets. *Die Sonnenblume*

Ähnlich wie die Sonnenblume wird auch die in Hausgärten sehr oft anzutreffende Ringelblume wegen ihrer goldgelben und strahlenkranzähnlichen Blüten als Abbild der Sonne gedeutet. Im Volksmund wird sie auch "Sonnenbraut" genannt. Als heilkräftiges Kraut bei vielen Krankheiten war und ist die Ringelblume hoch angesehen. Nicht zuletzt wegen ihrer heilenden Kräfte erscheint sie auf mittelalterlichen Tafelbildern als Marienattribut und Symbol der Erlösung. *Sonnenbraut*

Ebenso wurde der weitverbreitete Löwenzahn in der Kunst des Mittelalters wegen seiner Heilkraft und wegen der leuchtenden und sonnenartig strahlenden Blüten Christus und der Maria zugeordnet. *Der Löwenzahn*

Bei den Ägyptern und Indern ebenso wie bei den Chinesen, Japanern und anderen asiatischen Völkern spielt der Lotos oder die Seerose als kosmische Symbolpflanze eine große Rolle. Die geöffnete Lotosblüte schwimmt tagsüber auf dem Wasser, des Abends schließt sie sich und zieht sich ins Wasser zurück, aus dem sie erst bei Sonnenaufgang wieder auftaucht und sich öffnet. Diese Vorgänge erinnern an die Sonne, ihren Aufgang und Untergang und an das Leuchten und Strahlen des Tagesgestirnes. Darüber hinaus gilt die geöffnete Blüte als *Der Lotos*

Sinnbild der Schöpfung und - wegen ihrer acht Blätter - als Symbol aller Himmelsrichtungen und der kosmischen Harmonie. Brahma wird meist auf einem Lotosblatt und Buddha auf einer Lotosblüte bzw. aus ihr hervorgehend dargestellt. Eine Hindulegende erzählt, daß Brahma jedes Jahr sechs Monate wachte und die andern sechs Monate in einer Lotosblüte von außerordentlicher Größe und Schönheit schlief[243]. Dies könnte eine Erinnerung daran sein, daß jenseits des Polarkreises die Sonne jeweils ein halbes Jahr lang sichtbar bzw. unsichtbar ist. Somit spräche dieser Mythus für H.K.Horkens These, daß "hinter dem Eis" der Eiszeit, am nördlichen Rand des eurasiatischen Kontinents, also etwa auf der Breite des Polarkreises, Menschen gewohnt haben, die in den Zwischeneiszeiten nach Süden gezogen sind und ihre Erlebnisse und Erfahrungen in die Mythen der heutigen Völker Asiens und Europas eingebracht haben.

Guter Mond 20

Wer "Sonne" sagt, muß auch "Mond" sagen, denn wie jene den Tag regiert, so dieser die Nacht[244]. Tag- und Nachtgestirn erscheinen uns gleich groß, obwohl die Sonne vierhundertmal größer ist als der Mond. Aber der Größenunterschied wird für unser Auge ausgeglichen durch die zufällige Tatsache, daß die Entfernung der Sonne von der Erde ebenfalls vierhundertmal größer ist als der Abstand des Mondes von der Erde[245]. Die Leuchtkraft des Mondes beträgt nur einen winzigen Bruchteil der Strahlungsenergie der Sonne, aber gerade diese Tatsache ließ den Mond nicht selten als das freundlichere Gestirn erscheinen. Franz Grillparzer hat dem in seinem Gedicht "An den Mond" Ausdruck gegeben:

Freund der Romantiker

> *Sanfter als die heiße Sonne*
> *wirkt dein Schimmer Ruh'und Freud',*
> *und erfüllt mit süßer Wonne,*
> *Tröstung und Vergessenheit.*

Unser Auge kann den Blick in die Sonne nicht ertragen, aber den Mond können wir getrost betrachten und uns an seinem milden Licht erfreuen. Und das haben denn auch besonders die Romantiker aller Zeiten gerne und oft getan. Ihnen erscheint der Mond als der vertraute Freund und Mitwisser ihrer einsamen nächtlichen Gedanken und Gefühle. Ein unbekannter Poet singt:

> *Guter Mond, dir darf ich's klagen*
> *was mein banges Herze kränkt*
> *und an wen mit bittern Klagen*
> *die betrübte Seele denkt.*

Matthias Claudius sieht im Mond seine "stille Freundin". Er richtet einen Brief an sie, der mit dem Satz beginnt."Erlauben

Sie, daß ich Sie zur Vertrauten meiner wehmütigen Kummerempfindungen und melancholischen Schwärmereien mache und in Ihren keuschen Schoß weine"[246]. Goethe läßt den verzweifelten Faust ebenfalls sein Wort an den nächtlichen Freund richten:

> O sähst du, voller Mondenschein,
> zum letzten Mal auf meine Pein,
> den ich so manche Mitternacht
> an diesem Pult herangewacht,
> dann über Büchern und Papier,
> trübselger Freund, erschienst du mir.
> Ach, könnt ich doch auf Bergeshöhn
> in deinem lieben Lichte gehn,
> um Bergeshöhle mit Geistern schweben,
> auf Wiesen in deinem Dämmer weben,
> von allem Wissensqualm entladen,
> in deinem Tau gesund mich baden[247].

Eine himmlische Ehe

In den Mythen vieler Völker wird das Verhältnis von Sonne und Mond als Ehe aufgefaßt. Zwar sieht man die himmlischen Ehegatten nie beisammen, aber sie haben ein gemeinsames Heim. Nach Beendigung ihrer täglichen Himmelsreise nimmt sie dieselbe Erde oder dasselbe Meer auf[248]. Die Zeit des Mondwechsels, wenn das Nachtgestirn für einige Tage vom Himmel verschwindet, ist nach verbreitetem Glauben die Zeit der ehelichen Verbindung. Der dann wieder erscheinende zunehmende Mond trägt deutlich das Zeichen der Schwangerschaft. Allerdings sind sich die Menschen in den verschiedenen Erdregionen nicht einig darüber, welcher von den beiden Partnern der männliche und welcher der weibliche Teil ist. Die Deutschen sehen den Mond als männlich und die Sonne als weiblich an. Aber bei den meisten Völkern ist es umgekehrt. Daß der Mond mit seinem silbrigen Schein geeigneter ist als die Sonne, eine weibliche Gottheit darzustellen[249], hat offenbar auch der deutsche Dichter Matthias Claudius empfunden, denn in seinen Briefen an den Mond redet er das Gestirn mit Madam und Freundin an. Das Schwanken des Geschlechts der beiden Himmelskörper hat verschiedene Gründe. Ursprünglich haben die Menschen die Himmelslichter wohl nicht als persönliche Wesen verstanden, sondern als Dinge. Erst später hat die menschliche Phantasie in diesen Dingen männliche oder weibliche Wesen gesehen. Bei der Zuteilung des Geschlechts mag es von Bedeutung gewesen sein, ob ein Volk in den heißen Zonen einer alles verbrennenden Sonnenglut beheimatet war, oder ob es in kühleren Breiten die Sonne als freundliche und mütterliche Helferin und Wohltäterin erlebte. Ferner spielte eine Rolle, daß man die beiden Himmelslichter sich ergänzen lassen wollte. Wo also die Sonne männlich war, mußte der Mond weiblich sein - und umgekehrt. Schließlich setzte man gern die Gottheiten, die die Himmelslichter als leuchtenden Schmuck trugen, mit den Gestirnen gleich und übertrug dann natürlich auch das jeweilige Geschlecht der Gottheit auf sie[250].

Die himmlische Ehe wird keineswegs als eine harmonische Verbindung dargestellt. Bei den Massai wird erzählt: Die Sonne heiratete den Mond. Aber bald bekamen sie Streit miteinander und zerkratzten sich gegenseitig das Gesicht. Die Sonne verdeckte ihre Wunden durch ihren Glanz, aber der Mond trägt sie noch heute offen zur Schau[251]. Offensichtlich dient die Geschichte von dem Ehestreit dazu, die Entstehung der "Narben" auf der Mondscheibe zu erklären. Von einer unglücklichen Ehe hören wir auch bei den nordamerikanischen Indianern: Das Ehepaar Sonne und Mond entzweite sich einst. Die Frau floh, und ihr Gatte setzte ihr nach. Aber bis auf den heutigen Tag hat er sie nicht eingeholt. Die flüchtende Frau ist der Mond, ihr Gatte die Sonne[252]. Dieser Erzählung liegt die Beobachtung zugrunde, daß die beiden Gestirne anscheinend unaufhörlich am Himmel herumjagen, ohne je zusammenzukommen.

Ehestreit

Das gleiche Motiv kehrt in einer Erzählung der Tschiglit-Eskimos wieder. Allerdings ist in dieser Erzählung das Geschlecht von Sonne und Mond vertauscht. Auch handelt es sich in ihr nicht um ein Ehepaar, sondern um Geschwister: Ein Mann lebte zusammen mit seiner Schwester. Da sie sehr schön war, begehrte er sie zur Frau. Bei Nacht besuchte er sie. Um ihn bei Tage wieder zu erkennen, schmierte sie ihm Ruß ins Gesicht. Als sie merkte, daß der Liebhaber ihr eigener Bruder war, floh das Mädchen vor Scham. Er rannte ihr nach. Das Mädchen

Ein schönes Geschwisterpaar

wurde zur glänzenden, strahlenden Sonne, der Bruder zum kalten Mond mit schmutzigem Gesicht. Noch heute rennen sie hintereinander her, und seitdem ist der Mond der Feind der Frauen.- Auch diese Geschichte will die Entstehung der Flekken auf der Mondscheibe erklären[253].

Die Litauer verehren den Mond in seiner natürlichen Gestalt als Gott. Er war mit der Sonne verheiratet. Ihre gemeinsame Tochter war die Erde. Daher erschienen sie niemals zusammen über der Erde[254].

Mond- und Sonnenkinder

In Dahomey und in vielen anderen afrikanischen Gebieten ist folgende Erzählung verbreitet: Mond und Sonne sind rechte Geschwister. Beide hatten viele Kinder. Eines Tages ersann der Mond eine List. Er sagte zur Sonne: "Wir wollen unsere Kinder ins Wasser werfen". Die Sonne war einverstanden. Für die Ausführung der ruchlosen Tat wurde eine Zeit festgesetzt. Aber der Mond versteckte seine Kinder, suchte weiße Kieselsteine und tat sie in einen Sack. Die Sonne merkte nichts von dem Betrug des Mondes. Sie nahm wirklich alle ihre Kinder und steckte sie ebenfalls in einen Sack. Dann machten sie sich auf den Weg und kamen an das Ufer des Flusses. Der Mond schüttete seine Steine in den Fluß. Die Sonne bemerkte den Betrug immer noch nicht und leerte ihren Sack ebenfalls in den Fluß. Darauf gingen beide nach Hause. Als der Tag anbrach, ging die Sonne ganz alleine aus. Aber als die Nacht kam, ging der Mond - wie immer - mit seinen Kindern zusammen aus. Da wurde die Sonne zornig, weil sie ihre Kinder ins Wasser geworfen, der Mond aber die seinen behalten hatte. Wütend stellte die Sonne den Mond zur Rede. Aber der Mond sagte zur Sonne, ihre Kraft sei viel zu groß, und es sei besser für die Welt, daß ihre Kinder im Wasser wären. Nun könnten die Menschen die Sonnenkinder fangen und kochen, damit sie etwas zu essen hätten. Deshalb sind nun Sonne und Mond nicht im Frieden miteinander bis heute[255].

Diese Geschichte will erklären, warum der Mond (Sternen) Kinder bei sich hat, aber die Sonne nicht. Was die Fische mit der Sonne zu tun haben, wird erst verständlich, wenn man weiß, daß in der Dahomeysprache die Fische "Sonnenkinder" heißen. Die Geschichte erklärt also auch, wie die Fische ins Wasser gekommen sind[256].

Der Mond als Vater, der Mond als Mutter - die Ojibwa schreiben ihm noch eine weitere bemerkenswerte familiäre Funktion zu: der Mond als Großmutter. Der Mythus erzählt: Die erste aller Mütter gebar ihre Kinder und zog sie zu Mann und Frau heran. Als sie ihren Zweck erfüllt und ihre Natur verwirklicht hatte, kehrte sie in ihre eigene Welt zurück. Aber vor ihrem Aufstieg sagte sie zu ihren Kindern, sie würde sie niemals vergessen. Sie versicherte ihnen, sie würde nachts durch den Mond über sie wachen. Die Kinder ihrerseits versprachen, sich immer an die erste Mutter zu erinnern, wenn der Mond am Himmel stand. Am Tage sahen Vater Sonne und Mutter Erde nach den Kindern; nachts schien Großmutter Mond am Himmel und lenkte die Pfade der Menschen. So wird immer wieder an die überragende Bedeutung des Weiblichen erinnert[257].

Der Mond als Großmutter

Nachdem der Schritt von der dinglichen zur persönlichen Auffassung von Mond und Sonne getan war, lag es nahe, in den beiden Gestirnen mächtige Gottheiten zu erblicken, die zu verehren Pflicht und Wunsch der Menschen war. Dabei ist bemerkenswert, daß möglicherweise die Göttin des Mondes früher verehrt wurde als der Sonnengott. Wahrscheinlich hängt das damit zusammen, daß in einem frühen Stadium der menschlichen Gesellschaft die Überzeugung herrschte, daß das Tageslicht nicht von der Sonne stamme. Man erlebte, daß es schon vor dem Aufgang der Sonne hell wurde und es nach ihrem Untergang noch mehr oder weniger lange hell blieb; daß es auf der Erde hell war, auch wenn die Sonne von Wolken verdeckt und unsichtbar war. Man schloß aus solchen Beobachtungen, daß das Tageslicht von der Sonne unabhängig sei und irgendeinen andern Ursprung haben müsse.

Vorrang des Mondes vor der Sonne

Im Schöpfungsbericht der Bibel[258] haben wir anscheinend noch eine Spur von dieser frühmenschlichen Überzeugung. In dem Bericht von dem Sechstagewerk Gottes heißt es am ersten Schöpfungstage: "Und Gott sprach: Es werde Licht ! Und es ward Licht !" Aber Sonne, Mond und Sterne werden erst am vierten Schöpfungstag erschaffen. Hinzu kam bei vielen südlichen Völkern das Erlebnis von der verheerenden Kraft der Sonnenhitze. Hingegen wurde dem Monde mit seiner Fähigkeit, dunkle Nachtstunden zu erhellen, eingeräumt, menschenfreundlicher und von größerer Kraft und Bedeutung zu sein als die Sonne. Jedenfalls wurde in den meisten alten Völkern der Mond lange vor der Sonne verehrt[259]. Die Vergöttlichung des Mondes geschah unter vielen Namen: Astarte, Ischtar, Aschera, Kybele, Diana, Isis, Hekate, Mani, Artemis, Alilat, Lenanah, Juno, Luna, Lucina, Selene und andere. Die alten Ägypter verehrten den Mond als Mutter der Welt.

Mondverehrung und Matriarchat

Scott weist darauf hin, daß die Mondverehrung streng verbunden war mit der dominierenden Bedeutung der Frau, während die Sonnenanbetung mit der Herrschaft des Mannes verbunden ist. Dieser Gedanke findet sich auch schon bei Johann Jakob Bachofen, der aufgrund seiner literarischen Forschungsarbeit im 19. Jahrhundert zu der Überzeugung kam, daß der Herrschaft des Mannes eine gynaikokratische Gesellschaftsform voranging, auch Matriarchat genannt: Mutterherrschaft. Bachofen schreibt: "das eheliche Mutterrecht erscheint stets und ausnahmslos an die kultische Bevorzugung des Mondes vor der Sonne geknüpft...Mutter zugleich und Quelle der Lehre ist Luna, wie wir sie auch in den dionysischen Mysterien finden, in beiden aber Prototyp der gynaikokratischen Frau"[260]. Lange Zeit hindurch wurde die These von der Herrschaft der Frau in der Frühzeit der menschlichen Gesellschaft als eine bedeutsame Entdeckung angesehen. Neuerdings neigt man zu der Meinung, daß Bachofen sich geirrt habe. "Heute ist man (unter Anthropologen) allgemein der Auffassung, daß das Matriarchat ein Mythos ist", erklärte die französische Anthropologin Francoise Heritier auf der Pariser Konferenz über die Wirklichkeit der Frau. "Die matriarchalischen Gesellschaften haben nie wirklich existiert"[261].

Spender des Lebenselixiers

Wie dem auch sei: wahrscheinlich bleibt jedenfalls die Bevorzugung des Mondes vor der Sonne auf einer frühen Stufe der gesellschaftlichen Entwicklung des Menschen. In dem Denken jener Zeit waren Mond und Erde eng verbunden. Jede Mondgottheit war zugleich eine Erdgottheit[262] und eine Gottheit der Fruchtbarkeit. Wie der Mensch auf die Sonne und den Himmel sah als auf die großen Fruchtbarkeitsmächte, so auch auf den Mond. Und Empfängerin dieser Fruchtbarkeitsmacht war die Erde. In Indien gilt der Mond als Spender des kühlen

Nasses, durch welches Pflanzen und Tiere erfrischt werden, nachdem das Lebensfluidum am Tage von der verzehrenden Sonne ausgetrocknet ist. Der Mond ist die strahlende Schale, aus der die Götter Amrita, das Unsterblichkeitselixier, trinken[263]. Der Mond ist überhaupt der Herr aller Gewässer. Er sendet Tau und Regen, aus denen der Saft der Pflanzen, die Milch der Kuh und das Blut der Menschen und Tiere wird. Amrita, Saft der Pflanzen, Milch und Blut stellen nur verschiedene Zustände desselben Elixiers dar, dieses unsterblichen Fluidums, das der Mond aus seiner Schale ausgießt zum Gedeihen aller irdischen und himmlischen Wesen. "Die eindrucksvollsten und am meisten wohltätigen seiner Manifestationen auf Erden sind die großen Ströme und unter ihnen besonders die heiligen drei: Ganges, Jumna und Saraswati"[264]. Solche und ähnliche Gedanken sind aber nicht nur in Indien, sondern auf der ganzen Welt verbreitet. Auch im deutschen Volksglauben ist es der Mond, der den Tau sendet. Erinnert sei auch in diesem Zusammenhang noch einmal an die bereits zitierte Stelle aus Fausts Nachtmonolog, wo Faust sich im Blick auf den Vollmond wünscht:

> *Ach, könnt ich doch auf Bergeshöhn*
> *in deinem lieben Lichte gehn,...*
> *von allem Wissensqualm entladen*
> *in deinem Tau gesund mich baden.*

In Peru ist der Mond die Göttin des Meeres und der Winde. Im alten Mexiko glaubte man, daß "dieser Planet alles wachsen und sich vermehren läßt und daß alle Flüssigkeiten ihm untertänig seien"[265]. Weit verbreitet ist die Überzeugung, daß es beim Mondwechsel regnet[266]. Bei den Kurnai (Australien) wird der Frosch als "Mondtier" angesehen, das alles Wasser in sich hat. Ein Mythus erzählt: Die Tiere bemühten sich vergeblich, den Frosch zum Lachen zu bringen. Aber als die Schlange (Symbol des Blitzes) anfing, sich zu drehen und zu wenden, ließ der Frosch alles Wasser auslaufen, und es gab eine große Überschwemmung.

Ein Motiv, das sicher auch beigetragen hat zur Bildung des Mythus von der Wachstumskraft des Mondes ist die Beobachtung, daß dieses Gestirn alle vier Wochen "stirbt" und doch

Mondphasen

immer wieder zu seiner Fülle heranwächst[267]. Überhaupt haben die Mondphasen, das Ab- und Zunehmen des Gestirns, die Phantasie der Menschen schon immer beschäftigt. Die Phasenbildung ist *die* lunare Erscheinung, die jedem Naturbeobachter am meisten auffällt. Dabei ist es erstaunlich, wie genau solche Beobachtungen auch bei "Primitiven" oft sind und mit welcher Feinheit sie zu praktischen Lebensregeln verarbeitet werden. Oskar Rühle hat berichtet, wie die Taulipang in Britisch Guyana ihre Beobachtungen und Gedanken über die Mondphasen in einen menschlichen Rahmen gespannt haben: Der Mond hatte zwei Frauen, eine im Osten und eine im Westen. Er war aber immer nur mit einer zusammen. Einst sagte die im Osten zu ihm: "Geh zur andern, damit du wieder fett wirst!" Er ging nach Westen. Als er ganz fett war, ging er wieder zur östlichen. Da wurde er wieder mager. Er zog wieder westwärts u.s.w. Die Frauen waren natürlich eifersüchtig und mieden sich deshalb. "Das soll Sitte bleiben bei den Taulipang". Nach Koch-Grünberg, der dieses Märchen aufgezeichnet hat, sind unter den zwei Frauen die Planeten Venus und Jupiter zu verstehen. Die Frau im Osten ist der Morgenstern Venus, die Frau im Westen der Jupiter. Venus repräsentiert die magere Phase; sie ist morgens sichtbar. Ebenso erscheint der abnehmende Mond am Morgenhimmel. Jupiter, die westliche Frau, die den Mond wieder dick macht, steht am Abendhimmel. Ebenso der zunehmende Mond. Sehr fein ist die Beobachtung verwertet, daß Jupiter und Morgenstern nie zugleich sichtbar sind. Damit ist ein soziologisches Moment verbunden. Das Beispiel des Mondes wird als Grund für die häufige Bigamie angegeben. Um die Eifersucht unmöglich zu machen, soll man die Frauen voneinander fernhalten, wie der Mond seine beiden Frauen wohlweislich auseinanderhält[268].

Nächtlicher Zauber   Der stete Wechsel der Gestalt des Mondes, die Erkenntnis, daß dieses Gestirn, im schroffen Gegensatz zur Sonne, sich nie gleich bleibt, hat den Mond in der Auffassung vieler Völker zu einem trügerischen, kurzlebigen und wankelmütigen Gesellen gemacht. In seinem schwachen Licht erhält alles Kurzlebig-Geisterhafte sein Leben und seine Kraft, um, wenn die kraftvolle, helle, klare Sonne aufgeht, leblos ins Nichts zurückzusinken. Daher die Beziehung des Mondes zu allem Spuk, Geister- und

Zauberwesen, aber auch zur Narrheit, als etwas, das wankelmütig ist wie der Mond[269].

Das Ab- und Zunehmen des Mondes, verbunden mit der Meinung, man könne die Wesen um sich her zu einem Mitstehen unter dem eigenen Schicksal zwingen, hat mancherlei abergläubische Anschauungen und Bräuche hervorgerufen. So soll beispielsweise das Pflanzen und Säen im Garten und auf dem Acker zur Zeit zunehmenden Mondlichtes vorgenommen werden, damit die Gewächse gedeihen. Auch eine Wiese sollte - gemäß dieser Anschauung - bei zunehmendem Mondlicht gemäht werden, damit das Gras rasch wieder nachwächst. Das Gleiche gilt auch für das Schneiden der Haare, weil, bei abnehmendem Mondlicht vorgenommen, der Haarwuchs ausbleiben würde. Eine Warze oder Beule muß hingegen bei schwindendem Licht behandelt werden, damit die krankhaften Auswüchse wieder verschwinden. Auch die Entwicklung des Wetters soll angeblich durch das Zunehmen und Abnehmen des Mondes beeinflußt werden. Heinz Haber hat jedoch überzeugend dargelegt, daß die Mondphasen keine geeignete Grundlage für eine ernsthafte Wettervorhersage abgeben, weil der Einfluß des Mondes auf die Witterungsabläufe praktisch gleich Null sei[270]. Und genau so verhält es sich gewiß auch mit den magischen und abergläubischen Praktiken, bei denen der Mond eine Rolle spielt.

Mondaberglaube

In der Edda ist das sogenannte "Alwislied" überliefert. In der 13.Strophe fragt Thor den Zwerg Alwis:

Der Mond als Zeitmesser

> *Sage mir, Alwis, -*
> *von allen Weltreichen*
> *weißt, Zwerg, du wohl -*
> *wie man den Mond heißt,*
> *den die Menschen sehen,*
> *bei den Bewohnern jeder Welt ?*

Alwis braucht sich nicht zu besinnen: geschwind antwortet er:

> *"Mond" bei den Menschen,*
> *"Mindrer" bei den Göttern,*

> *"Himmelsrad" bei Hel,*
> *"Eiler" bei den Riesen,*
> *bei den Alben "Schein",*
> *bei den Zwergen "Zeitmesser".*

So wenig geeignet der Mond als Wetterprophet ist, so wichtig war vorzeiten seine Funktion als einzigartiger und zuverlässiger Zeitmesser. Den regelmäßigen Auf- und Untergang hat der Mond allerdings mit der Sonne gemeinsam. Aber der in 28 Tagen sich vollziehende Umlauf gestattete es, eine größere und dennoch leicht überschaubare Zeiteinheit zu bilden: den Monat oder "Mond", wie er im Deutschen früher genannt wurde. Offenbar war der Monat lange Zeiten hindurch die größte Zeiteinheit, die man kannte, bis dann in späterer Zeit das Sonnenjahr mit 12 Monaten "erfunden" wurde.

Die biblischen Patriarchen

Eine Erinnerung an die Zeitrechnung nach Mondumläufen haben wir möglicherweise in der Bibel. In der Genesis[271] wird uns von sagenhaft hohen Lebensaltern der Patriarchen vor der Sintflut berichtet:

Adam	*930 Jahre*
Set	*912 Jahre*
Enosch	*905 Jahre*
Kenan	*910 Jahre*
Mahaleel	*895 Jahre*
Jared	*962 Jahre*
Henoch	*365 Jahre*
Methusalem	*969 Jahre*
Lamech	*777 Jahre*
Noah	*950 Jahre*

Nimmt man an, daß diese Zahlen stimmen, daß aber ursprünglich nicht Sonnenjahre gemeint waren, sondern Mondumläufe, so müßten die angegebenen Zahlen durch 12 geteilt werden, um Sonnenjahre zu erhalten. Bei einer solchen Umrechnung ergibt sich ein durchschnittliches Lebensalter für die vorsintflutlichen Patriarchen von 76 Jahren. Das entspricht genau der Regel, die das Alte Testament selber aufgestellt hat: "Des Menschen Leben währet 70 Jahre, und wenn`hoch kommt, so sind`s 80 Jahre"[272].

Für die Patriarchen nach der Sintflut werden ebenfalls hohe Lebensalter genannt, die allerdings erheblich geringer sind als die vorsintflutlichen:

Sem	*600 Jahre*
Arpachsad	*438 Jahre*
Schelach	*433 Jahre*
Heber	*464 Jahre*
Peleg	*239 Jahre*
Reu	*239 Jahre*
Serug	*230 Jahre*
Nachor	*148 Jahre*
Terach	*205 Jahre*
Abraham	*175 Jahre*
Ismael	*137 Jahre*[273]

Diese Zahlen weisen deutlich eine fallende Tendenz auf. Es sieht so aus, wie wenn sie von späteren Autoren der Bibel "frisiert" worden seien, um einen Übergang von den vermeintlich hohen Lebensspannen der älteren Patriarchen zu denen der nachsintflutlichen Menschheit zu bekommen. Der letzte in dieser Reihe, Ismael mit seinen 137 Jahren, nähert sich der Gen.6/3 genannten Altersgrenze: "Da sprach Jahve: Nicht soll mein Geist im Menschen ewig mächtig sein, da er Fleisch ist. Sein Leben soll nur 120 Jahre betragen".

Bei der Zeitrechnung nach dem Monde hatte man natürlich das Bedürfnis, auch Zeiteinheiten von kürzerer Dauer als einen Monat zu besitzen. So teilte man einen Mondumlauf in zweimal vierzehn Tage. Die erste dieser beiden Phasen konnte man am zunehmenden Mond und die zweite am abnehmenden Mond erkennen. Spuren von dieser ehemaligen Zeiteinteilung finden wir noch in alten Begriffen, Redensarten u.s.w. Im Englischen ist a fort'night (eigentlich: fourteen nights = vierzehn Nächte) ein heute noch gern gebrauchter Begriff, der einen Zeitraum von zwei Wochen oder einem halben Monat bedeutet. Und wenn wir in unserer Umgangssprache lieber von "vierzehn Tagen" reden als von "zwei Wochen", so weist diese Tatsache ebenfalls zurück auf die Zeit, da noch nicht die Sonne, sondern der Mond die Zeitrechnung bestimmte. Ver-

Vierzehn Tage

mutlich ist auch das Kindernachtgebet eine Erinnerung an die Mondzeit:
> *Abends, wenn ich schlafen geh`,*
> *vierzehn Englein um mich stehn...*[274]

Weil damals der "Kalender", eben der Mond mit seinem hellen Schein, nur nächtlicherweise zu sehen war, so zählte man auch nicht eigentlich die Tage, sondern die Nächte. In Begriffen wie Weihnacht und Fasnacht haben sich Reste dieser Sitte bis heute erhalten.

Die Woche   Außer der Unterteilung in vierzehntägige Zeiteinheiten kam auch schon bald die heute übliche Woche zu sieben Tagen in Gebrauch, die einfach durch weitere Halbierung des Halbmonats gewonnen wurde. Daneben gab es aber auch, beispielsweise in China, die Woche zu neun Tagen. Der Dreisproß ist ein Symbol des Monats, der bei dieser Einteilung natürlich nur drei Wochen haben konnte. Aber auch in der Überlieferung der indo-europäischen Völker gibt es reichlich Anzeichen für das ehemalige Vorhandensein nicht nur des dreiwöchigen Monats, sondern auch des sechswöchigen Doppelmonats, der durch den Sechssproß versinnbildlicht wurde. Allgemein durchgesetzt hat sich nur der Monat mit vier Wochen zu je sieben Tagen. Offenbar entspricht der Rhythmus von sechs Tagen und einem Feiertag am meisten dem leiblich-seelischen Bedürfnis des Menschen nach einem ausgewogenen Verhältnis von Arbeit und Ruhe. Sicher hat auch der biblische Bericht von dem Sechstagewerk Gottes bei der Erschaffung der Welt einen Einfluß auf diese Entwicklung gehabt.

Neumond   Bei der großen Beliebtheit des Mondes und bei der praktischen Bedeutung, die er für das Leben der Menschen in alten Zeiten hatte, empfand man es jedesmals als einen Schock, wenn der gute Freund unsichtbar wurde. Man fragte sich angstvoll, wo er nun geblieben, ob ihm etwas zugestoßen sei, und ob er überhaupt wieder erscheinen werde. Abgesehen von seinem täglichen Untergehen, das zu seiner bekannten und gewohnten Existenz gehört, verschwindet der Mond bei zwei weiteren Gelegenheiten, bei Neumond und bei Mondfinsternis. Wenn nach achtundzwanzigtägiger Reise das Nachtgestirn als ganz schmal gewordene Sichel hinter dem Horizont verschwindet, dann meinen viele Völker, nun sei der Mond von einem Ungeheuer verschlungen worden oder er sei gestorben. Bei den Massai versammelt sich der ganze Stamm beim Tod des Mondes. Ein Mann beklagt mit lauter Stimme das Schicksal des Mondes. Und immer wieder stimmt der ganze Chor ein und ruft so lange den Mond ins Leben zurück, bis er wieder erscheint[275].

Eine Mondfinsternis war wohl ein noch schrecklicheres Erlebnis als der Neumond. Denn erstens kommt eine solche viel seltener vor als der Mondwechsel; sodann verschwindet das Gestirn völlig unerwartet Stück für Stück am hohen Himmel vor den Augen der entsetzten Erdenbewohner. Diese dachten, daß Dämonen den himmlischen Freund in Bedrängnis brächten. Um die bösen Geister zu vertreiben, schoß man mit Pfeil und Bogen in den Himmel, machte einen ohrenbetäubenden Lärm und übte viele andere Bräuche, um den Mond zu retten. Sicher war es für die Menschen ein großes Erfolgserlebnis, daß ihre Bemühungen um Rettung des Mondes stets von Erfolg gekrönt waren! *Mondfinsternis*

Unter den lunaren Phänomenen haben auch die mit bloßem Auge auf der Oberfläche des Mondes sichtbaren Flecken die Phantasie der Menschen angeregt. Wir wissen heute, daß die Flecken von den Unebenheiten herrühren, mit denen das Gestirn übersät ist, von den Gebirgen, Kratern und wasserlosen "Meeren". Vorzeiten aber hat man in den Flecken die Konturen von allerlei Geschöpfen gesehen. Die häufigste Erklärung geht dahin, daß ein Mensch in den Mond versetzt worden sei. In Nordamerika wird mit Vorliebe ein weibliches Wesen hineingedeutet. In der Kosmogonie der Wyandott-Indianer wird eine alte Frau in den Mond hinaufgeschleudert, weil sie schadenfroh war. Die Tlatlasikoala sehen ein junges Mädchen in der Mondfigur. Sie erzählen: Eine Frau hatte eine wunderschöne Tochter. Die wollte den Mondmann heiraten. Einst bat er bei dieser Frau um einen Schluck Wasser. Als die Tochter es ihm in einem Eimer reichte, nahm er sie und entführte sie an den Himmel, wo sie mitsamt ihrem Eimer bis zum heutigen Tage zu sehen ist[276]. Der Mythus von dem Mädchen im Monde mit *Die Mondflecken* seinem Wassereimer bestätigt die Beobachtung, daß in den Mythen aller Völker eine enge Beziehung zwischen den Begriffen "Mond" und "Wasser" besteht.

Der Mann im Mond   In Deutschland ist allgemein die Vorstellung vom "Mann im Mond" verbreitet. Meist handelt es sich um einen Übertreter der Gebote Gottes, insbesondere des Gebotes der Sonntagsheiligung. In der Lausitz hat der Mann im Mond am Sonntag Mist gebreitet. Im Havelland soll er am Sonntag Holz gestohlen haben. Auch die Schwarzwaldbewohner sehen im Mond einen Mann mit Reisigbündel. Er ist in den Mond versetzt, weil er das Reisig während der Gottesdienstzeit sammelte. In derber volkstümlicher Redeweise kommt es auch heute vor, daß man einen widerlichen Menschen in den Mond wünscht. "Den sollte man auf den Mond schießen!" - in diesem Satz haben wir in moderner Form das alte Motiv vom Mann im Mond.

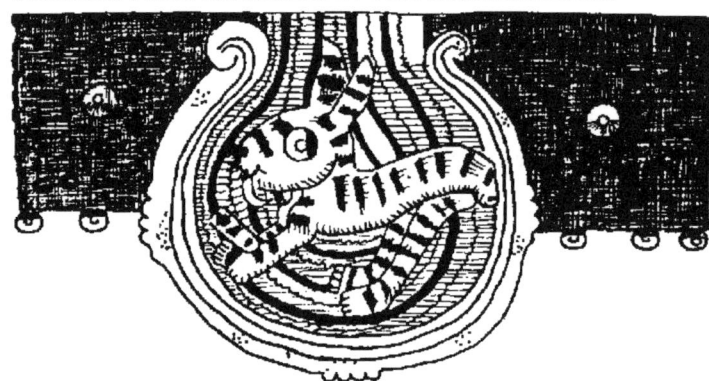

105
Das große Kaninchen Mänabosho, Kulturheros der Algonkin-Indianer, als Mondhieroglyphe

Aber nicht immer sind es menschliche Gestalten, die in den Mond hineingesehen werden. Bei den Algonkin-Indianern ist es das große Kaninchen Mänabosho, ein berühmter Kulturheros.

Mondtiere   Überhaupt werden sehr viele Tiere mit dem Mond in Verbindung gebracht. Im alten Mexiko hatte der Jaguar einen starken lunaren Symbolgehalt. Er war das Raubtier, das bei Mondwechsel das Gestirn verschlang und für die dadurch entstehende Dunkelheit verantwortlich war. Bei anderen Völkern wurde dem Leoparden oder dem Tiger das Verschlingen des Mondes angelastet. In China ist der Tiger der Dämon der Dunkelheit und des Westens, wo die Sonne untergeht[277]. Oftmals werden auch lunare und solare Symbole verwechselt und

*106
In China wurde der Tiger als Dämon der Dunkelheit für das Verschwinden des Mondes bei Neumond oder Mondfinsternis verantwortlich gemacht (Chinesische Säulengravur)*

vertauscht[278]. Dabei sind gewiß häufiger die alten Mondmythen und -symbole in die jüngere Sonnenmythologie übergegangen als umgekehrt. Die Tatsache, daß der Mond häufig verschwindet und wieder auftaucht, ist die Ursache dafür, daß man ihn in Beziehung setzte zu Tieren, die sich Höhlen bauen oder natürliche Höhlen zum Wohnen benutzen. Das scheinbare Verschwinden in der Erde und das Wiedererscheinen hat das Gestirn gemeinsam mit dem Hasen, dem Kaninchen, dem Fuchs und anderen Tieren. In China wird vor allem der Bär mit dem Mond in Verbindung gebracht. Außer der Tatsache, daß auch er sich in Höhlen verkriecht, hat wahrscheinlich auch sein Brummen dazu beigetragen, ihn in die Nähe des Mondes zu rücken. Denn sein Brummen erinnert an den Donner, der viele Regenfälle, vor allem angeblich bei Mondwechsel, begleitet. Da der Mond aber Herr des Wassers und des Regens ist, bekommen auch Blitz und Donner lunaren Charakter. Das irdische Bild des Blitzes ist die Schlange. Die Vergleichspunkte sind wohl die Form und die Schnelligkeit ihrer Bewegungen. Aber auch hier überlagern sich zwei verschiedene Aspekte. Die Schlange gilt durchweg auch als phallisches Symbol. Phallische Symbole sind immer Fruchtbarkeitssymbole. Fruchtbarkeit aber wird vom Mond geschenkt, eben durch die Sendung von Tau und Regen. So wird die Schlange zu einem Symboltier, das

*107
Die gefiederte Schlange läßt aus ihrem Maul den Hasen hervorgehen (den Mond) (vorkolumbisches Mexiko)*

GUTER MOND 181

108
Altorientalischer Rollsiegelzylinder mit Sonne, Mond und Fisch als Fruchtbarkeitssymbolen

immer wieder im Zusammenhang mit dem Monde dargestellt und verehrt wurde.

Ein anderes phallisches Symbol ist der Fisch. Auf orientalischen Rollsiegeln, Ziegeln und anderen Denkmälern erscheint er sehr oft in Verbindung mit dem Mond. Er ist verantwortlich für die Fruchtbarkeit der Frauen. Eine indische Legende erzählt: An einem Königshof wurde ein Fisch gekocht. Die Kuh, welche die Brühe trank, wurde tragend. Die Dienerin, die von dem Fisch kostete und die Königin, die ihn aß, wurden schwanger und kamen am gleichen Tage nieder[279].

Erwähnt seien in diesem Zusammenhang auch der Steppenhund und das Wildschwein. Beide symbolisieren den vom Mond gesandten Blitz, vielleicht weil sie - wie dieser - blitzschnell "zupacken" und Schäden und Wunden verursachen können.

Lunare Sinnbilder

In der Ruinenstätte von Schusch (Iran) hat man bemalte Keramiken gefunden, die eine reiche lunare Symbolik aufweisen. Neben kreisrunden Monddarstellungen findet sich auch die berühmte "Doppelaxt" in verschiedenen Ausführungen. Nach Hentze stellt dieses Zeichen den Ablauf der Mondphasen dar, ebenso wie auch die Doppelspirale und die Doppelvolute. Es wurde schon darauf hingewiesen, daß die gleichen Zeichen nicht selten auch dem andern großen Himmelsgestirn zuerkannt werden. Wir werden uns also nicht wundern, wenn einige von den genannten Symbolen auch in der solaren Symbolik auftauchen.

Auf den Keramiken von Susa I findet sich in Verbindung mit dem Mond auch sehr oft ein Zeichen, das wie ein Kamm aussieht. Es handelt sich um die schematisierte Darstellung einer Wolke, aus der Regen fällt. Das Zeichen gehört also in die Familie der lunaren Fruchtbarkeitssymbole. Ebenfalls dazu gehört das auch heute noch vielfach im gleichen Sinn verwendete Symbol für die auf der Erde stehenden oder fließenden Gewässer: eine Anzahl von übereinander angeordneten Schlangenlinien.

109
Bemalte Keramik aus Susa I:Die kammähnlichen Gebilde symbolisieren Wolken, aus denen Regen fällt

Auf mykenischen Denkmälern erscheinen häufig in mehr oder weniger realistischer oder stilisierter Darstellung gehörnte Stierköpfe. Die Hörner gelten aufgrund ihrer Ähnlichkeit mit der Mondsichel als lunare Symbole. Unterstrichen wird der lunare Charakter dieses Zeichens durch die zwischen den Hörnern plazierte Doppelaxt.-

Das Zeichen der vorderorientalischen Mond-, Fruchtbarkeits- und Liebesgöttin Astarte ist der Rhombus oder die Raute. Dieses Zeichen stellt nichts anderes dar als die Vulva, das weibliche Geschlechtsorgan. Sehr häufig finden wir die Raute zusammen mit anderen lunaren Symbolen abgebildet, etwa mit der Mondsichel oder dem Fisch. Auf dem Fragment eines altchinesischen Grabziegels finden wir reihenweise die Raute in Ton abgebildet und daneben, ebenfalls reihenweise, den Fisch. Hentze hat überzeugend dargelegt[280], daß es sich um die zusammen mit anderen lunaren Zeichen dargestellten Symbole der weiblichen und männlichen Sexualorgane handelt. Auch auf orientalischen Rollsiegeln finden sich beide Zeichen nebeneinander. An die Stelle des Rhombus tritt häufig ein spitzer Winkel, zwischen dessen Schenkeln sich der Fisch befindet, ein Symbol, das keiner weiteren Deutung bedarf.

110
Bemalte Keramik aus Susa I mit Fruchtbarkeitssymbolen

Nach Hentze ist das im lunaren Symbolismus häufig verwendete gitterartige Rautenmuster einerseits das Zei-

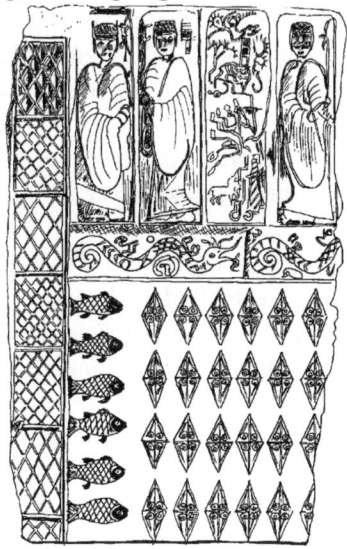

111
Fragment eines altchinesischen Grabziegels mit symbolischen Rauten und Fischen

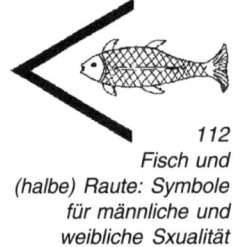

112
Fisch und (halbe) Raute: Symbole für männliche und weibliche Sxualität

chen für die Dunkelheit des Neumonds, andererseits aber auch Hinweis auf weibliche Sexualität. Das ruft in Erinnerung die Vorstellung, daß die eheliche Verbindung von Sonne und Mond während der dunklen Zeit des Neumondes stattfindet. Der Beobachtung, daß sowohl männliche als auch weibliche Sexualität mit dem Mond in Zusammenhang gebracht werden, liegt - abgesehen von dem Gedanken der Fruchtbarkeit - auch die Idee zugrunde, der Mond sei ein androgynes Wesen, das aufgrund seiner Zweigeschlechtlichkeit in der Lage sei, sich immer wieder aus sich selbst heraus zu erneuern.

Der Frauenfeind

113
Das gitterartige Rautenmuster: Symbol für die Dunkelheit des Neumonds und weibliche Sexualität

"Und seitdem ist der Mond ein Feind der Frauen" - so endet die Erzählung der Tschiglit-Eskimos von dem galanten Abenteuer des Mondes und seiner Sonnenschwester. Die Idee, der Mond sei ein Feind der Frauen, ist weit verbreitet. Sie liegt auch einer Sitte der Massai zugrunde. Wenn eine schwangere Massaifrau den Mond sieht, dann bekommt sie Angst vor einer Fehlgeburt. Darum gibt sie etwas von ihrer Milch in eine kleine Kürbisschale und deckt grünes Gras darüber. Dann leert sie die Schale in der Richtung nach dem Mond und ruft:"Mond, gib mir mein Kind gesund!" Hier wird also dem Mond geradezu ein Opfer dargebracht, um ihn milde zu stimmen, damit ja die Geburt glücklich vor sich gehen soll[281]. Der Glaube, daß der Mond ein Feind der Frauen sei, hängt wahrscheinlich mit der Tatsache zusammen, daß die Umlaufzeit des Mondes und die Menstruation der Frauen im gleichen Rhythmus erfolgen. Daraus hat man wohl geschlossen, das monatliche Unwohlsein der Frauen sei vom Mond bewirkt. Aber ein solcher kausaler Zusammenhang besteht ebenso wenig, wie ein Einfluß des Mondes auf das Wetter.

Nicht selten findet sich die noch weitergehender Vorstellung, das Licht des Mondes sei überhaupt gesundheitsschädlich, und man müsse sich unbedingt davor schützen. So trachtete man vor allem danach, im Schlaf nicht vom Mondlicht getroffen zu werden. Deshalb umgaben die Menschen ihre Schlafstätten mit Vorhängen, die nach Möglichkeit keinen Lichtstrahl durchließen. Auch die schrankartigen Alkoven in alten Bauernhäusern dienten diesem Zweck. Der Aberglaube von der schädlichen Wirkung des Mondlichtes ist auch heute noch verbreitet, beschränkt sich aber zumeist auf angeblich krankmachende Einflüsse des Vollmonds.

Die Zeit des Mondes ist die Nacht. Sie ist auch die natürliche Zeit zum Schlafen. Der "Bruder" des Schlafes ist der Tod. So ist eine Beziehung des Mondes zu Schlaf und Tod gegeben. Nimmt man noch das Moment des Geheimnisvollen und Gespensterhaften hinzu, das sowohl dem Tod als auch der im fahlen Mondlicht ruhenden Natur eignet, so wird es verständlich, daß die Menschen von jeher das Nachtgestirn und den Tod oder die Toten in Beziehung zueinander gesetzt haben. Das Reich der Toten wurde entweder unter die Erde oder jenseits der blauen Wölbung des Himmels lokalisiert. Im Stromgebiet des Orinoko beispielsweise läßt man die Toten im Himmel wohnen. Hier wird die Milchstraße als Weg der Toten bezeichnet, auf dem die Seelen der Verstorbenen ins Jenseits wandern. Ist einmal die Vorstellung vom Himmel als Totenreich vorhanden, dann liegt es nicht mehr fern, den Mond zum Herrn des Totenreichs zu machen. Oskar Rühle, der sich mit diesem Thema genauer befaßt hat, schreibt:"In den Mythen über den Ursprung des Todes kehrt ein Zug immer wieder: der Mond verursacht nicht den Tod, sondern er herrscht über ihn und will ihn vermeiden. Natürlicherweise ist er ja der Prototyp des Lebens. So wie er sich immer wieder verjüngt, wenn er gestorben ist, so möchte

Beherrscher der Toten

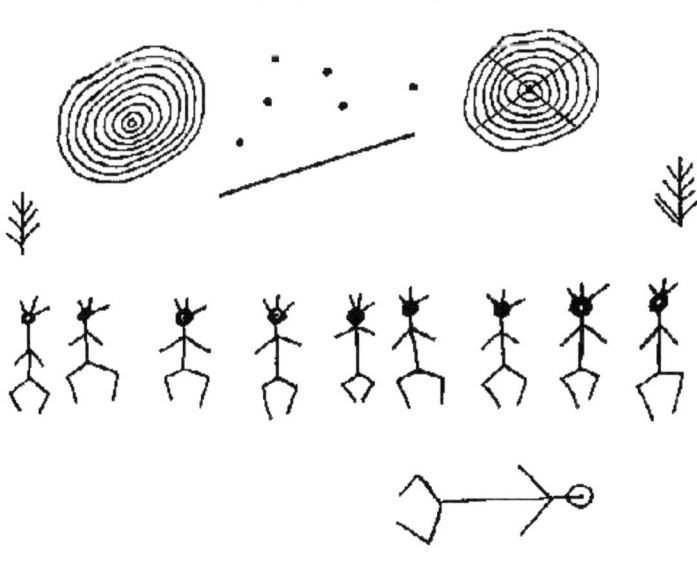

114
Buriatische Zeichnung: Die neun menschlichen Gestalten tragen die dreizackige Schamanenkrone. Die liegende Gestalt stellt einen Verstorbenen dar. Die konzentrischen Kreise links bezeichnen den Mond. Die Sonne ist ebenfalls durch konzentrische Kreise dargestellt, in die ein Sonnenkreuz hineingezeichnet ist. Die Punkte zwischen den beiden Gestirnen sind Sterne. Der schräge Strich bedeutet die Milchstraße. Rechts und links je ein Baum (Koniferen?), Sinnbilder des Wachstums und des Lebens.

er es auch den Menschen bescheiden. Erst durch Nachlässigkeit oder Böswilligkeit kommt der Tod in die Welt und damit das Unglück über die Menschheit"[282].

Aus dem Kaushitaki-Upanishad geht hervor, welche Rolle im alten Indien dem Mond zugeschrieben wurde. Dort heißt es:"Alle, die aus dieser Welt scheiden, die gehen zum Monde. Durch ihr Leben füllt sich die zunehmende Hälfte, in der abnehmenden Hälfte veranlaßt er ihre Wiedergeburt. Der Mond ist die Pforte des Himmels. Wer ihm zu antworten versteht, den läßt er an sich vorüber. Wer ihm nicht zu antworten vermag, den sendet er, in Regen sich verwandelnd, im Regen zur Erde nieder; als Wurm, Motte, Fisch, Vogel, Löwe, Eber, Schakal, Tiger, Mensch oder sonst etwas, wird er hier und da, je nach seinem Tun und Wissen, wiedergeboren"[283].

Das Gestirn der Liebenden

Die Nacht ist nicht nur die Zeit der Schlafenden und Entschlafenen, sondern auch die Zeit der Liebenden. Und mit ihr ist der Mond auch "immer und überall ein Gestirn der Liebenden" geworden. Noch tiefer begründet wird dieser Charakter durch die Sage von der unerfüllten Sehnsucht des Mondes nach der Sonne. " Als der, der selber auf diesem Gebiet Leid erfahren hat, nimmt er die Klagen und wehmütigen Gedanken der Menschen als Mitleidender entgegen. Hier, an diesem Punkt, findet die stärkste Berührung zwischen Volksglauben und Dichtung statt"[284].

Einfluß auf die Seele

Wenn wir die ganze Palette des Mondglaubens ins Auge fassen, so muß man sagen, daß sehr wenig davon einer kritischen Betrachtung standhält, aber die menschliche Phantasie hat die spärlichen Anregungen, die ihr geboten waren, "in sich aufgesogen, hat sie vertieft, aufs mannigfaltigste umgebildet und ausgeschmückt, so daß wir heute, wenn wir schon einen Einfluß des Mondes nennen wollen, an erster Stelle den auf die menschliche Seele zu nennen haben"[285].

Die Planeten 21

Nach Sonne und Mond sind die Wandelsterne oder Planeten die auffälligste Erscheinung am Sternenhimmel. Schon in den ältesten Zeiten ihrer Geschichte haben die Menschen erkannt, daß es - einschließlich Sonne und Mond - sieben Sterne gibt, die sich mehr oder weniger lebhaft bewegen, im Gegensatz zu den scheinbar fest an ihren Plätzen verharrenden Fixsternen. Aufgrund der astronomischen Forschungen wissen wir heute, daß es noch einige weitere Planeten gibt, aber für das menschliche Auge sind es nur sieben: Sonne, Mond, Merkur, Venus, Mars, Jupiter und Saturn. Natürlich gehört unsere Erde auch zu den Planeten, aber hier soll ja nur die Rede sein von denen, die mit bloßem Auge am Himmel zu sehen sind.

Sternengötter

Die Sieben ist eine uralte Symbolzahl; vielleicht weil sie sich zusammensetzt aus der Drei und der Vier. Die Drei steht für Vergangenheit, Gegenwart und Zukunft, also für alle Zeit. Die Vier weist auf die vier Himmelsrichtungen, also auf den gesamten Raum. Die Sieben als Summe von Drei und Vier stünde demnach als Symbol für die Totalität von Zeit und Raum. Die heilige Siebenzahl, die geheimnisvollen und großartigen Bewegungen der Gestirne, ihr Glanz und ihre Erhabenheit - das alles hat den Planeten den Nimbus des Heiligen und Göttlichen verliehen. Bald schon hat man in ihnen Gottheiten gesehen und ihnen göttliche Namen beigelegt.

Es sind dies die gleichen Namen, die sich auch in den verschiedenen europäischen Sprachen in den Namen der Wochentage erhalten haben. Hier eine Übersicht:

Wochentag und Göttername

Planet	deutsch	englisch	französisch
Sonne	Sonntag	Sunday	Dimanche
Mond	Montag	Monday	Lundi
Mars	Dienstag	Tuesday	Mardi

Merkur	Mittwoch	Wednesday	Mercredi
Jupiter	Donnerstag	Thursday	Jeudi
Venus	Freitag	Friday	Vendredi
Saturn	Samstag	Saturday	Samedi

Hierzu folgende Bemerkungen:

Der deutsche Dienstag und der englische Tuesday haben ihren Namen nach dem germanischen Gott Ziu, der dem lateinischen Mars entspricht.

Der englische Wednesday ist von Wodan abgeleitet, einem germanischen Gott, der mit Merkur identifiziert wurde.

Der deutsche Donnerstag, englisch Thursday, ist nach Donar, nordgermanisch Thor, benannt, der dem lateinischen Jupiter entspricht. Der französische Jeudi ist von dem lateinischen Genitiv Jovis abgeleitet.

Die germanische Göttin Freya entsprach der lateinischen Venus.

Der Samstag, französisch Samedi, geht ursprünglich auf das hebräische Sabbat zurück, vulgärgriechisch sambaton und gotisch sambato. Daraus ist über Sambstag der Samstag geworden, der sich vor allem in Süddeutschland durchgesetzt hat[286]. Der Begriff Sonnabend, der in Norddeutschland gebräuchlich ist, meint den Vorabend vor dem wöchentlichen Feiertag, dem Sonntag. Dabei bedeutet Abend nicht nur die letzten Stunden des Tages, sondern den ganzen Tag.

Elektrizität und Astrologie

Die Benennung der Wochentage nach den Planeten deutet an, daß die Menschen das irdische Geschehen in einen Zusammenhang brachten mit den Sternen, insbesondere mit den Planeten. Aus diesem Bestreben entwickelte sich die Astrologie. Sie lehrt, daß der Charakter - und damit natürlich auch das Schicksal - des Menschen in einem genauen Zusammenhang stehe mit der Konstellation der Gestirne im Augenblick der Geburt.

Hieraus entstand der Aberglaube, daß der Lebenslauf des Menschen bis ins Detail von den Sternen "bestimmt" werde. Die moderne Astrologie spricht allerdings nicht mehr von einem kausalen Zusammenhang zwischen Planetenbewegung und Menschenschicksal. Vielmehr handele es sich um "Entsprechungen", um einen "Synchronismus" (Jung) zwischen beiden. Die Astrologie sieht heute in den Planeten Symbole, Verkörperungen von bestimmten Eigenschaften und Energien, die in gleicher Weise, je nach Zeit und Ort der Geburt, auch für den Menschen von Bedeutung sind. Der Astrologe Löhlein schreibt:"Jeder Mensch, denkt, handelt, fühlt aus psychologischen Ursachen heraus - Kräften oder Schwingungen, die in ihm selbst verankert sind. Diese Ursachen werden durch die planetaren Kräfte symbolisiert"[287]. Löhlein räumt ein, daß es keine exakte wissenschaftliche Erklärung für diese Zusammenhänge gibt, die aber trotzdem vorhanden seien. Er vergleicht die Astrologie mit der Elektrizität und weist darauf hin, daß die Wissenschaft heute noch nicht in der Lage sei, zu sagen, was die Elektrizität eigentlich sei; man wisse zwar um ihre Wirkung, könne sie aber nicht restlos definieren. Das Gleiche gelte auch von der Astrologie. Der Vergleich Löhleins hinkt erheblich. Abgesehen von der Frage, ob die Physik die Elektrizität definieren kann oder nicht, muß hingegen festgestellt werden: von dem Dasein und der Wirkungsweise der Elektrizität kann sich jeder Mensch sehr schnell und sehr leicht überzeugen. Von der Zuverlässigkeit astrologischer Prognosen kann man das aber nicht behaupten. Horoskope sind nicht nur schwer aufzustellen, sondern auch schwer zu deuten. Ihnen liegt eine Dogmatik zugrunde, die nachzuvollziehen nicht jedermann möglich ist. Die Behauptung, daß - nach dem Grundsatz "wie oben so unten"- die Stellung der Planeten zur Geburtszeit und für den Geburtsort bedeutsam sei für Charakter und Schicksal des Menschen, ist eine umstrittene These. Die Anhänger verweisen auf "Jahrtausende alte" positive Erfahrungen mit der Astrologie, die sich allerdings im einzelnen kaum nachweisen lassen[289].

Nichts einzuwenden ist gegen die Behauptung der Astrologie, die Planeten symbolisierten bestimmte Eigenschaften, eben die gleichen, die auch die griechisch - römischen Götter personifizierten, deren Namen den Wandelsternen beigelegt wurden. So ist es durchaus möglich, etwa von einem marsischen oder venusischen Menschentypus zu reden, aber nicht, weil die Planeten Mars oder Venus in der Geburtsstunde der betreffenden Menschen aszendierten oder dominierten, sondern ganz einfach weil charakterliche Ähnlichkeiten vorliegen. Natürlich lassen sich vom Charakter des Menschen auch mehr oder weniger bestimmte Schlüsse hinsichtlich seines Schicksals ziehen. Aber das hat mehr mit Psychologie und Logik als mit Astrologie zu tun.

Astrologie und Alchemie In der folgenden Einzelbetrachtung der Planeten wird versucht, die Ansätze aufzuzeigen, aus denen unter Anwendung von Analogieschlüssen und ähnlichen intellektuellen Mitteln aus ganz wenigen und einfachen Naturbeobachtungen astrologische und alchemistische Thesen entwickelt wurden.

Merkur - der Götterbote Merkur ist der sonnennächste und schnellste von allen Planeten. Er hat die kürzeste Umlaufbahn um die Sonne und schafft einen Umlauf in der Rekordzeit von nur 88 Tagen. Wegen seiner Schnelligkeit haben ihn die Griechen zum Boten der Götter ernannt, der mit Flügeln an Helm und Sandalen die Welt durcheilt. Als Götterbote bekam Merkur zum Zeichen seiner Würde einen Heroldsstab in seine Hand, von den Griechen Kerykeion und von den Römern Caduceus genannt. Ursprünglich war das Kerykeion ein Zauberstab. Der Oberteil des Stabes zeigt die Nachbildung von zwei Schlangen mit einander zugewandten Köpfen. Dieses Zeichen ist verschieden gedeutet worden, gelegentlich als Symbol der Fruchtbarkeit: zwei Schlangen paaren sich über einem erigierten Phallus. Aber der Schlangenstab muß wohl vor allem als Gleichgewichtssymbol verstanden werden[290]. In der Alchemie ist es das Symbol der Verbindung gegensätzlicher Kräfte. Das astrologische Zeichen für Merkur stellt eine stilisierte Wiedergabe des Kadukstabes dar.

115-117
Merkur und seine Symbole

Schnelle Bewegung Merkur ist das Gestirn der schnellen Bewegung. Demzufolge wurde er mit solchen menschlichen Tätigkeiten in Verbindung gebracht, die ebenfalls viel Bewegung erfordern: das Reisen, der Verkehr zu Wasser, zu Lande und in der Luft, das Kaufmannswesen. Da Reisen die Voraussetzung ist für Erfahrung und Wissen, wird Merkur auch zum Gott der Wissenschaften und Künste. Überhaupt wird der physischen Bewegung die geistige Bewegung gleichgestellt. Darum symbolisiert Merkur auch die geistige Gewandtheit, die schnelle Auffassungsgabe, Logik, Geschicklichkeit, Phantasie, Ausdruckskraft in Rede und Schrift. Der Aktionsbereich des Merkur ist nach Löhlein[291] der Handel, Kauf und Verkauf, Vermittlung, Beziehungen, Verbindungen, Agenturen, Zeitungen, die Findigkeit und Gewandtheit, Ruhelosigkeit und Vielgeschäftigkeit, die Nervosität und der Mangel an Konzentration und Ausdauer.

In der Merkurwelt der Alchemie ist dem Gestirn das "bewegliche" Metall zugeordnet: das Quecksilber. Bei den vierfüßigen Tieren sind es besonders "die schlauen und die schnellen", wie Hunde, Affen, Füchse, Wiesel, Hirsche und Maultiere. Von den Fischen gehört der Stachelrochen dem Merkur wegen seiner Gewandtheit und die Meeräsche, die mit dem Schwanz den Köder von der Angel abschlägt[292].

Dem Merkur eigentümliche Orte sind die Schulen, die Kaufläden, die Märkte und die Werkstätten. "Merkur beherrscht unter den Elementen das Wasser, obgleich er eigentlich ohne Unterschied Allem Bewegung verleiht; desgleichen die Säfte, besonders die gemischten".

Merkurwelt der Alchemie

Die "gemischten Säfte" sind ein Hinweis auf ein Charakteristikum des Merkur: er bringt die verschiedenen und oftmals gegensätzlichen Dinge zusammen. Den Gewinn des Wissens gibt es ja nur aus der Erkenntnis der kontroversen Kräfte, die sich scheinbar bekämpfen, die aber immer sein müssen, damit alles entsteht und besteht[293].

Dieser Gedanke ist abgeleitet aus der Botenfunktion des Merkur. Als Bote hat er ja die Aufgabe, zwei getrennte Mächte miteinander zu verbinden. Vielleicht ist dies auch der Sinn seines magischen Stabes. Die beiden Schlangen mit ihren auseinander-strebenden Leibern, aber einander zugewandten Köpfen versinnbildlichen die scheinbar auseinanderstrebenden Kräfte der Welt, die aber letztlich doch zusammengehören und eine Einheit bilden.

Verbindung gegensätzlicher Kräfte

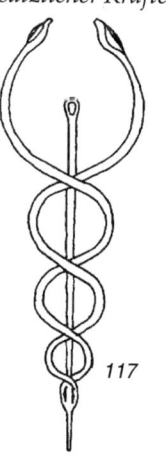

117

Wir sehen: alle dem Merkur zugeschriebenen Eigentümlichkeiten und Wirkungen sind in zum Teil scharfsinniger Weise abgeleitet von der einen und allerdings richtigen Beobachtung, daß er das Gestirn der schnellen Bewegung ist - und dies im ganz wörtlichen und physikalischen Sinne. Wie aber

Zweifelhafte Bedeutsamkeit

daraus eine Bedeutsamkeit für den Menschen und das Geschehen auf der Erde gefolgert werden kann, bleibt uneinsichtig.

Venus - Sinnbild von Schönheit und Liebe

In dem kosmischen Reigen der die Sonne umkreisenden Planeten ist Venus der zweite Planet. Sie entfernt sich nie weit von der Sonne und ist deshalb nur als Abend- und Morgenstern sichtbar. Nach Sonne und Mond ist sie der hellste Stern am Himmel. Bei klarer Sicht ist sie sogar am Tage mit bloßem Auge zu sehen.

Sinnliche Liebe und geistiger Eros

Venus ist die strahlende Schönheit unter den Wandelsternen. Ihr Zeichen ist der Handspiegel, wie ihn die Frauen bei der Schönheitspflege benutzen. Die schöne Frau ist auch die Liebende und die Geliebte. Ihr Name bedeutet "Anmut". Die Griechen nannten sie Aphrodite: die Göttin der Schönheit und Liebe. Ihr Vater ist Zeus, ihr Gemahl Vulkan, ihr Geliebter Mars, und Amor, der Liebesgott, ist ihr Sohn. Venus repräsentiert die weibliche Liebe in allen ihren Formen: sowohl die sinnliche Liebe als auch den geistigen Eros, der nach künstlerischem Ausdruck und Veredelung des Stoffes strebt. Ästhetik und feine Kultur gehören zu ihrem Wesen ebenso wie Friede und Harmonie.

118
Venus

Die Venuswelt der Alchemie

Von den Mineralien sind ihr zugeordnet der Beryll, der Chrysolith, der Smaragd, der Saphir, der grüne Jaspis, Karneol, Adlerstein, Korallen "und alle die schönen bunten weißen und grünen Steine". Von den Metallen gehört ihr vor allem das Kupfer, dessen Name von der "Venus-Insel" Cypern kommt. Diese Insel galt Jahrtausende hindurch als das Land der Göttin von Liebe und Schönheit, weil sie ein wichtiger Umschlagplatz war, über den die "dem schönen Dasein in Liebe und Lust" notwendigen Luxuswaren - und sicher auch Ideen - aus dem Orient in das Abendland einströmten[294]. Nur schöne und liebliche Pflanzen sind der Venus geweiht: Veilchen, Frauenhaar, Thymian, Sandelholz, die Rose und die Myrte. Wohlschmeckende und süße Obstarten gehören ihr, wie die Feigen, süßen Birnen und Granatäpfel. Ebenso "die üppigen, mutwilligen und verliebten Tiere", z.B. die jungen Hunde und Katzen, die Kaninchen, Schafe und Ziegen, "desgleichen der Stier wegen seines Stolzes und das Kalb wegen seines Mutwillens"[295].

Venusische Vögel sind der Schwan, die Bachstelze, der Pelikan, "weil sie ihre Jungen am meisten lieben", der Sperling und natürlich die Turteltaube. Orte, der Venus geweiht, sind "die lieblichen Quellen, die grünen Wiesen, die blühenden Gärten, die geschmückten Beete, die Häuser für die Liebeslust, Ufer, Bäder, Tanzsäle"[296].

Die angeblichen Einflüsse der Venus auf die Menschen entsprechen natürlich genau dem Wesen der Göttin und der Art ihrer Welt. "Die Venus gibt...schöne, wohlgestalte, fröhliche Liebhaber aller Lustbarkeiten. Sie sind barmherzig, friedliebend, zu aller Wollust geneigt. Sie hassen Zank und Zorn, sind andächtig. Ihre Frömmigkeit besteht in ihrem Gefühl, die Welt sei ein vollendetes Kunstwerk Gottes. Sie sind die eigentlichen Künstler, wenn man darunter die Fähigkeit begreift, seine Umwelt und jede seiner Handlungen möglichst schön erscheinen zu lassen"[297].

Angebliche Einflüsse

War es bei Merkur die schnelle Bewegung, so ist es bei der Venus der Eindruck von Schönheit und Lieblichkeit des Gestirns, der die Grundlage bildet für die Fülle von Einflüssen und Wirkungen, welche die Astrologie behauptet.

Ist Venus der Nachbar der Erde auf der Innenseite ihrer Bahn um die Sonne, so ist Mars der nächste Nachbar auf der Außenseite. Sein Tempo ist schon bedeutend gemäßigter als das der sonnennahen Planeten. Für eine Umrundung der Sonne braucht er 1,88 Erdenjahre. Weil er seine Bahn langsamer durchläuft als die Erde, wird er natürlich immer wieder von unserem Heimatplaneten überrundet. Bei diesem Überholvorgang beschreibt der Mars für unser menschliches Auge - ebenso wie auch die beiden anderen "äußeren" Wandelsterne Jupiter und Saturn - eine merkwürdige Schleife am Himmelszelt. In Wirklichkeit zieht er natürlich ruhig und regelmäßig seine Bahn um die Sonne. Da sich aber während des Überholens für unser Auge die Perspektive ändert, sieht es so aus, wie wenn die Bewegung des Mars sich in einer Schleife entwickeln würde. Heinz Haber hat diesen Vorgang sehr schön und für den Laien verständlich beschrieben[298]. Diese geheimnisvolle Bewegung, die teilweise wie ein Zurücklaufen aussieht, hat natürlich die Phantasie unserer Vorfahren stark beschäftigt.

Mars - der zornige Gott des Krieges

DIE PLANETEN 193

Ptolemäus hat eine gelehrte und elegante Erklärung dafür gefunden, die aber durch die modernen Erkenntnisse überholt ist. Daß der Mars bei seiner scheinbaren Schleife auch seine Helligkeitswerte und seine Farbe stark ändert, machte ihn in den Augen der Menschen noch geheimnisvoller. Sie sahen in ihm einen grollenden Gott. "Bei seinem Lauf um die Sonne hält er plötzlich inne - sein Gesicht wird röter und röter im Zorn, er läuft zurück und wird heller und heller"[299]. Der rote Schein des Gestirns erinnert an Blut und Krieg, und sein scheinbares Hin und Her wurde als das Unheil verkündende Kopfschütteln des Kriegsgottes gedeutet. Auf Bildern, Brunnenfiguren u.s.w. wird Mars in der Regel als ein Mann in eiserner Rüstung, gewappnet mit Schwert, Schild und Lanze, dargestellt.

Astrologische Deutungen

119
Mars

Sein astrologisches Symbol ist ein Kreis, aus dem, schräg nach rechts oben weisend, ein Pfeil hervorkommt. Der Kreis versinnbildlicht die Welt und/oder den Kreislauf der Zeit. Der Pfeil weist auf die Auseinandersetzungen hin, die unvermeidlich mit dem Leben in Zeit und Welt verbunden sind. Unsere Aktivität, unsere Taten geben dem Leben einen Sinn" erklären die Astrologen. Und so wird das Marszeichen zum Symbol für das Männliche, für das aktive Handeln. Das kann positiv ausgedeutet werden als Symbol von Mut und Tapferkeit und als Sinnbild für die motorischen Willensimpulse, ohne die es keinen Fortschritt, keine Bewegung, keine Selbstbehauptung gibt. Aber überwiegend drückt marsische Energie den Willen zur Herrschaft aus, der zu Gewalt, Zerstörung und Unterjochung führt.

Die Marswelt der Alchemie

Dementsprechend wird die Marswelt geschildert. Dem Mars gehören unter den Elementen das Feuer, desgleichen alles Scharfe und Brenzlige; unter den Säften die Galle; unter den Geschmäcken die bitteren, scharfen, auf der Zunge brennenden und die, welche die Tränen reizen; unter den Metallen das Eisen, das rote Erz und alles Feurige, Rötliche und Schweflige[300].

Zu den Pflanzen der Marswelt gehören der Nieswurz, Knoblauch, Rettich, Sturmhut, alle giftigen Pflanzen und solche, die mit Dornen versehen sind oder durch Berührung auf der Haut Brennen verursachen oder Blasen ziehen und Stechen, wie die Distel, die Nessel, die brennenden Waldreben, ferner solche, deren Genuß zu Tränen reizt wie die Zwiebel, der Lauch, der Senf.

Unter den Tierarten gehören die kriegerischen, räuberischen und kühnen dem Mars: der Wolf, der Panther, der wilde Esel, das Pferd; auch die giftigen Schlangen und alles, was den Menschen verfolgt, wie Flöhe und Mücken. Die fleischfressenden und knochenzermalmenden Greifvögel gehören ebenso zu ihm wie solche, die Unglück und Tod weissagen: die Nachteule, das Käuzchen, die Weihe. Von den Fischen gelten die räuberischen und gefräßigen als marsisch: der Hecht, der Stachelrochen, der Seewolf. Der Geist des Mars regiert auch die feurigen und blutigen Orte: Öfen, Backstuben, Schlachthäuser, Kreuze, Galgen, Kampfplätze, Folterkammern und dergleichen.

Alles was die Astrologie von Wesen und Wirkung des Mars behauptet, geht zurück auf die Beobachtung seines scheinbar unregelmäßigen Bewegungsablaufes und seiner zeitweisen rötlichen Färbung. Beides ist wissenschaftlich erklärt; es haftet ihm heute nichts Mysteriöses mehr an. Und damit sind auch die Konstruktionen und Spekulationen überholt, die mit diesem "Mysterium" zusammenhängen.

Überholte Spekulationen

Jupiter ist der majestätische Planet. Langsamen Schrittes durchmißt er den Himmel und benötigt für eine Umkreisung der Sonne fast zwölf Erdenjahre. Er ist einer der hellsten Sterne am Himmel, und seine Helligkeit schwankt nur wenig. "Sein königlicher Gang durch die Sternbilder des Tierkreises hat ihm die Rolle des Königs der Götter, Jupiter oder Zeus eingebracht"[301]. In der griechischen Mythologie wird von ihm erzählt, er habe seinem Vater Kronos die Herrschaft über die Welt entrissen und sie mit seinen Brüdern Poseidon und Hades durch das Los geteilt. Während Hades zum Herrn der Unterwelt wurde und Poseidon zum Gott des Meeres, schwang sich Jupiter auf zum Herrscher des Himmels, des Wetters, der Luft und der Erde. Seine Waffe und gleichzeitig das Zeichen seiner Herrschaft ist der Blitz. Auf alten Jupiterbildern ist die Blitzflamme vielfach zum Zepter stilisiert, wie es die Könige des

Jupiter - König der Götter und Planeten

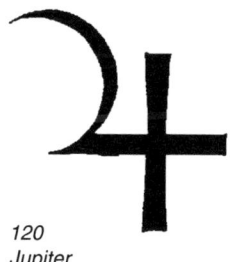

120
Jupiter

DIE PLANETEN 195

Mittelalters als Zeichen ihrer von den Mächten des Himmels verliehenen Herrschergewalt in den Händen hielten.

Die Jupiterwelt der Alchemie

"Dem Jupiter gehören unter den Elementen die Luft, unter den Säften das Blut, sowie der Lebensgeist, auch alles, was auf das Wachstum und die Ernährung sich bezieht"[302]. Die schönen und edlen Metalle sind ihm geweiht: das Silber, das Zinn, das Gold. Ebenso die Bäume, die man für glücklich hielt: die Eiche, die Roßkastanie, die Buche, den Haselnußstrauch, die Pappel, Feigenbaum, Apfelbaum, Esche, Olivenbaum und Weinstock.

Tiere, denen eine gewisse Würde und Klugheit eigen ist, gehören dem Jupiter: der Hirsch, der Stier, der Elefant. Ebenso die Vögel, die ein ruhiges Temperament haben, wie die Hühner, der Fasan, die Schwalbe, der Pelikan und die Störche, "Vögel von großer Pietät und Muster der Dankbarkeit". Und natürlich der Adler, das kaiserliche Wappentier und Symbol der mit Milde gepaarten Gerechtigkeit.

Dem Jupiter geweihte Orte sind die Versammlungslokale der obersten Beamten, die Tribunale, Lehrstühle, Gymnasien, Schulen und alle "glänzenden, reinen, mit mannigfachen Wohlgerüchen erfüllte Orte".

Würde und Edelmut

Jupiter soll den Menschen Würde und Edelmut verleihen und sie zu leitenden Ämtern befähigen. Große Unternehmer, Großkaufleute, Bankiers, Staatsmänner, Manager und Bischöfe verdanken ihm Amt und Würden, Weisheit und Wohlstand.

Vor Jahrtausenden gedacht

Auch bei diesem Planeten ist die gesamte Konstruktion der Astrologie und Alchemie von Wesen, Welt und Wirkung des Jupiter aus der einen Beobachtung entwickelt, daß dieser große und helle Stern "langsam und würdevoll" seine Bahn zieht. Aber nichts rechtfertigt die Annahme, daß Jupiter irgendeinen Einfluß auf menschliche Schicksale und irdische Geschehnisse habe. Immerhin ist es interessant, zu erfahren, was die Menschen vor Jahrtausenden über den Sternenhimmel gedacht haben[303].

Saturn - der senile Gott

Der am weitesten von der Sonne und von der Erde entfernte Planet, den man mit bloßem Auge noch erkennen kann, ist der Saturn. Er bewegt sich langsamer als alle seine "Kollegen" und braucht fast dreißig Jahre, um die Sonne einmal zu umrunden. Verständlich, daß man in ihm einen alten und lahmen Gott sah. Die Griechen wissen es ganz genau: Saturn ist von seiner göttlichen Mutter verstoßen und vom Olymp heruntergeworfen worden. Bei diesem unsanften Sturz hat er sich den Fuß gebrochen. Und nun hinkt er langsam und mißmutig am Himmel entlang. Natürlich ist er alt, ja greisenhaft, dazu grüblerisch und melancholisch. Aber das Alter hat auch positive Seiten: Saturn gilt als geschickter Schmied, und als solcher genoß er in früheren Zeiten ziemlichen Respekt bei den Menschen.

Die Saturnwelt der Alchemie

Das Zeichen des Saturn ist die Sense oder Sichel, die alle Menschen, ja die ganze Welt dahinmäht. Die bekannten Bilder vom "Schnitter Tod" sind wahrscheinlich aus alten Darstellungen des düsteren Planetengottes entwickelt worden[304]. Nach der "Okkulten Philosophie" des Agrippa von Nettesheim gehören dem Saturn die schwarzen und braunen Erdarten, unter den Metallen das schwere und giftige Blei und unter den Säften die bittere Galle[305]. Zur Saturnwelt gehören alle Pflanzen, die betäuben, die keine Früchte tragen oder die schwarze Beeren und Früchte hervorbringen, wie der schwarze Feigenbaum. "Saturnisch sind alle kriechenden, einsamen, nächtlichen, traurigen, zur Betrachtung geneigten oder gänzlich dumme Tiere...Desgleichen der Uhu, die Nachteule, die Fledermaus, der Wiedehopf, der Rabe"[306]. Von den im Wasser lebenden Tieren gehören dem Saturn der Aal, eine Art Haifisch, der seine Jungen verschlingt, die Schildkröten, Austern, Muscheln und Seeschwämme.

121
Saturn

Zur Welt des Saturn gehören schließlich "alle stinkenden, finsteren, unterirdischen, traurigen und Leichen enthaltende Orte, wie Kirchhöfe, Gräber, von Menschen verlassene und durch das Alter verfallene Wohnungen, finstere und schauerliche Orte, einsame Grotten, Höhlen und Gruben, auch Fischteiche, Pfützen, Sümpfe".

Die Kinder des Saturn

Bei so beschaffenem Wesen des Saturn und seiner Welt sind natürlich auch "die Kinder des Saturn" alles andere als frohe und glückliche Geschöpfe. Sie sehen das Leben als etwas Trauriges an, als ein Versinken in Tod und Vergänglichkeit. Sie lieben die Einsamkeit und folgen niemandes Rat, sondern nur

DIE PLANETEN

ihrem eigenen Sinn. Wenn sie auch arbeitsam und geduldig sind, so sind sie doch karge, herrschsüchtige Menschen, die nur ihre eigene Bequemlichkeit lieben. Wenn der Saturn ungünstig steht, dann sind seine Wirkungen verheerend; dann erzeugt er in seinen "Kindern" einen wilden Materialismus und Nihilismus und den Glauben, daß der Starke das Recht zu rücksichtsloser Ausbeutung des Schwachen habe[307].

Düstere Aspekte - fern der Realität

Alle diese düsteren Aspekte sind erschlossen aus der einzigen Tatsache, daß Saturn infolge seiner großen Entfernung von der Erde langsam erscheint. Zu dem Begriff der Langsamkeit haben sich als gedankliche Assoziationen eingestellt die weiteren Begriffe: Alter, Gebrechlichkeit, Krankheit, Tod. Daß der wackere Planet in Wirklichkeit nächst Jupiter der größte ist, daß er mindestens zehn Monde hat und an realer Schnelligkeit seinen Mitplaneten nicht nachsteht - das zählt nicht. Die Astrologie hält sich an den Schein - nicht an die Wirklichkeit.

Der Tierkreis 22

Wie eine verkehrsreiche Straße durch eine stille und schöne Landschaft, so zieht sich der Tierkreis über den Sternenhimmel hin. "Avenue der Wandelsterne" hat ihn Heinz Haber genannt[308], und das zu Recht. Denn auf diesem verhältnismäßig schmalen Band bewegen sich die Sonne, der Mond und alle

Avenue der Wandelsterne

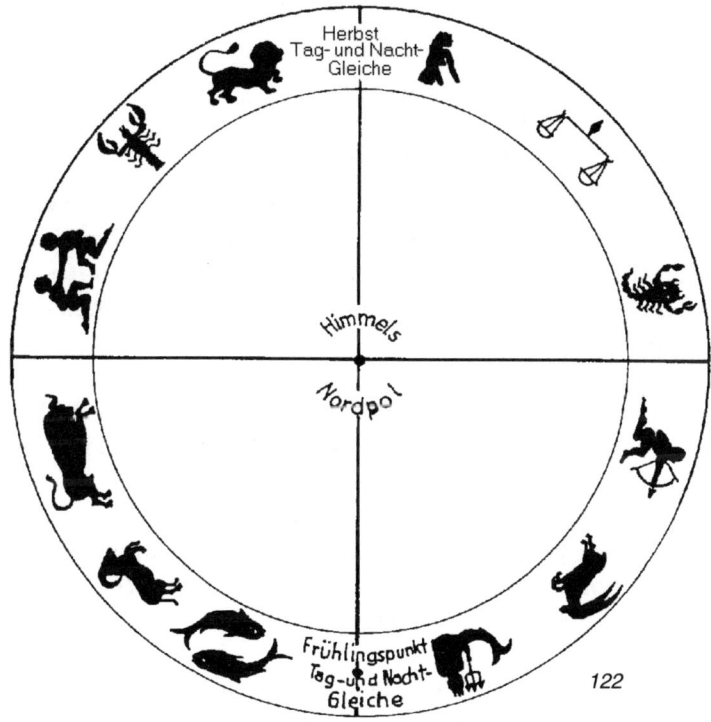

122

Planeten. Jedenfalls erscheint es unserem Auge so, und dies ist eine der auffallendsten Erscheinungen am Sternenhimmel. Sie ist den Menschen bekannt, seit sie begonnen haben, die Gestirne zu beachten und zu beobachten.

Ekliptik   Die Astronomen nennen die Mittellinie dieses Bandes die "Ekliptik"; sie ist die Bahn, welche die Sonne im Laufe eines Jahres scheinbar um die Erde beschreibt. Mond und Planeten bewegen sich nicht genau auf dieser Linie, sondern etwas darüber oder darunter. Aber sie entfernen sich nie mehr als 9 Grad von der Ekliptik, so daß die ganze Breite des Streifens etwa 18 Grad beträgt.

Sternbilder der Ekliptik   Wie am ganzen Nachthimmel, so sind in diesem Bande außer Sonne, Mond und Planeten natürlich auch eine Menge Fixsterne zu sehen. Die menschliche Phantasie hat frühzeitig begonnen, die hellsten und größten dieser Sterne zu Sternbildern zusammenzufassen. Insgesamt gibt es 88 Sternbilder. Zwölf davon entfallen auf den Tierkreis:

Widder, Stier, Zwillinge,
Krebs, Löwe, Jungfrau,
Waage, Skorpion, Schütze,
Steinbock, Wassermann, Fische.

Die Bezeichnung "Tierkreis" ist eigentlich nicht ganz korrekt, denn von den zwölf Sternbildern tragen nur sieben einen Tiernamen, vier Namen bezeichnen menschliche oder mythische Figuren, und ein Sternbild hat seinen Namen von einem Gegenstand.

Die Zwölfzahl   Innerhalb eines Jahres durchläuft die Sonne alle genannten Sternbilder. Ihre Zwölfzahl ist natürlich kein Zufall. Da der Mensch - gemäß den zwölf Mondumläufen - das Jahr in zwölf Monate eingeteilt hat, hat er dementsprechend auch den Weg der Sonne um das Himmelsgewölbe zwölfmal unterteilt, so daß die Sonne immer einen Monat lang im Bereich eines und desselben Sternbildes zu sehen ist.

Ein alter Völkeratlas   Diese Aufteilung des Tierkreises geht auf die Sumerer zurück[309]. Sie haben eine ältere Einteilung mit nur sieben Sternbildern den durch geologische und andere Ereignisse veränderten Bedingungen angepaßt. Der ältere siebenteilige Tierkreis hatte, nach dem Grundsatz "Wie oben so unten", eine Entsprechung in einer Art Völkeratlas. Jedes Sternbild war einem irdischen Bereich zugeordnet, über dem es bei

Frühlingsanfang senkrecht stand. Danach waren Widder und Stier ein einziges Bild, das den Namen THOR = Stier trug und über Mittel- und Westeuropa stand. Die Thursen waren die Herren der Stiere, wie ihre unzähligen Felsbilder in den Höhlen dieser Region bezeugen.

Topper fragt, ob der Name GEMINI = Zwillinge nicht ein Hinweis auf die Entstehung der Straße von Gibraltar sein könne, durch die das nach seiner Meinung dort gelegene Reich Atlantis in zwei Teile geteilt wurde. Jedenfalls war diese Region den Zwillingen zugeordnet.

Der Löwe, LEON, gehört zu Nordafrika, das im Altertum allgemein Libyen = Löwenland hieß.

Das nächste Bild war eine Kornähre. Es stand über der Kornkammer der damaligen Welt: von Ägypten über Arabien bis Mesopotamien.

Maschu ist der Skorpionmensch, der in den Gebirgen Asiens nördlich des Iran lebte. Dort gibt es noch heute die gefährlichsten Skorpione.

Der Ziegenfisch SCHING stammt aus Zentralasien. In dem Gebiet der Darden zwischen Ural und Pamir wurden die Ziegen zuerst gezüchtet.

DAL = Wassermann ist das älteste Bild des Tierkreises. Er steht über dem regenreichen Nordeuropa[310].

123

So wie man eine bemerkenswerte Beziehung des Tierkreises zu Völkern und Ländern gesehen hat, so auch zum zeitlichen Ablauf des Weltgeschehens. Das hängt zusammen mit der allmählichen Verschiebung des Frühlingspunktes. Der Frühlingspunkt ist der Schnittpunkt der Ekliptik und des Himmelsäquators und sozusagen der Nullpunkt des Tierkreises. Alle 2160 Jahre verschiebt sich dieser Punkt um ein Zei-

Präzession

DER TIERKREIS 201

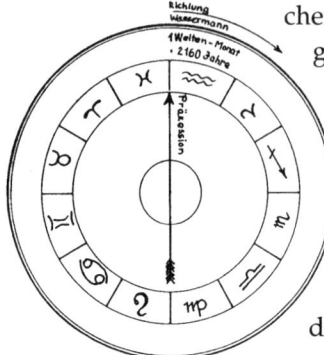

chen. In 25 920 Jahren durchwandert er also einmal den ganzen Tierkreis. Diese "Präzession" genannte Erscheinung rührt von der Taumelbewegung der Erdachse her. Die alten Völker, die dieses Phänomen genau kannten, nannten diesen Zeitraum von etwa 26 000 Jahren das "große Weltenjahr" oder ein "Äon". Ein Zwölftel des großen Weltenjahres ist also ein großer "Weltenmonat", eben der Zeitraum von 2160 Jahren, die der Frühlingspunkt benötigt, um ein Tierkreiszeichen zu durchwandern.

124 Weltzeitalter

Die Mystiker aller Zeiten waren und sind der Meinung, daß immer, wenn die Präzession wieder einmal fällig wird, auch eine neue Phase in der Menschheitsentwicklung anbreche. Nun ist es eine Tatsache, daß wir heute vor einem solchen Wechsel stehen. Seit über zweitausend Jahren befindet sich der Frühlingspunkt im Sternbild der Fische. In absehbarer Zeit wird er in das Sternbild des Wassermanns eintreten. Die Menschheit müßte also gegenwärtig vor dem Abschluß der Kulturepoche der Fische und vor dem Beginn der Wassermann-Ära stehen. Der Astrologe Löhlein schreibt hierzu: "Wer die Zeichen der Zeit zu deuten weiß, insbesondere die grundlegende Umwälzung im technischen Denken des letzten halben Jahrhunderts bis herauf in unsere Tage unter Einkalkulierung der ungeheuren beiden Weltkriegskatastrophen, der wird kaum mehr daran zweifeln, daß die Weltenuhr wieder einmal eine Umdrehung vollendet und daß sich eine völlig neue Epoche unter schmerzhaften Geburtswehen ankündigt. Wir leben bereits inmitten dieser Wende, und diesem kosmischen Geburtsakt gehen heftige tellurische Erschütterungen und Menschheitskatastrophen voraus. Es ist dem letzten Drittel des zwanzigsten Jahrhunderts vorbehalten, die eigentliche Wende einzuleiten. Die neue Umdrehung der Zeiger der Weltenuhr ins Zeichen Wassermann verkündet nichts weniger als einen völlig neuen `Zeitgeist`. Da dieser Begriff identisch ist mit unserem Weltbild, ja mit planetaren Umwälzungen, die ihrerseits ein völlig neues Denken auslösen müssen, so wird es verständlich, daß traditionelle, konservative Anschauungen sich nicht von heute auf morgen kampflos ergeben werden. Ein riesenhafter, ja gigantischer Kampf völlig entgegengesetzter Weltanschauungen muß stattfinden, in dem Systeme, Völker, ja Kontinente aufeinanderprallen. Daß in diesem mörderischen Kampf der Ideen, Geister, Weltanschauungen kein Kompromiß mehr zustandekommen kann, weiß jeder, der die früheren Kulturumbrüche der stattgehabten Präzessionen in ihrer geschichtlich-historischen Tragweite studierte. Sie hängen zusammen mit kosmischen Gesetzen..."[311].

Es läßt sich nicht leugnen, daß in der Tat die "Zeichen der Zeit" auf bevorstehende erhebliche Veränderungen im Weltgeschehen hinzudeuten scheinen. Die explosionsartige Zunahme der Zahl der Erdenbewohner, krisenhafte Entwicklungen der Weltwirtschaft, der Hunger und die Unterentwicklung in der "dritten Welt", die anscheinend unaufhaltsam fortschreitende Zerstörung der Natur, die Bewegung, die in die politischen Strukturen gekommen ist, das materialistische Denken der Menschheit und ihr Mangel an Ehrfurcht, Menschlichkeit, Weisheit und Liebe - das alles scheint bevorstehende Katastrophen und durch sie hindurch den Beginn neuer Entwicklungen anzudeuten. Es ist allerdings sehr die Frage, ob diese Aspekte tatsächlich etwas mit den "Weltzeitaltern" des Tierkreises zu tun haben. Zusammenbrüche und neue Epochen hat es schon oft in der Weltgeschichte gegeben. Ob das Studium der Kulturumbrüche anläßlich der früher stattgehabten Präzessionen wirklich eindeutig für die Lehre von den Weltzeitaltern spricht, ist eine fragwürdige Behauptung. Wer daran glaubt, findet natürlich immer Argumente, um solchen Glauben zu untermauern. Heinz Haber jedenfalls ist der Meinung:"Die Taumelbewegung der Erdachse schafft die astrologischen"Weltzeitalter"; seit Christi Geburt herrscht das "Weltzeitalter" der Fische. Solche Deutungen sind zwar charmant, aber nur gedankliche Spielereien"[312].

Gedankenspiele

Aber auch abgesehen von den "Weltzeitaltern" spielt der Tierkreis in der Astrologie eine große Rolle. Das umfangreiche und komplizierte astrologische Material zum Thema Tierkreis, das sich im Lauf der Zeiten angesammelt hat, kann in unserem Zusammenhang nicht gewürdigt werden. Die eigentliche und ursprüngliche Bedeutung des Zodiakus (Tierkreis) liegt in seiner Beziehung zum Lauf der für das menschliche Leben und

Tierkreis und Sonnenlauf

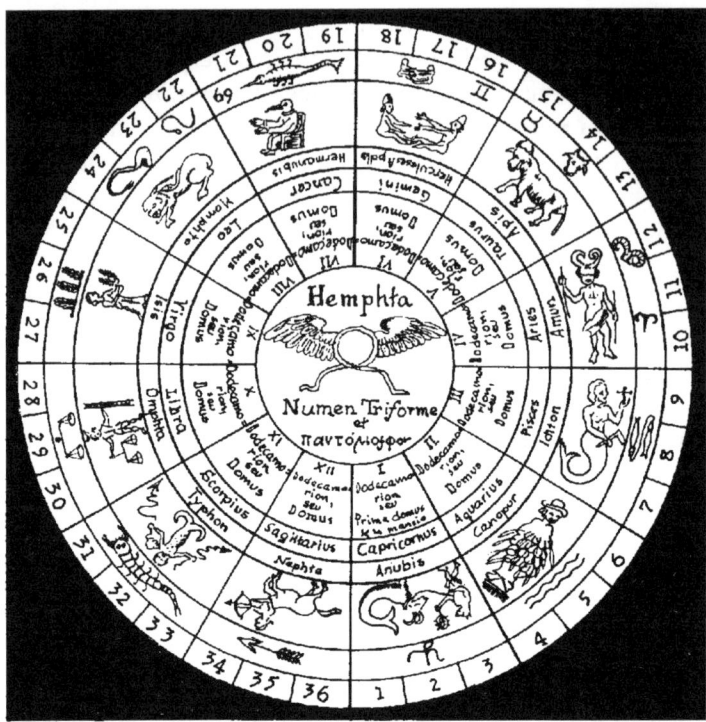

125

Denken so überaus wichtigen Sonne. Dieser Sinn der Symbole und Mythen des Tierkreises ist nur zu begreifen, wenn die Präzession des Frühlingspunktes durch die einzelnen Zeichen des Tierkreises im Lauf der Jahrtausende berücksichtigt wird.

Widder - Aries - 21.März - 20.April

Vor etwa zwei- bis viertausend Jahren lag der Frühlingspunkt im Sternbild des Widder. Darin sahen die Menschen ein gutes Vorzeichen: dem Widder würde es gelingen, mit seinen starken Hörnern die tiefstehende Sonne wieder in die Höhe zu stemmen und damit neues Licht und neue Wärme nach der dunklen und kalten Winterzeit heraufzubringen. Darum ist das stilisierte Hörnerpaar das Zeichen des Frühlingsmonats.

Der Widder mit dem goldenen Vlies

Für die alten Hirtenvölker war der Widder - und überhaupt das Schaf - von hoher Bedeutung. Dieses anspruchslose Tier mit seiner großen Fruchtbarkeit lieferte den Menschen Nahrung, Wolle für die Kleidung und Material für ihre

Zeltbehausungen. Darum spielt es in Sagen und Mythen der alten Zeit immer wieder eine Rolle. Berühmt ist der Widder mit dem goldenen Vlies. Merkur schenkte ihn den thessalischen Königskindern Phrixos und Helle. Der Widder entführte die beiden Kinder durch die Luft. Helle verliert während des Fluges ihren Halt und stürzt ins Meer, das noch heute ihren Namen trägt: Hellespont. Phrixos landet mit dem Widder glücklich in Kolchis an der Ostküste des Schwarzen Meeres. Er opfert das Tier und hängt das Vlies im Tempel zu Kolchis auf. Daran knüpft sich die bekannte Argonautensage. Der Seeheld Jason durchkreuzt mit seinem Schiff Argo die Meerengen zwischen dem Mittelmeer und dem Schwarzen Meer, um das goldene Vlies nach Griechenland zurückzuholen. Im späten Mittelalter erhält der Begriff "Goldenes Vlies" neue Bedeutung: Philipp III. von Burgund stiftet den "Orden vom Goldenen Vlies", der später vom Hause Habsburg verliehen wurde.

126 Widder - Aries

Wenn wir heute den ethnologischen Begriff "Arier" für die Völkergruppe der Indo-Europäer verwenden, so ist auch dies eine Erinnerung an die Bedeutung des Schafes bei den alten Völkern, denn Aries ist der lateinische Name für den Widder. Die Arier - das waren eben die Völker, bei denen dieses Tier eine so große Rolle spielte.

Die Arier

Im Mai durchläuft die Sonne das Sternbild des Stieres. Dann ist ihr Kampf mit den Mächten des Winters schon entschieden, der Sommer ist nahe. Vor 4000 bis 6000 Jahren war das anders. Damals stand die Sonne im Sternbild des Stieres, als es noch Winter war. Daraus schöpften die Menschen die Hoffnung oder die Gewißheit, daß es diesem gewaltigen Tier gelingen würde, die Sonne mit seiner sprichwörtlichen Kraft emporzuwuchten zu einem neuen Sommer. Es ist dies das gleiche Motiv, das wir auch schon beim Widder erwähnt haben. Daher ist auch das Zeichen dieses Sternbildes in der Idee ganz ähnlich: der Stierkopf mit seinen beiden Hörnern. Den alten Ägyptern und anderen Völkern war dieses Tier heilig. Sie verehrten es als den Stiergott Apis mit der Sonnenscheibe zwischen den Hörnern. Im altägyptischen Kult wurde er durch ein lebendes Tier repräsentiert. Wenn es starb, ersetzte man es durch ein junges Rind. Eine Erinnerung an den

Stier - Taurus -
21. April - 21. Mai

127 Stier - Taurus

DER TIERKREIS 205

Stierkult der Mittelmeervölker haben wir in der alttestamentlichen Geschichte vom goldenen Kalb. Das aus jahrhundertelanger Sklaverei aus Ägypten entflohene Volk der Juden wird in der Wüste, als Mose auf dem Berg Sinai weilt, von Panik ergriffen. Sie fordern Aron auf: "Auf! Mache uns einen Gott, der vor uns herziehe! Denn von diesem Mose, dem Manne, der uns aus Ägypten hierher geführt hat, wissen wir nicht, was aus ihm geworden ist". Aron fertigt ihnen aus Gold ein gegossenes Kalb an."Da riefen sie: Das ist dein Gott, Israel, der dich aus dem Land Ägypten hergeführt hat!"[313]

Einen letzten Nachklang des mediterranen Stierkultes haben wir in den Stierkämpfen, die heute noch in Spanien üblich sind.

Die Plejaden

Zum Sternbild des Stieres gehört auch der große und helle Aldebaran und das Siebengestirn der Plejaden. Allerdings sind im Siebengestirn mit bloßem Auge nur sechs Sterne zu erkennen. Die Griechen haben dafür eine hübsche Erklärung. Die Plejaden waren nach der griechischen Sage die Töchter des Atlas, jenes Riesen, der das Schicksal hatte, die Last des Weltalls auf seinen Schultern tragen zu müssen. Die sieben Töchter waren hierüber so untröstlich, daß sie in Sterne verwandelt wurden. Aber Elektra, eine von den Schwestern, deren Sohn Dardanus die Stadt Troja gegründet hatte, verließ ihren Platz am Himmel aus Trauer über den Fall und die Zerstörung Trojas. Und das ist der Grund, warum im Siebengestirn nur sechs Sterne zu sehen sind.

Zwillinge - Gemini - 22.Mai - 21.Juni

Zwillinge sind ein Fruchtbarkeitssymbol. "In alten Zeiten waren viele Kinder ein großer Segen, und wenn man gleich zwei auf einmal bekam, so war das besonders gut"[314]. Als vor etwa 4000 Jahren die Sonne zur Frühlingszeit sich in diesem Sternbild befand, da war dieses Symbol besonders sinnvoll, erhoffte man sich doch von der wieder erstarkenden Sonne und der erwachenden Natur den Segen der Fruchtbarkeit für Acker, Tier und Mensch.

Im Wonnemonat Mai

Das Urbild dieses Zeichens sind zwei menschliche Gestalten, die einander gegenüber sitzen und sehnsuchtsvoll ihre Arme und Füße einander zustrecken. Dies ist ein Bild der

Zuneigung und Liebe aller Wesen zueinander, ein Ausdruck des Wunsches nach Vereinigung, "der mit voller Urkraft die Wesen im Frühling, im `Wonnemonat Mai` überkommt"³¹⁵.

Das Zwillingspaar der Dioskuren, Kastor und Pollux, erfreute sich bei den Römern besonderen Ansehens. Sie galten als Beschützer der Schiffahrt, und die Schiffe der damaligen Zeit waren oft mit ihrem Bilde geschmückt. So berichtet die Apostelgeschichte des Lukas in der anschaulichen Schilderung der Reise des Paulus nach Rom, daß der Apostel nach seinem Schiffbruch und einem vierteljährigen Aufenthalt auf der Insel Malta zur Weiterreise nach Rom ein alexandrinisches Schiff benutzte, das mit dem Wappen der Dioskuren geschmückt war, d.h. daß am Vorderteil des Schiffes das Bild der Zwillinge, geschnitzt oder gemalt, angebracht war³¹⁶. Häufig werden die Dioskuren auch mit einem Stern oder einer kleinen Flamme über ihren Köpfen dargestellt, einem Symbol des Elmsfeuers, das bei gewittrigem Wetter an den Mastspitzen der Schiffe zu sehen ist. Die Seeleute glaubten, daß in diesem Feuer die Dioskuren sich als ihre Beschützer gegenwärtig zeigten.

Kastor und Pollux

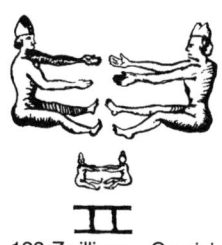

128 Zwillinge - Gemini

Ein bemerkenswertes Motiv der Dioskurensage ist auch die Erzählung von der Unsterblichkeit des Pollux, während sein Bruder Kastor sterblich war. Nach dem Tode Kastors war Pollux untröstlich über den Verlust seines Bruders. Jupiter öffnete ihm zum Ersatz den Olymp. Aber Pollux wollte ohne seinen Bruder nicht leben. Da erlaubte Jupiter dem Pollux, seine Unsterblichkeit zur Hälfte an seinen Bruder abzutreten. So geschah es, und hinfort verbringen beide miteinander die Hälfte der Tage im Hades und die andere Hälfte im Olymp. Nach einer anderen Version ist jeder, getrennt vom anderen, den einen Tag im Himmel und den anderen Tag in der Unterwelt. Es ist nicht ausgeschlossen, daß dieses Motiv einer älteren Tradition entstammt, in der die Zwillinge Sinnbilder von Sonne und Mond waren, die sich ja auch abwechselnd "in der Unterwelt" und am Himmel aufhalten. Ein anderer Zug der Dioskurensage könnte diese Deutung bestätigen, nämlich der Glaube, daß es den Zwillingen möglich sei, trockenen Fußes das Meer zu begehen.

Sterblich und unsterblich

Krebs - Cancer - 22.Juni - 22.Juli

Der Krebs ist ein sehr unscheinbares Sternbild, und dem Betrachter fällt es schwer, in den fünf schwachen Sternen das Bild des Krebses zu erblicken. Dennoch hat auch dieses Bild seinen guten Sinn. Dem Krebs wird ja nachgesagt, daß er, aufgeschreckt, rückwärts ins Wasser läuft. Auf die Sonne übertragen heißt das: nun - im Juni und Juli - hat die Sonne ihren höchsten Stand erreicht. Jetzt bewegt sie sich sozusagen nicht mehr vorwärts, sondern zieht sich in das "Meer der Nacht" zurück.

Mißlungener Anschlag

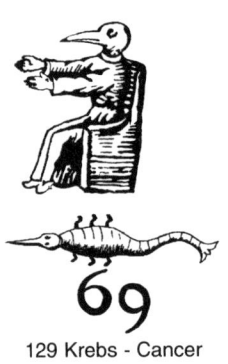

129 Krebs - Cancer

Die griechische Sage erzählt, wie der unscheinbare Krebs zu der Ehre gekommen ist, am Himmel zu erscheinen. Dies hängt mit der Herkules-Sage zusammen. Die erste der zwölf schweren Aufgaben des Helden bestand darin, den nemeischen Löwen zu töten. Nun war aber Herkules ein unehelicher Sohn des Zeus. Hera, die Gattin des Zeus, hatte ein Interesse daran, den Herkules aus der Welt zu schaffen. Entsprechend den rauhen Sitten der griechischen Götter beauftragte Hera den Krebs, Herkules während des Kampfes in die Ferse zu zwicken und ihn so kampfunfähig zu machen. Aber der Anschlag mißlang. Der Held zertrat den Krebs und besiegte den Löwen. Dennoch zeigte sich Hera erkenntlich und versetzte den Krebs an den Himmel.

Löwe - Leo - 23.Juli - 23.August

Der Löwe ist in mehrfacher Hinsicht ein treffendes Bild für die Sonne im Hochsommer. Der Kopf des männlichen Tieres, umwallt von einer gelbbraunen Mähne, erinnert an die Sonne mit ihrem Strahlenkranz. Die Kraft des Löwen symbolisiert die gewaltige Energie, die von der Sonne ausgeht. Die Gefährlichkeit des "Königs der Wüste" für andere Tiere und für den Menschen ist sinnbildlich zu verstehen für die Gefahr einer alles Leben bedrohenden Sonnenglut, wie sie die Völker des Südens immer wieder erleben.

Der nemeische Löwe

Nach der griechischen Sage ist der Löwe im Tierkreis kein anderer als der von Herkules bezwungene nemeische Löwe. Da das Tier durch Waffen unverwundbar war, erwürgte Herkules es im Kampf. Anschließend zog er ihm das Fell über die Ohren, das er - einschließlich Kopf - fortan mit sich führte. Bei Kämpfen legte der Held dieses Löwengewand an und wurde dadurch nicht nur unverwundbar, sondern erzielte natürlich auch eine erhebliche moralische Wirkung bei seinen Gegnern.

Das Zeichen für das Sternbild des Löwen ist verschieden gedeutet worden. Eine dieser Deutungen besagt, dieses geringelte Gebilde sei der Schwanz des Löwen, den dieser, auf dem Erdboden kauernd, auf seinen Rücken gelegt habe. Nach der pars pro toto - Regel erscheint diese Deutung annehmbar.

Schwanzquaste

Die andere Deutung ist an den zweithellsten Stern des Löwen geknüpft, der das Ende des Schwanzes bildet und Denebola heißt. Dies arabische Wort bedeutet "Schwänzchen" oder "Schwanzquaste". Die Sage erzählt nun, ein ägyptischer Tempelbaumeister habe sich in Berenike verliebt, die mit ihrem Bruder Ptolemäus Euergetes vermählt war. Als dieser in den Krieg nach Syrien zog, glaubte der Liebhaber, nun sei seine Stunde gekommen. Aber Berenike wollte nichts von ihm wissen. Sie gelobte der Venus, ihr schönes Haupthaar zu opfern, wenn Ptolemäus glücklich wiederkehren würde. Ihre Bitte wurde erhört. Die Königin schnitt ihr Haar ab und brachte es in den Tempel der Aphrodite Zephyritis. Am andern Tage war das kostbare Haar verschwunden. Der Astronom Conon sagte, es sei unter die Sterne versetzt. Aber der enttäuschte Liebhaber erklärte giftig, was da am Himmel zu sehen sei, sei keineswegs das Haar der Königin, sondern der Schwanz des Löwen. Dazu muß man wissen, daß sich in unmittelbarer Nähe des Denebola ein Sternbild befindet mit dem Namen "Haupthaar der Berenike".

Haupthaar der Berenike

130 Löwe - Leo

Wenn die Sonne im Sternbild der Jungfrau steht, dann naht der Herbst, und dann ist Erntezeit. So ist die Jungfrau identisch mit der in vielen Völkern und unter vielen Namen verehrten Göttin der Fruchtbarkeit: der Isis der Ägypter, der Ischtar der Babylonier, der Proserpina der Römer und der Persephone der Griechen. Das Symbol der Fruchtbarkeit - oder besser: eines von vielen - ist die Ähre. Und so wird die Jungfrau denn auch durch ein Zeichen versinnbildlicht, das drei Ähren andeutet, drei als Zeichen großer Fruchtbarkeit. Haber schreibt:"Wenn die Sonne im Sternbild der Jungfrau steht, befindet sie sich

Jungfrau - Virgo - 24.August - 23.September

131 Jungfrau - Virgo

bereits auf dem absteigenden Ast ihres Laufes, und deshalb sind in diesem Motiv Fruchtbarkeit und Tod eng miteinander verwoben"[317]. Das ist zweifellos richtig. Aber die Zusammengehörigkeit von Fruchtbarkeit und Tod ist nicht nur durch die Gleichzeitigkeit von Ernte und Abstieg der Sonne bedingt. Es ist hier mitzubedenken, was Christus gesagt hat: "Wenn das Weizenkorn nicht in die Erde hineingelegt wird und abstirbt, so bleibt es ein Korn für sich allein; wenn es aber abstirbt, bringt es reiche Frucht"[318]. Der von Haber zitierte Raub der Persephone ist eine mythische Einkleidung dieser Wahrheit. Die Fruchtbarkeitsgöttin Persephone muß auf Anordnung des Zeus ein halbes Jahr in der Unterwelt sein, um Wachstum, Gedeihen und Ernte zu gewährleisten. Gleichzeitig symbolisiert der wechselnde Aufenthalt der Göttin die grundlegende Zweiteilung des Jahres in Sommer und Winter.

Waage Libra -
24.September -
22.November

182 Waage - Libra

Das Symbol der Waage veranschaulicht das Gleichgewicht, in diesem Falle die Herbsttagundnachtgleiche. Während die Frühlingstagundnachtgleiche den Sieg der Sonne über den Winter bedeutet, also den Beginn neuer Aktivitäten im neuen Jahr, ist das herbstliche Gegenstück dazu "ein Zeichen für den Abschluß der Rechnungen über die Handlungen im vergangenen Jahr; die Ernte, die über das Wohlergehen und den Reichtum im Winter entscheidet".

Die Waage ist darum auch ein Sinnbild für die Gerechtigkeit. In älteren Tierkreiseinteilungen finden wir das Virgo- und das Libra-Zeichen zu einem einzigen vereinigt: die Jungfrau als Göttin Justitia mit der Waage[319].

Skorpion - Scorpio -
24.Oktober -
22.November

Der Stich des Skorpion kann tödlich sein. So soll nach der griechischen Mythologie der Riese und gewaltige Jäger Orion, dem ja "das prachtvollste Sternbild am ganzen Himmel[320] gewidmet ist", von einem Skorpion getötet worden sein. Orion hatte sich im Übermut zu der törichten Äußerung hinreißen lassen, er wolle kein wildes Tier auf der Erde leben lassen. Darum mußte er ausgerechnet durch ein so kleines Tier selber sterben. Der Skorpion versinnbildlicht den "Kampf zwischen Leben und Tod, zwischen Licht und Schatten, zwischen Sommer und Winter, den die Sonne zu bestehen hat"[321]. Das Skorpionzeichen mit seinem nach unten gerichteten Stachel deutet Unheil an. Von diesem Unheil ist die Sonne betroffen, die im November ihrem tiefsten Stand entgegengeht. Erde, Mensch und Tier leiden mit, wenn die Sonne durch den Stich des Skorpion ihre Kraft verliert und Dunkelheit und Kälte sich ausbreiten. Eine Legende will wissen, daß der Skorpion, wenn seine Zeit abgelaufen ist, sich selber tötet. Symbolisch kann dies verstanden werden als Hinweis auf das Absterben der Sonnenkraft im Spätjahr, aber auch als tröstliches Zeichen dafür, daß die Unheilmacht sich selber den Garaus macht und schließlich den Weg freigibt für das Wiedererstehen der Sonne und des Lebens.

133 Skorpion - Scorpo

Das Zeichen des Skorpion kann also auch Glück andeuten. Das geht aus einem polynesischen Mythos hervor: ein Fischer hatte sich eines Tages einen besonders schönen und großen Angelhaken hergestellt. Damit bekam er einen riesigen Fisch zu fassen. So jedenfalls schien es ihm. Als er den Fisch an Land ziehen wollte, stellte er fest, daß es eine ganze Insel war, was da an seinem Angelhaken hing, eine Insel mit Bergen, Kokospalmen, Ziegen und Vögeln. Mit großer Anstrengung zog er die Beute aus dem Wasser und entriß so die Insel den Mächten der Unterwelt. Zum Gedächtnis an diesen gewaltigen Fischzug versetzten die Götter den glückbringenden Angelhaken an den Himmel. Es handelt sich um das gleiche Zeichen wie unser Skorpion[322].

Der glückbringende Angelhaken

Im Sternbild des Schützen erreicht die Sonne ihren tiefsten Stand. Die Mittelmeervölker haben in diesem Sternbild einen Kentauren (Roßmenschen) gesehen, gerüstet mit Pfeil und Bogen. Mit seiner Waffe kämpft er gegen die dunklen Mächte, die die Sonne bedrohen. Die Gestalt des Kentauren erinnert an die indischen Mythen von Kalki und Wischnu, "der als unbesiegbarer Reiter oder Roßmensch alle dunklen Kräfte in die Flucht schlägt"[323].

Schütze - Saggitarius - 23.November - 21.Dezember

Der Pfeil des Schützen, der als Zeichen für dieses Sternbild dient, bedeutet aber nicht nur die Waffe im Kampf um das Licht der Sonne. Er ist auch ein phallisches Symbol, ein Sinnbild für männliche Zeugungskraft und neues Leben. Auch der antike Roßmensch hat diesen Symbolgehalt[324].

Der Pfeil des Schützen

Der Roßmensch Cheiron

134 Schütze - Sagittarius

Die Griechen sahen im Sternbild des Schützen den Kentauren Cheiron. Dieser war ein Freund und Wohltäter der Menschen. Er erzog so berühmte Männer wie Achilles, Jason und Äskulap und lehrte sie Ethik, Musik und Medizin. Cheiron war unsterblich. Aber Herkules verwundete ihn versehentlich durch einen Pfeil. Cheiron litt so stark an der Wunde, daß er Zeus bat, ihn sterben zu lassen. Zeus erfüllte seinen Wunsch und ließ ihn seine Unsterblichkeit gegen die Sterblichkeit des Prometheus eintauschen. So fand Cheiron seine Ruhe[325], und Zeus versetzte ihn an den Himmel, wo er eben mit der Waffe, die ihm selber zum Verhängnis geworden war, die Mächte des Unheils abwehrt. "Wenn die Sonne im Schützen steht, wird sie von ihrem winterlichen Siechtum geheilt, nachdem der Stachel des Skorpion sie vergiftet hatte"[326].

Steinbock - Capricornus - 22.Dezember - 20.Januar

Nachdem die Sonne am 21.Dezember ihren tiefsten Punkt erreicht hat, steigt sie im Zeichen des Steinbock allmählich wieder empor. In der Vorstellung der antiken Völker hilft ihr dabei der Steinbock. Alle gehörnten Tiere des Tierkreises haben diese Aufgabe, die Sonne wieder auf die Höhe zu bringen. Dabei mag auch der Gedanke eine Rolle gespielt haben, daß der Steinbock als Bewohner des Hochgebirges und geschickter Kletterer für diese Aufgabe besonders geeignet sei.

Ein merkwürdiges Ungeheuer

135 Steinbock - Capricornus

Allerdings ist das mythische Wesen, das den Namen Steinbock trägt, ein merkwürdiges Ungeheuer mit dem Oberkörper eines Steinbocks und dem Unterleib eines Fisches. Der Fischschwanz im Wasser soll einen Monat anzeigen, "in dem die Sonnenkraft noch zu einem großen Teil im Dunkel der Tiefe verborgen scheint"[327]. Wegen seines Zwitterwesens wird der Steinbock auch "Ziegenfisch" genannt. Wie er zu dieser grotesken Gestalt gekommen ist, erklärt die griechische Sage so: "Bei ihrer Schlacht mit den Titanen stand es für die Götter eine Zeitlang recht schlecht, und sie mußten die Flucht ergreifen. Sie begaben sich nach Ägypten und, von den Titanen verfolgt, stürzten sie sich in die Fluten des Nils. Dabei verwandelten sie sich alle zur Tarnung in verschiedene Wassertiere. Lediglich Pan mit seiner Flöte kam zu spät. Als er sich in den Nil stürzte, gelang es ihm nur, seinen Unterleib in einen Fisch zu verwandeln, während sein Oberkörper lediglich die Gestalt einer

Ziege annehmen konnte. Aus diesem Grunde heißt dieser merkwürdige Zwitter im Tierkreis auch der "Ziegenfisch", und in dieser Gestalt sehen wir ihn auch auf vielen alten Darstellungen abgebildet"[328].

Das Wesen des Wassermannes ist mehrdeutig. In der slawischen Mythologie hat er "nur immer Böses mit den Menschen im Sinn"[329]. Er haust in Flüssen, Seen und Teichen und ist ein ausgesprochener Menschenfeind, von dem es hieß, er betrachte die Menschen als seine Schuldner und zöge daher als Tribut menschliche Opfer in die Tiefe. Bei den Germanen gab es ähnliche volkstümliche Vorstellungen.

Wassermann - Aquarius - 21.Januar - 19.Februar

Die Babylonier hingegen sahen im Wassermann den segensreichen Gott Ea. Auch er war ein Mischwesen, halb Mensch, halb Fisch. Er hat den Menschen das fruchtbringende Wasser beschert und sie mit der Kunst des Ackerbaus vertraut gemacht[330]. Die Inder stellen den Wassermann gern als einen jungen Mann dar, der ein Gefäß in seinen Händen hält, aus dem er der Erde das kostbare Naß mitteilt.

Halb Mensch, halb Fisch

Die beiden Wellenlinien, die den Wassermann symbolisieren, werden nicht immer schlechthin als Sinnbild des Wassers gedeutet. Einige Forscher sehen in der unteren Linie das Meer, in der oberen aber die Erde mit ihren Bergen, die aus den Fluten des Urozeans steigt, "also das Bild der Neuschöpfung der Welt"[331]. Diese Deutung fügt sich nicht schlecht in den Sinnzusammenhang mit den übrigen Tierkreiszeichen ein. Im Wassermann-Monat gewinnt die Sonne schon merklich an Kraft. Die ersten Zeichen des nahenden Frühlings kündigen sich an - "für den Menschen, der noch unmittelbar mit seiner Umwelt verbunden lebt, ist das noch immer jedes Jahr das Wunder der Neuschöpfung der Erde"[332].

Die zwei Wellenlinien

136
Wassermann - Aquarius

Allerdings: wie das Feuer für den Menschen und seine Welt nicht nur eine segensreiche Bedeutung hat, sondern auch zu einer Unheilsmacht werden kann, ebenso das Wasser. In den Mythologien fast aller Völker finden wir Sagen über eine große Flut, die vorzeiten die Erde heimgesucht hat. Die Bibel berich-

Die große Flut

tet ebenfalls darüber in der Erzählung von der "Sintflut"³³³. Während im Alten Testament die große Flut als Strafe Gottes für die Verderbtheit der Menschen dargestellt ist, wird in den Mythen anderer Völker der Wassermann dafür verantwortlich gemacht.

Sintflutsage - Bestandteil des Sonnenkultes?

Eine für unseren Zusammenhang bemerkenswerte Deutung der Sintflutsage hat Kurt Boeckmann gegeben³³⁴. Er unterscheidet in der Flutsage zwei Vorstellungsreihen, eine kosmische und eine religiöse und sagt:"Der kosmischen liegt als Motiv das allabendlich aus dem Meer aufsteigende Nachtdunkel zugrunde. Es bricht über die Erde herein und raubt ihr das Leben. Dieser Vorgang hat das Thaumazein (Staunen) des primitiven Menschen durch das Symbol der Wasserüberflutung (das sinnfälligste, das er hierfür haben konnte) ausgedrückt. In das Dunkel hinein aber schwimmt (als Kahn, Floß oder Arche) die Sonne. Sie nimmt den Menschen und auch andere Lebewesen mit, die sie in einer täglichen Schöpfungserneuerung am nächsten Morgen auf der Spitze des höchsten Berges landet. Wie dieses Landungsmotiv zustande kommt, ist gleichfalls völlig klar. Denn die Spitzen der Berge werden von den Strahlen der aufgehenden Sonne zuerst erreicht. Das Fallen der Wasser wäre dann nichts anderes als die bergabsinkende Finsternis. So stellt sich der Sintflutmythos dem Schöpfungsmythos ergänzend gegenüber...Es dürfte also feststehen, daß die weitverbreiteten Sintflutsagen Bestandteile des Sonnenkultes sind, also jedenfalls zur solaren Kultur gehören". Ohne uns die Thesen von Boeckmann zu eigen zu machen, halten wir fest, daß der von ihm behauptete Zusammenhang von Wasser und Sonnenkult gut in die Deutung des Tierkreises hineinpaßt.

Fische - Pisces - 20. Februar - 20. März

Zwei Fische, die umeinander kreisen - das ist das Symbol dieses Sternbildes. Sie sind das Bild der Bewegung im Wasser und damit der Lebenskräfte, die das Wachstum des neuen Jahres auslösen³³⁵. Das Vorbild für dieses Zeichen scheinen antike Darstellungen göttlicher Wesen mit Fischschwanz zu sein. A. Kircher hat in seiner bildlichen Darstellung des Tierkreises eine solche Gestalt gezeichnet. Sie hält in der einen Hand den Meßwinkel als Kennzeichen des Schöpfers und Baumeisters. In der anderen Hand hält sie eine kleine

Menschenfigur: die Krone des schöpferischen Wirkens der Gottheit ist die Erschaffung des Menschen.

Fisch und Wassermann

In der Urchristenheit hat man den Fisch als Sinnbild für den menschgewordenen Gottessohn angesehen. Das Symbol wurde abgeleitet von den griechischen Worten

> *Iesous Xristos theou uios sother*
> *Jesus Christus Gottes Sohn Heiland*

Setzt man die Anfangsbuchstaben der griechischen Worte zusammen, so ergibt sich das griechische Wort Ichthus = Fisch. Offenbar hat man, bewußt oder unbewußt, alte mythische Vorstellungen von dem Fischgott, der das Leben schafft, auf Christus übertragen. Dabei mag auch mitgespielt haben, daß in dem Zeitalter, als Jesus geboren wurde, der Frühlingspunkt in das Zeichen der Fische eingetreten ist und somit das Zeitalter der Fische begonnen hat. Auch damit war die Gedankenverbindung Fisch - Frühling - neues Leben - Christus gegeben. Durch die bereits erwähnte Präzession tritt nun allerdings demnächst der Frühlingspunkt vom Zeichen der Fische in das des Wassermanns über. Wenn man Kirchers Darstellung des Wassermanns ansieht, dann dürfte es nicht schwerfallen, auch zwischen Wassermann und Christus eine sinnvolle symbolische Verbindung herzustellen. Im Johannes-Evangelium spricht Christus: "Wer an mich glaubt, wie die Schrift sagt, von des Leibe werden Ströme des lebendigen Wassers fließen"[336] und an anderer Stelle: "Wer von dem Wasser trinken wird, das ich ihm gebe, den wird ewiglich nicht dürsten; sondern das Wasser, das ich ihm geben werde, das wird in ihm ein Brunnen des Wassers werden, das in das ewige Leben quillt[337].

137 Fische - Pisces

23 Fata Morgana

Luftspiegelung Luftspiegelungen sind ein bekanntes physikalisches Phänomen. Dem Autofahrer begegnet es, wenn er an einem Sommertag in flimmernder Hitze über eine Landstraße fährt. Plötzlich sieht er vor sich auf der staubtrockenen Straße glänzende "Wasserlachen". Aber er befürchtet kein Aquaplaning, denn er weiß aus Erfahrung: dies ist eine kleine Sinnestäuschung, hervorgerufen durch die ausstrahlende Hitze des Straßenbelags, die das Licht nach oben ablenkt und dadurch die Illusion von Wasserlachen hervorruft.

Eindrucksvoller ist das Erlebnis, wenn der Badegast an der ruhig daliegenden Ostsee plötzlich sieht, wie das Meer sich gegen den Horizont hin scheinbar zu einer steilen Wand aufwölbt und alles, was auf ihm schwimmt, mit emporhebt.

Karikaturisten benutzen gern das Motiv des verschmachtenden Wüstenwanderers, der in der Ferne das herrliche Bild einer grünen Oase mit im Winde sich wiegenden Palmen und verlockenden Brunnen und Wasserstellen sieht. Aber das Bild trügt; es ist nur eine Fata Morgana, das durch Luftspiegelung nahegerückte Bild einer in Wirklichkeit weit entfernten Gegend.

Physikalische Erklärung Wir wissen heute, wie derartige atmosphärische Erscheinungen zustandekommen. Sie treten auf, wenn die Lufthülle der Erde aus mehreren Schichten wechselnder Dichte besteht, wie dies über stark erhitzten oder gekühlten Ebenen vorkommt, auf dem Lande ebenso wie auf dem Wasser. Durch die Erhitzung dehnt sich die Luft aus und bekommt dadurch eine geringere Dichte als die darunter oder darüber befindliche kühlere Luftschicht. So wie der Lichtstrahl durch das dichtere Medium des Wassers gebrochen wird, so wird er auch abgelenkt, wenn er in Luftschichten verschiedener Dichte trifft. Grundregel hierbei ist: die Ablenkung geschieht immer in

Richtung der größeren Luftdichte. Wenn also der Boden und die unmittelbar darüber befindliche Luft heiß ist, während die höheren Luftschichten kühler sind, so wird der Lichtstrahl nach oben abgelenkt. Dadurch erscheinen für das menschliche Auge am Boden befindliche Objekte (Bäume, Berge, Felsen, Schiffe, Häuser, Tiere, Menschen u.s.w.) emporgehoben. Dadurch können auch hinter dem Horizont befindliche Dinge sichtbar werden. Umgekehrt tritt eine "Spiegelung nach unten" ein, wenn die niederen Luftschichten kühl und die höheren warm sind.

Der Verlauf der Sehstrahlen in einer derart geschichteten Atmosphäre läßt aber nicht nur gehobene und gesenkte Bilder entstehen, sondern auch aufrechte und "auf dem Kopf" stehende. Ja nicht selten wird ein Objekt mehrfach übereinander gespiegelt, so daß etwa aus einem Haus oder einem kleinen Hügel oder Felsen ein riesig hohes Gebilde entsteht.

Überraschend ist bei diesen Spiegelungen, bei denen auch die Luftfeuchtigkeit eine Rolle spielt, daß die tatsächlichen Entfernungen oftmals auf einen Bruchteil zusammenschrumpfen, so daß Objekte, die beispielsweise 100 km entfernt sind, als in großer Nähe und mit allen Einzelheiten klar und deutlich zu erkennen sind; so etwa, wenn die Alpenkette vom Feldberg im Schwarzwald aus zu sehen ist oder die Felsen der französischen Kanalküste von der gegenüberliegenden englischen Küste.

Luftspiegelungen ereignen sich nur bei ruhigen Wetterlagen und geringer oder fehlender Luftbewegung. Da aber die Schichtung von warmer und kühler Luft meist nur kurze Zeit Bestand hat, sind auch die Luftspiegelungen nur von relativ kurzer Dauer. Rasch verändern sie ihr Aussehen und lösen sich wieder auf. Nicht selten brechen nach solchen atmosphärischen Erscheinungen schwere Stürme aus. In Gegenden, in denen häufig Luftspiegelungen auftreten, etwa in weiten Ebenen oder am Meer, wissen die Bewohner um diesen Zusammenhang und halten es für einen Vorboten des Sturmes, wenn entfernte Berge, Küsten und Inseln näher und größer erscheinen. *Vorboten des Sturms*

Der naturwissenschaftlich aufgeklärte Mensch unserer Zeit erlebt solche Erscheinungen vielleicht mit einigem Erstaunen *Beunruhigende Phänomene* über "die Wunder der Natur", aber ohne tiefere Beunruhigung. Nicht so die Menschen vergangener Jahrhunderte und Jahrtausende. Ihnen mußten die geschilderten Erscheinungen unheimlich vorkommen. Sie wurden durch diese Phänomene beunruhigt, geängstigt, in tiefes Erstaunen und Nachdenken versetzt. Und wenn sie nach Erklärungen suchten, so waren da nach ihrer Meinung Geister, Feen und überirdische, göttliche Mächte am Werk. Genau hier beginnt nun unser eigentliches Interesse an dem Phänomen der Fata Morgana.

Die Fata-Morgana-Forschung von Helmut Tributsch

Die folgenden Ausführungen gründen sich auf die Forschungen des Berliner Professors für Physik Dr.Helmut Tributsch. Er hat in den achtziger Jahren seine Forschungsergebnisse in mehreren Büchern veröffentlicht und vor allem herausgestellt, daß die Fata-Morgana-Phänomene für die Menschen der Megalith-Epoche von großer Bedeutung gewesen sind. Nach Tributsch bildete sich im 5.Jahrtausend vor Christus im westlichen Europa eine Priesterkaste, die durch genaue Beobachtung der Natur und der Fata-Morgana-Phänomene bestimmte religiöse Vorstellungen entwickelte. Sie errichteten an günstig gelegenen Stellen gewaltige Heiligtümer, die sich gelegentlich am Himmel spiegelten. Durch ihre systematische Naturbeobachtung waren die Priester in der Lage, zutreffende Voraussagen über die Wetterentwicklung zu machen. Sie vermittelten den Menschen ihrer Zeit die Überzeugung, daß die Fata-Morgana-Spiegelungen nichts anderes seien als das Nahekommen und Sichtbarwerden der jenseitigen Welt und daß die Seelen der Verstorbenen in solchen Augenblicken sicher in jene andere Welt hinübergeleitet werden könnten. Diese Lehre wurde offenbar mit einer Inbrunst und Begeisterung aufgenommen, daß sie die Menschen dazu motivierte, einen Großteil ihrer Lebenszeit und Arbeitskraft der Errichtung gigantischer Heiligtümer zu widmen, riesige Grabhügel und Menhirfelder, wie sie in der Bretagne, vor allem in der Gegend von Carnac, heute noch zu bestaunen sind. Französische Wissenschaftler haben ausgerechnet, daß die Menschen der Megalith-Kultur etwa 60 % ihres Einkommens dazu verwendeten, riesige Steine zu behauen, zu transportieren und in gigantischen Anlagen aufzustellen, sowie überdimensionale Grabanlagen zu errichten. Dabei deutet nichts darauf hin, daß etwa peitschenschwingende Aufseher Heere von Sklaven zur Arbeit angetrieben haben.

Da die Anhänger dieses Glaubens Küstenbewohner und sicher auch Seefahrer gewesen sind, breitete sich ihre Religion, ausgehend von der Bretagne, rasch an allen europäischen Küsten aus. Um 3400 erreichte sie mit den Sumerern Mesopotamien und den persischen Golf. Um 3000 faßte sie im Nildelta Fuß. Die religiösen Ideen der Megalith-Leute verschmolzen mit den Ideen der missionierten Völker und führten zu riesigen sakralen Bauten wie die Tempeltürme Babyloniens und die Pyramiden Ägyptens. Nach Tributsch haben die Missionare der Fata-Morgana-Religion gegen Ende des 3. Jahrtausends das heutige Mexiko erreicht. Außer in den Überresten der megalithischen Bauwerke finden sich die Spuren des Fata-Morgana-Glaubens heute nur noch in den Lehren der Druiden, jener keltischen Priesterkaste von den westeuropäischen Küsten und Inseln.

Ausbreitung der Megalith-Religion

Über Sinn und Zweck der Megalithbauten streiten seit Jahrhunderten die Gelehrten. So hat man gemeint, die Steinreihen von Carnac seien als Teil eines astronomischen Observatoriums zu verstehen, das zur Beobachtung und Bestimmung der Sonnenwenden und anderer markanter Sonnenauf- und -untergänge gedient habe. Aber Tributsch weist darauf hin, daß ein solcher Aufwand lediglich zur Bestimmung der Jahreszeiten völlig unnötig sei. Andere behaupten, die Bauwerke hätten dazu gedient, die Mondfinsternisse vorauszusagen oder sonstige komplizierte astronomische Berechnungen durchzuführen. Das alles klingt wenig glaubwürdig.

Großes Rätselraten

Tributsch ist bei seinen Reisen nach Carnac klar geworden, daß die Steinreihen den Fata-Morgana-Beobachtungen der Megalith-Priester gedient haben müssen. Ihm fiel auf, daß in der Umgebung von Carnac, auf den vorgelagerten Inseln und auf der Halbinsel Quiberon der Ortsname Locmaria, der für die Bretagne nicht typisch ist, in einer gewissen Häufung vorkommt. Er nahm eine Karte von der Südküste der Bretagne und zog mit dem Lineal gerade Linien von dem am weitesten nördlich gelegenen Ort dieses Namens auf dem Festland, etwa

Das Locmaria-Beobachtungssystem

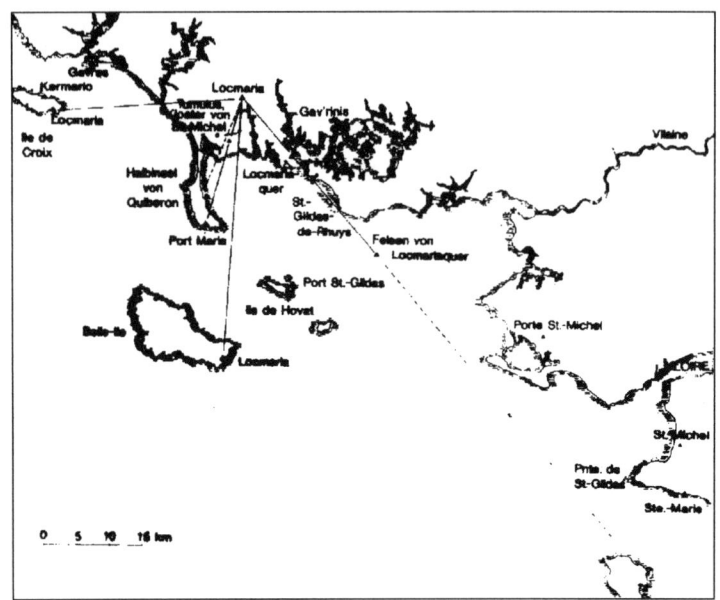

138

8 bis 10 Kilometer von der Küste entfernt, zu den gleichnamigen Orten an der Küste, auf den Inseln und auf der Halbinsel Quiberon. Die erste dieser Linien geht nach Westen auf die Insel Croix, in deren östlichem Teil ein Locmaria liegt. Genau auf dieser Linie liegt die Steinallee von Kerzhero. Die nächste trifft auf Port Maria am Südende der langgestreckten Halbinsel Quiberon. Auf dieser Linie liegt die Steinallee von Kermario. Die dritte Linie geht über die Steinallee von Kerlescan und über die weite Bucht von Quiberon bis zu dem an der Ostküste der Belle Ile gelegenen Locmaria. Die vierte Linie geht nach Südosten zum großen Menhir von Locmariaquer und weiter aufs Meer hinaus. Sie streift den mit einem Fürstenhügel versehenen Megalithstandort Le Petit Mont und zielt auf die Felsen von Locmariaquer, die heute nur bei Ebbe aus dem Wasser auftauchen, aber zur Megalithzeit deutlich über dem Wasser lagen.

Das nördliche Locmaria auf dem Festlande, von dem sämtliche Linien ausgehen, liegt auf einem 50 Meter hohen Hügel, der weit und breit die höchste Bodenerhebung darstellt. Von hier aus konnte man in der Tat mit Leichtigkeit, die verschiedenen Steinreihen und den riesigen Menhir von Locmariaquer als Visier gebrauchend, sämtliche Heiligtümer des gleichen Namens an der Küste und auf den Inseln anpeilen. Tributschs

These, daß es sich hier um ein großangelegtes System zur Beobachtung atmosphärischer Vorgänge, insbesondere des Fata-Morgana-Phänomens, handelt, ist überzeugend.

Der Forscher vermutete hinter dem Namen Locmaria und den anderen, ähnlich klingenden Namen Port Maria und Kermario die Lösung eines prähistorischen Rätsels, das mit Fata-Morgana-Erscheinungen zusammenhing. Im Buch Les Celtes des Keltenforschers Jean Markale stieß er auf eine Deutung des Namens Locmariaquer. Danach bedeuten die Namensteile loc und quer bzw. ker nur "Stätte" und "befestigter Platz". So beschränkte sich das Problem auf die Erklärung des Namens Maria. Nach Markale handelt es sich um eine bewußte Veränderung des ursprünglichen keltischen Namensteiles "Maru", das "Tod" bedeutet. Mithin lautet die Übersetzung von Locmaria und der anderen mit Maria oder Mario zusammengesetzten Namen "Stätte des Todes". Die Veränderung der Namen erfolgte zur Zeit der Christianisierung der Kelten. Die christlichen Missionare wollten damit den ursprünglich heidnisch-religiösen Sinn dieser Stätten und ihrer Namen dem Vergessen anheimgeben. Deshalb ersetzten sie die keltische Bezeichnung maru=Tod durch den ähnlich klingenden Namen der "Gottesmutter" Maria.

Stätte des Todes

"Damit scheinen zwei Fragen auf einen Schlag beantwortet zu sein. Die erste betrifft den Grund für die Häufung der vielen Megalithanlagen um Carnac, und die Antwort lautet, daß von einem bisher unbeachteten Hügel im Landesinneren über Menhirfelder hinweg die vorgelagerten Inseln beobachtet wurden, um Luftspiegelungen zu registrieren. Die zweite Frage betrifft den Glauben, der hinter der riesigen Anlage steht, und hier lautet die Antwort: es war das Tor zur jenseitigen Welt".

Tor zum Jenseits

Viele weitere Einzelheiten bestätigen diesen Befund. So liegen beispielsweise in Sichtweite des Beobachtungshügels von Locmaria wenigstens vier Plätze, die nach dem Namen des heiligen Michael benannt sind. Dieser Heilige galt als Führer der himmlischen Heerscharen und Sieger über den heidnischen Höllendrachen, als Verteidiger und Beschützer des neuen christ-

St. Michael

lichen Glaubens und als Seelenbegleiter ins Paradies. Damit war Michael für eine heidnische Stätte des Totenkults und des Übergangs zum Jenseits die ideale christliche "Ersatzpersönlichkeit", die ohne radikale Veränderung den Glauben der heidnischen Bevölkerung langsam auf christliche Anschauungen umlenken sollte.

Offener Himmel   Von der zentralen Beobachtungsstelle in Locmaria aus waren die Priester in der Lage, eine infolge atmosphärischer Veränderungen erfolgte scheinbare Hebung oder Senkung der anvisierten Ziele relativ zur Lage der Menhirfelder zu erkennen. Ohne mathematische Rechenexempel, nur durch Erfahrung aufgrund regelmäßiger Beobachtung, konnten die Fata-Morgana-Priester wissenschaftlich wiederholbare Beobachtungen durchführenn und Prognosen stellen. Nicht nur die Hebungen und Senkungen der beobachteten Küsten konnten sie über die Steinalleekimme größenmäßig erfassen, von Zeit zu Zeit konnten sie auch als Höhepunkte deren Konturen oben am Himmel gespiegelt sehen. Daraus schlossen sie, daß der Himmel für die Übernahme der Toten seine Pforten öffnete. Gleichzeitig konnten die Fata-Morgana-Priester, wie schon erwähnt, aus den Hebungen und Senkungen der Küste Wettervorhersagen ableiten.

Brücke zwischen Himmel und Erde   Die zutreffenden Wetterprognosen, die für die bäuerliche und seefahrende Bevölkerung in gleicher Weise wichtig waren, müssen der Priesterschaft hohes Ansehen und Vertrauen verschafft haben. Das führte dazu, daß von weit und breit alte Menschen herbeiströmten, die hier sterben und in einem der vielen großen Grabhügel oder Ganggräber beigesetzt werden wollten, um dann, wenn der Himmel der Erde wieder nahekam, in die jenseitige Welt aufgenommen zu werden. Reste dieser Sitte haben sich noch Jahrhunderte nach Beendigung der Megalithzeit erhalten. Die Druiden, Priester der Kelten, pflegten, wenn sie ihr Ende herannahen spürten, in die Bretagne zu ziehen, um auf einer der Inseln zu sterben und in die obere Welt aufzufahren.

Die Fata-Morgana-Religion ist aber nicht als reiner Totenkult zu verstehen. Die Brücke zwischen Erde und Himmel, die durch die Luftspiegelung geschaffen wurde, kann in beiden

Richtungen überschritten werden. Wie die Toten über sie in das Jenseits gelangen, so kann auch neues Leben und andere göttliche Gabe über diese Brücke auf die Erde kommen. Damit war Carnac nicht nur ein Tor zur anderen Welt, sondern auch ein Heiligtum, zu dem die Leute pilgerten, um Fruchtbarkeit für Menschen, Tiere und Äcker zu erbitten.

Tributschs Entdeckung der Fata-Morgana-Religion liefert nicht nur eine völlig neue und überzeugende Erklärung für die imposante Megalith-Arena von Carnac. Sie stellt auch eine klare Alternative dar zu vielen bekanntgewordenen Versuchen, unverstandene Heiligtümer als astronomische Observatorien oder astronautische Einrichtungen etc. zu deuten. Für die Rätsel von Stonehenge, Nazca, Atlantis, den Pyramiden und Osterinseln und viele andere scheint es im Lichte der Forschungsergebnisse von Tributsch überraschende und faszinierende Lösungen zu geben. Dunkle Stellen bei Homer und anderen antiken Schriftstellern und Dichtern werden plötzlich verständlich. Sagen und Mythen wie die vom fliegenden Holländer, von der geheimnisvollen Insel Brasil, von Atlas und Phönix und vom Raub der Europa, von Avalon und der Fee Morgane oder auch von dem "Ungeheuer von Loch Ness" - um nur einige wenige Beispiele zu nennen - lassen bei Anwendung der Fata-Morgana-These ihren eigentlichen Sinn und Wahrheitsgehalt erkennen.

Eine klare Alternative

Kleine Kostprobe aus Tributschs Pyramidendeutung: In der Cheopspyramide zu Gizeh befindet sich die berühmte 46,7 m lange und 8,5 m hohe sogenannte "Große Galerie". Infolge der eigenartigen Architektur, der glatt polierten Bodenplatten und der starken Neigung von 26 Grad ist die zur "Königskammer" führende Galerie nur schwer zu begehen. Dagegen ist die Decke in ganzer Breite und Länge mit Treppenstufen versehen, was zunächst völlig sinnlos erscheint. Wendet man aber die Fata-Morgana-Theorie an, so ergibt sich ein guter Sinn. Bei einer umgekehrten Spiegelung der Pyramide (also mit der Spitze nach unten !) konnte die Seele des Pharao aus der Königskammer, in der er beigesetzt war, über die Treppe an der Decke der großen Galerie bequem die jetzt obenliegende untere Region der Pyramide erreichen, das dort für ihn bereit-

Die große Galerie der Cheopspyramide

stehende Boot besteigen und über das gespiegelte Nilwasser in den Himmel einfahren!

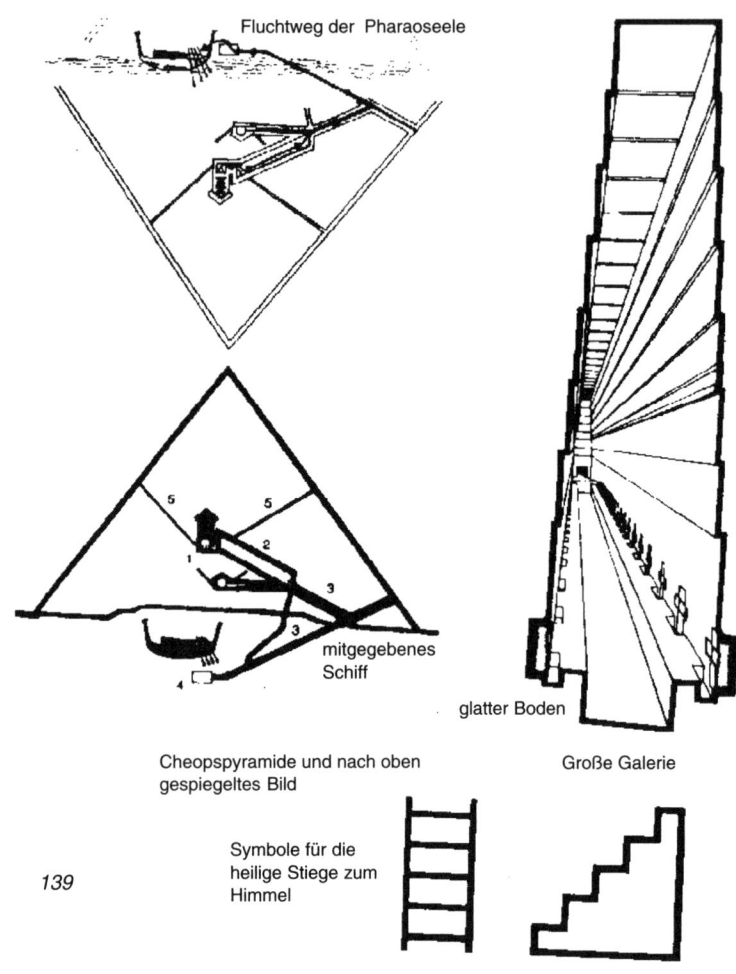

139

Cheopspyramide und nach oben gespiegeltes Bild

Große Galerie

Symbole für die heilige Stiege zum Himmel

Das Ufo-Phänomen 24

Seit dem zweiten Weltkrieg wird aus aller Welt immer wieder über die Sichtung von unbekannten Flugobjekten berichtet, kurz UFO genannt. Zunächst hatte man den Verdacht, daß es sich hierbei um technische Neuentwicklungen der Supermächte handele. Aber nachdem immer wieder und übereinstimmend berichtet wurde, daß die Ufos Eigenschaften wie Laut- und Schwerelosigkeit besitzen und sich mit einer Schnelligkeit bewegen, deren kein von Menschen konstruiertes Flugzeug fähig ist, schied diese Möglichkeit aus. Es setzte sich die Meinung durch, daß es sich bei den Ufos um bemannte oder unbemannte Fahrzeuge handelt, die von anderen Gestirnen kommen, konstruiert und gelenkt von intelligenten Wesen, die über eine höher entwickelte Technik verfügen als die Bewohner der Erde. In der Tat stellt sich die Frage, warum es nicht auch auf anderen Planeten des Weltalls Leben geben soll, das dem auf der Erde ähnlich ist, vielleicht weniger weit fortgeschritten als irdisches Leben, vielleicht aber auch dem unsrigen gewaltig überlegen. Und warum sollten, in letzterem Falle, die Bewohner anderer Gestirne nicht in der Lage sein, als Kosmo- und Astronauten die Erde zu besuchen?

Unbekannte Flugobjekte

Anhänger dieser Theorie weisen darauf hin, daß solche Besuche aus dem Weltall nicht erst in unserer Zeit stattgefunden haben. Es gibt viele Berichte über die Sichtung von geheimnisvollen Flugobjekten auch in vergangenen Zeiten.

Zu Beginn der dreißiger Jahre unseres Jahrhunderts wurden über Europa, besonders über Skandinavien, "große graue Flugmaschinen ohne Hoheits- und sonstige Kennzeichen" gesichtet. Die schwedische Luftwaffe versuchte mit 24 Doppeldeckern den Geisterfliegern auf die Spur zukommen, allerdings ohne Erfolg.

Große graue Flugmaschinen

In einem Luftschiff auf Reisen

Am 6.Mai 1897 sahen zwei Polizeibeamte in Garland County/Arkansas ein gelandetes zigarrenförmiges Luftschiff von ca 180 m Länge. Sie sprachen auch mit einem "kleinen bärtigen Mann", der ihnen sagte, daß er "mit einem jungen Mann und einer Frau in einem Luftschiff auf Reisen" sei. Die beiden Sheriffs J.Sumpter und John McKenire gaben über dieses Ereignis eine eidesstattliche Erklärung ab[339].

Enormer Globus

Am 12.Juni 1790 morgens um 9 Uhr beobachteten einige Bauern in Alencon einen enormen "Globus", der von Flammen umgeben schien. Er landete auf einem Hügel, und ihm entstieg eine Person mit eng am Körper anliegenden Kleidern. Der "Globus" explodierte lautlos, und seine Trümmer lösten sich zu einer Art Pulver auf. Die geheimnisvolle "Person" blieb verschwunden[340].

Wie ein Teller und wie ein Mannshut

Am 10.April 1665 ereignete sich in Stralsund folgender Zwischenfall: am Himmel erschien eine platte runde Form "wie ein Teller und wie ein Mannshut". Das Objekt blieb bis zum Abend über der Nicolaikirche stehen. Die Menschen flohen in ihre Häuser und empfanden in den nächsten Tagen an Händen und Füßen und anderen Gliedern "groß Zittern und Beschwehr"[341].

Wunder und Zauberei?

Der Jesuitenpater Albert d'Orville bereiste im 17.Jahrhundert Tibet. Im November 1661 berichtet er: "Meine Aufmerksamkeit wurde auf etwas gelenkt, was sich hoch am Himmel bewegte. Zuerst dachte ich, es wäre eine unbekannte Vogelart, die in diesem Lande lebt, bis das Ding näher kam und die Form eines doppelten chinesischen Hutes annahm; während es flog, drehte es sich sachte, als würde es von den unsichtbaren Flügeln des Windes fortgetragen. Es war sicher ein Wunder, Zauberei. Das Ding flog über die Stadt, und als wolle es bewundert werden, flog es zwei Kreise, wurde dann von Nebel umgeben und verschwand; und wie sehr man seine Augen auch anstrengen mochte, ward es nicht länger gesehen. Als ich mich fragte, ob mir nicht die Höhe, in der ich lebte, einen Schabernack gespielt haben könnte, bemerkte ich ganz in meiner Nähe einen Lama, den ich fragte, ob auch er es gesehen habe. Nachdem er zustimmend mit dem Kopf genickt hatte, sagte er zu mir:»Mein Sohn, was du gesehen hast, war nicht Zauberei. Seit langer Zeit befahren Wesen von anderen Welten die Meere des Raumes und brachten geistige Erleuchtung den ersten Menschen, die die Erde bevölkert haben. Diese Wesen werden von uns stets freundlich empfangen und landen oft in der Nähe unserer Klöster, wo sie uns lehren und Dinge enthüllen, die verlorengingen in den Zeiten der Kataklysmen (erdgeschichtliche Katastrophen, Überschwemmungen, die das Antlitz der Erde verändert haben...)»"[342].

In einem Baseler Flugblatt von 1566 berichtet Samuel Coccius, daß am 7.August dieses Jahres um die Zeit des Sonnenaufgangs "viele große schwarze Kugeln" in der Luft gesehen worden seien, die "mit großer Schnelle und geschwinde" dahingefahren seien. Die Beobachtung hat in Basel stattgefunden und ist in einem zeitgenössischen Stich festgehalten worden, auf dem deutlich der Münsterplatz zu erkennen ist[343].

Viele große schwarze Kugeln

140
Basler Flugblatt von 1566 (aus der Sammlung "Wickiana", Zentralbibliothek Zürich

1561 wurden auch in Nürnberg von vielen Männern und Frauen blutrote, blaue und schwarze Kugeln und "Ringscheiben" am Himmel gesehen sowie ein längliches Gebilde, "gleichförmig einem großen schwarzen Speer"[344].

Ringscheiben und schwarzer Speer

Keine handfesten Beweise Die Frage ist nun, ob es sich bei den Ufo-Erscheinungen in Vergangenheit und Gegenwart um reale Vorgänge, um Fehlbeobachtungen oder gar um bewußte Mystifikationen handelt.

Die Skeptiker weisen darauf hin, daß es an handfesten, materiellen Beweisen für die Existenz von Ufos mangelt. Noch nie ist eins von den vielen angeblich auf der Erde gelandeten Raumfahrzeugen in die Hände von Erdbewohnern gelangt und untersucht worden. Kein Werkzeug, kein Maschinenteil, kein Gebrauchsgegenstand oder ähnliche Dinge sind jemals auf der Erde zurückgeblieben und von Wissenschaftlern und Technikern unter die Lupe genommen worden. Das Gleiche gilt von den Besatzungen der Raumschiffe. Zwar gibt es Berichte, daß der USamerikanischen Air Force solches Material und sogar die Leichen umgekommener extraterrestrischer Astronauten zur Verfügung gestanden haben und von Experten untersucht worden seien[345]. Aber solange aus angeblichen "Sicherheitsgründen" und "um die Menschheit nicht zu beunruhigen", die Untersuchungsergebnisse mitsamt den untersuchten Objekten "geheimgehalten" werden, ist zu bezweifeln, daß es sie tatsächlich gibt.

Täuschungen, Irrtümer, Fehlschlüsse Die von offizieller Seite in Amerika und anderswo angestellte Überprüfung von Tausenden von Ufo-Meldungen hat ergeben, daß die weitaus meisten Berichte über Ufo-Sichtungen auf optischen Täuschungen, Irrtümern und Fehlschlüssen beruhen. Die Palette der möglichen Fehlbeobachtungen ist sehr groß. Der Neuyorker Arzt und Psychoanalytiker Dr. Ernest H. Taves hat einige aufgezählt: »Wir sind Tag und Nacht von Ufos umgeben, Erscheinungen am Himmel, die nur auf ihre Entdeckung warten. Der Beobachter sieht sie und ordnet sie manchmal auch richtig als das, was sie wirklich sind, ein: Planeten; den Widerschein von Sternen; Luftspiegelungen; meteorologisch-optische Effekte; Nordlichter; Sternschnuppen; Flugzeuge; Ballons; glänzendes, vom Winde hochgetragenes Papier; losgerissene Präriegrasbüschel; Kugelblitze; Elmsfeuer; Wolken; durch Nebel verschleierter Mond; brennende Ölquellen; Satelliten, die wieder in die Erdatmosphäre eintreten; Fallschirme; Raketenversuche; Scheinhwerfer; Vögel; Wolken von Insekten; Drachen; Kondensstreifen; Kleinluftschiffe; Blasen; Glühwürmchen; Sehfehler; Pusteblumen; Staubwirbel u.s.w., u.s.w."[346] - Die Zahl der in diesem Sinne aufgeklärten Fälle soll sich auf 95 vom Hundert aller Ufo-Berichte belaufen.

Einige Wissenschaftler erklären die Existenz von Ufos für unmöglich, weil ihrer Ansicht nach die Erde als Heimat für intelligentes Leben aller Wahrscheinlichkeit nach einzigartig sei. Sie argumentieren: "Die Wahrscheinlichkeit ist geringer als 10 hoch minus 10, daß sich Lebewesen mit technologischen und interstellaren Kommunikationsfähigkeiten auf einem erdähnlichen Planeten innerhalb von 5 Milliarden Jahren entwickeln. Demzufolge wären wir wahrscheinlich die einzige Spezies, die in der Milchstraße existiert. Gäbe es extraterrestrische Intelligenz mit technologischen Kenntnissen in Bezug auf interstellare Kommunikation, hätte sie eine interstellare Raumfahrt entwickelt und wäre bereits in unserem Sonnensystem. Da sie aber nicht hier sind, existieren sie auch nicht"[347].

Möglich - aber unbewiesen!

Demgegenüber muß allerdings festgestellt werden: die meisten Wissenschaftler halten die Existenz außerirdischer Intelligenz - und damit auch eine "interstellare Kommunikation" - für möglich oder wahrscheinlich, nur eben auch für bisher unbewiesen.

Der bereits erwähnte Neuyorker Arzt und Psychologe Dr.»Taves erklärt: "Das Ufo-Gebiet wurde tatsächlich Privateigentum von Verrückten und religiösen Fanatikern", und der bekannte Schweizer Arzt und Psychologe C.G.Jung schreibt: "Die Haare stehen einem zu Berge, wenn man dergleichen Berichte samt ihren dokumentarischen Grundlagen zu Gesicht bekommt...Jeder sogenannte gesunde Menschenverstand fühlt sich vernehmlich auf die Zehen getreten"[348]. In der Tat erwecken die Berichte, besonders solche über "Begegnungen der dritten Art", den Eindruck, als ob Phantasten in geistiger Verwirrung, aus Wichtigtuerei oder aus psychopathischem Drang zum Lügen angebliche Erlebnisse niedergeschrieben oder zu Protokoll gegeben haben. Dies gilt auch von dem ausführlichen Bericht über die phantastische Begegnung des brasilianischen Landwirtes Antonio Villas Boas, der in der Nähe von Sao Francisco de Sales im Staate Minas Geraes mit

Antonio Villas Boas

seinen Brüdern einen Bauernhof bewirtschaftet und am 22.Februar 1958 eine Begegnung der dritten Art gehabt haben will. Bei der Feldarbeit wurde er von der Besatzung eines gelandeten Ufos mit Gewalt in das Raumschiff geführt, aber im übrigen freundlich behandelt. Die Männer brachten ihn mit einer Frau zusammen, mit der er sexuellen Kontakt hatte, zeigten ihm das Raumschiff und entließen ihn wieder. Antonio Villas Boas wurde einer genauen ärztlichen Untersuchung unterworfen und für geistig und körperlich völlig gesund befunden. Am 24.Mai 1978, also zwanzig Jahre nach der Begegnung, hat der bekannte deutsche Wissenschaftspublizist Johannes von Buttlar mit einem der beteiligten Ärzte, Dr.Bühler in Rio, telefoniert. In diesem Gespräch bestätigte Dr.Bühler seine Überzeugung, daß Boas Villas die Wahrheit gesagt, daß es sich nicht um ein Phantasiegebilde, sondern um ein reales Geschehen gehandelt habe und daß bei der Untersuchung mit einem Geigerzähler an dem Mann Hintergrundstrahlungen festgestellt wurden[349].

Glaubwürdige Zeugen

Auch für einen Skeptiker ist es nicht leicht, solche Untersuchungsergebnisse in Frage zu stellen. Es gibt noch andere Argumente, welche die Realität der Ufos zu bestätigen scheinen. Ganz allgemein fällt auf, daß die Zeugen solcher Begegnungen in der Regel Menschen sind, die sich noch nie mit dem Ufo-Problem befaßten und in dieser Hinsicht vorurteilsfrei sind. Meistens handelt es sich um Menschen, die "vernünftig" denken, tüchtig sind in ihrem Beruf, nüchtern in ihrem Urteil und mit mysteriösen und phantastischen Dingen nichts zu tun haben. Nicht selten sind es Piloten und Polizisten, die Zeugen von Begegnungen der ersten, zweiten und dritten Art werden. Kurz: ihre Glaubwürdigkeit ist unbestritten.

Ungeklärter Rest

Zu denken gibt natürlich auch die Tatsache, daß bei allen Anstrengungen, die zur Aufklärung von angeblichen Ufo-Sichtungen unternommen wurden, zwar in den meisten Fällen Irrtümer und Fehlbeobachtungen festgestellt wurden, aber immerhin ein ungeklärter Rest von etwa 5 Prozent übrig blieb.

Radarsichtungen

Eine weitere Bestätigung der Realität von Ufo-Phänomenen ist technischer Art. Nicht selten wurden die gemeldeten Erscheinungen auf Radarschirmen festgestellt. So beispielsweise in der Nacht vom 19. zum 20. Juli 1952 bei der Luftüberwachung der amerikanischen Hauptstadt Washington[350]. Um 23.40 tummelte sich auf den Radarschirmen des zivilen Luftkontrollzentrums des National Airport eine Gruppe von Ufos mit einer Geschwindigkeit von 160 bis 200 Stundenkilometern, um dann plötzlich mit rasender Geschwindigkeit davonzuschießen. Um die gleiche Zeit meldeten die Besatzungen mehrerer Linienmaschinen die Sichtung mysteriöser Lichter im gleichen Luftraum. Augenzeugenberichte von Beobachtern am Boden deckten sich mit dieser Aussage. Als zwei F-94-Abfangjäger der Air Force zur Erkundung aufstiegen, verschwanden die Ufos blitzschnell von der Bildfläche und von den Radarschirmen, eine Beobachtung, die übrigens wiederholt gemacht wurde. Auf einer von der Air Force veranstalteten Pressekonferenz gab General John A. Samford bekannt, es habe sich

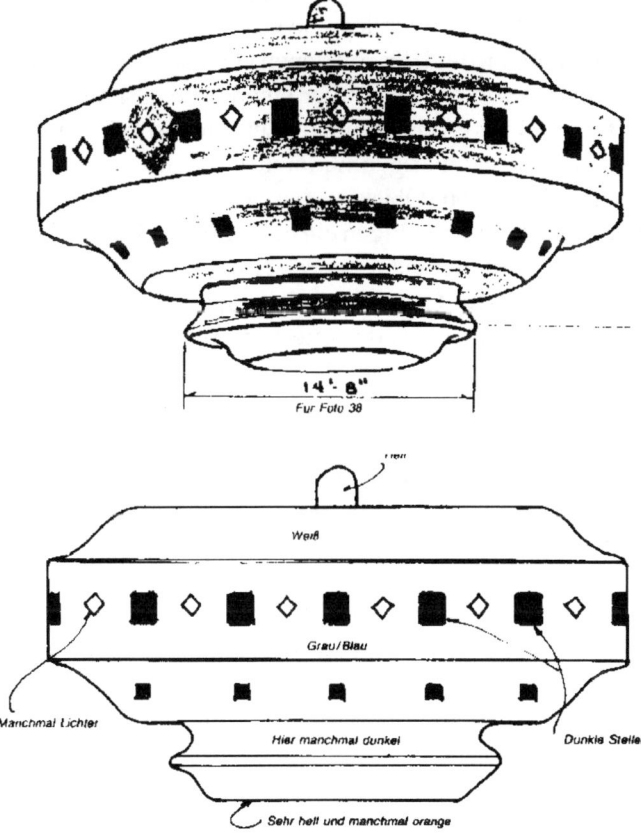

141
*Hier sind meine beiden Zeichnungen von den UFOs, die ich so oft fotografiert habe. die Farbe variierte von Graublau bis zu warmem Orangebraun Der "Energiering" war gewöhnlich hellweiß um einen dunkelorangenen Kern. Die UFOs wirkten bei einigen Sichtungen größer als bei den anderen. Es erwies sich, daß das zutraf. Die Stereofotos bewiesen, daß es am Himmel über Gulf Breeze UF'Os von verschiedenen Typen und Größen gab.
(E.+ F.Walters)*

bei den Radarsichtungen um Temperaturinversionen gehandelt. Diese Mitteilung wurde von den Reportern sehr skeptisch aufgenommen. Sie fragten, wieso die angeblichen Temperaturinversionen in militärischen Flugformationen aufgetreten und auch von vielen Beobachtern am Boden und in der Luft gesehen worden seien; ferner: warum die Air Force Abfangjäger eingesetzt habe, wenn es sich doch nur um meteorologische Erscheinungen gehandelt habe. Übrigens zeigte die durch Radar gemessene Geschwindigkeit der Ufos eine Beschleunigung von 150 auf 11000 Stundenkilometer in wenigen Sekunden, während die Windgeschwindigkeit zur gleichen Zeit nur 35 Kilometer betrug.

Schwerelos wie Gedanken Die Radarmessungen, die Ufo-Geschwindigkeiten bis zu 70000 km festgestellt haben, bestätigen, was auch das menschliche Auge beobachtet: die Ufos benehmen sich nicht wie Körper, sondern schwerelos wie Gedanken. Jung vergleicht die Bewegungen der Ufos mit denen von Insekten. "Wie diese, so bleibt das Ufo plötzlich über einem interessanten Gegenstand für kürzere oder längere Zeit stehen oder umkreist denselben wie neugierig, um plötzlich davonzuschießen und im Zickzackflug neue Objekte zu entdecken...Man könnte nicht behaupten, daß ihren Flügen ein erkennbares System zugrunde liege. Sie verhalten sich eher wie Touristengruppen, die sich unsystematisch die Gegend ansehen, um sich da oder dort zu verweilen, bald diesem oder jenem Interesse erratisch folgen, aus unerkennbaren Gründen in große Höhen entschweben oder vor der Nase von gereizten Piloten akrobatische Evolutionen ausführen. Bald erscheinen sie groß bis zu 500 m Durchmesser oder klein wie elektrische Straßenlaternen. Es gibt große Mutterschiffe, aus denen kleine Ufos ausschlüpfen oder in denen sie Zuflucht suchen..."[351].

Visionäres Gerücht Als Psychologe fragt Jung natürlich, ob die Ufo-Sichtungen nicht psychologisch zu erklären seien. Er beruft sich dabei auf Dr. Hugh L. Dryden, den Director of the National Advisory Committee for Aeronautics, der "mit unentwegter Skepsis" behaupte, es gebe keine Ufos. Somit seien die Tausende von Ufo-Berichten samt ihrem Drum und Dran als "visionäres Gerücht" aufzufassen und entsprechend zu behandeln. Das

Objektive daran wäre dann nur die eindrucksvolle Ansammlung von Fehlbeobachtungen und -schlüssen, in die subjektive psychische Voraussetzungen projiziert werden.

Wenn es sich tatsächlich um psychologische Projektion handeln sollte, so führt C.G.Jung weiter aus, dann müsse für diese auch eine weltweite psychische Ursache vorhanden sein, eine überall bestehende emotionelle Grundlage. "Die Grundlage zu dieser Art von Gerücht ist eine affektive Spannung, die ihre Ursache in einer kollektiven Notlage, bzw.Gefahr oder einem vitalen seelischen Bedürfnis hat"[352]. Nach Jungs Meinung, der sein Buch "Ein moderner Mythus" im Jahre 1958 geschrieben hat, sei diese Bedingung entschieden gegeben, insofern die ganze Welt "unter dem Druck der russischen Politik und deren noch unabsehbaren Folgen" leidet. Angenommen, dieses Urteil von Jung treffe zu, so müßten natürlich im Zeichen der Entspannung zwischen Ost und West die Ufo-Sichtungen aufhören oder zumindest ihre Zahl sichtbar abnehmen. Darüber läßt sich im Augenblick (Mitte 1990) noch nicht definitiv urteilen. Allerdings könnte man sagen, daß an die Stelle einer bedrohlichen sowjetischen Politik andere Bedrohungen und Gefahren getreten seien, etwa die unberechenbaren Gefahren durch politische Figuren wie Khomeini, Saddam Hussein, Gaddhafi und Arafat. Starke emotionale Spannung erzeugen auch die Existenz nuklearer Waffensysteme, die Hungersnöte in weiten Gebieten der Erde, die "Bevölkerungsexplosion" und die Gefahren der Umweltzerstörung und der damit einhergehenden Vernichtung menschlicher Lebensmöglichkeiten. Wie es scheint, hat es in der Geschichte der Menschheit immer schon kollektive Ängste gegeben, die Projektionen ähnlicher Art wie die hier in Rede stehende verursacht haben.

Psychologische Projektion

Wörtlich schreibt Jung[353]: "In der Bedrohlichkeit der heutigen Weltsituation, wo man einzusehen anfängt, daß es ums Ganze gehen könnte, greift die projektionsschaffende Phantasie über den Bereich irdischer Organisationen und Mächte hinaus in den Himmel, d.h.in den kosmischen Raum der Gestirne, wo einstmals die Schicksalsherrscher, die Götter, in den Planeten ihren Sitz hatten...Selbst Leute, die noch vor dreißig Jahren nie gedacht hätten, daß ein religiöses Problem

Zeichen am Himmel

eine ernsthafte Angelegenheit, die sie selber anginge, sein könnte, fangen an, sich prinzipielle Fragen vorzulegen. Unter diesen Umständen wäre es keineswegs ein Wunder, daß jene Teile der Bevölkerung, die sich nichts fragen, von "Gesichten" heimgesucht würden, d.h. von einem überall verbreiteten Mythus, der von vielen ernstlich geglaubt und von den anderen als lächerlich verworfen wird. Augenzeugen von offenkundiger Unverdächtigkeit und Ehrlichkeit verkünden die "Zeichen am Himmel", die sie "mit eigenen Augen gesehen" haben, und daß sie Wunderdinge, die menschliches Begreifen übersteigen, erlebt hätten".

Ufo : technische Form des Mandala   C.G.Jung bringt für seine Deutung des Ufo-Phänomens als "visionäres Gerücht" noch weitere psychologische Argumente bei. So sieht er in der runden Form des Ufo das dem Kenner der Tiefenpsychologie wohlbekannte Mandala. Dieses habe sich im Laufe der letzten Jahrhunderte allmählich und in zunehmendem Maße zu einem ausgesprochen psychologischen Ganzheitssymbol entwickelt. Wenn man die runden leuchtenden Körper am Himmel als Visionen betrachte, könne ihre Deutung als archetypische Bilder nicht umgangen werden. Sie seien dann "unwillkürliche, auf Instinkt beruhende automatische Projektionen, die man ebenso wenig wie andere psychische Äußerungen oder Symptome als sinnlos und zufällig abtun kann". Epiphanien dieser Art seien vielfach mit Feuer und Licht verbunden. In der Antike habe man sie als "Götter" verstanden. Der moderne Diesseitsglaube und der Glaube an die Macht des Menschen ist nach Jung die günstigste Grundlage für das Zustandekommen einer Projektion, d.h. für eine Manifestation der unbewußten Hintergründe, die sich, trotz rationalistischer Kritik, in Form eines symbolischen Gerüchtes, begleitet und unterstützt durch entsprechende Visionen, hervordrängen und sich dabei eines Archetypus bedienen, der schon immer das Ordnende, Lösende, Heilende und Ganzmachende ausgedrückt habe. Dabei sei es für unsere Zeit bezeichnend, daß dieser Archetypus, im Gegensatz zu seinen früheren mythologischen Ausprägungen, eine technische Form angenommen habe. "Was technisch zu sein scheint, geht dem modernen Menschen ohne Schwierigkeit ein. Die unpopuläre Idee eines metaphysischen Eingriffs wird durch die Möglichkeit der Weltraumfahrt bedeutend akzeptabler". Jung meint, daß man das Ufo-Phänomen sozusagen 99prozentig als psychisches Produkt werten könne. Diese Deutung könne auch dann aufrecht erhalten werden, wenn sich herausstellen sollte, daß ein bisher unbekanntes physisches Faktum Ursache des Ufo-Phänomens sein sollte. "Für den Primitiven kann ja irgendein Gegenstand, z.B. eine weggeworfene Konservenbüchse, plötzlich Fetischbedeutung annehmen, welcher Effekt keineswegs der Konservenbüchse anhaftet, sondern vielmehr ein psychisches Produkt ist"[354].

25 Der Regenbogen

Staunen erregendes Phänomen

Auch für uns Menschen des technisch-naturwissenschaftlichen Zeitalters ist der Regenbogen eine eindrucksvolle Naturerscheinung. In der Schule lernten wir, daß wir dieses prachtvolle siebenfarbige meteorologische Phänomen nur unter ganz bestimmten Voraussetzungen sehen können, nämlich dann, wenn Wolken oder Regenwände von der Sonne beschienen werden und der Beobachter das Tagesgestirn im Rücken hat. Ferner darf die Sonne nicht höher stehen als etwa 42 Grad. Sind diese Bedingungen erfüllt, so bricht sich das weiße Sonnenlicht für das Auge des Beobachters und zerlegt sich in die Farben rot, orange, gelb, grün, indigo, blau und violett, die Spektralfarben werden von den einzelnen Regentropfen reflektiert, und der Beobachter sieht den Regenbogen. Aber trotz der nüchternen physikalischen Erklärung staunen wir immer wieder über dieses Farben- und Formenspiel der Natur und wundern uns darüber, daß wir mit unseren leiblichen Augen und an einer ganz bestimmten Stelle unserer Umgebung etwas so Großes und Wunderbares sehen können, das nur in unseren Augen existiert, dessen materielle Existenz aber "vor Ort" nicht feststellbar ist.

Wieviel größer als bei uns Menschen des 20. Jahrhunderts muß das Erstaunen - und sicher auch das Erschrecken - über diese Erscheinung bei unseren Vorfahren gewesen sein, die noch nicht über ein naturwissenschaftliches Rüstzeug zur Erklärung solcher Erscheinungen verfügten? Sie sahen in diesem Phänomen das Wirken überirdischer, göttlicher oder dämonischer Kräfte. Sie stellten es in einen Zusammenhang mit ihren religiösen Anschauungen und thematisierten es in Mythen, Sagen und Liedern, die je nach Zeit und Ort ihrer Entstehung inhaltlich sehr unterschiedlich sind, andererseits aber auch viele und manchmal überraschende Gemeinsamkeiten aufweisen.

Die alten Griechen sahen in dem Himmelsbogen eine Botschaft von Zeus an die Menschen. Siehe Homer, Ilias, wo es im 17.Gesang Vers 547 heißt:

Iris Thaumantias

> *Wie der Purpurbogen,*
> *den Zeus den Sterblichen ausspannt,*
> *Droben am Himmelsgewölb,*
> *ein Zeichen künftiger Kriegsnot*
> *Oder des Wintersturms, des frierenden...*

Aus der Auffassung des Regenbogens als einer verschlüsselten Botschaft des Himmelsherrn an die Menschen entstand der Iris-Mythos. Iris ist der Regenbogen und zugleich der Name der Götterbotin, speziell der Botin des Zeus und seiner Gemahlin Hera. Nach diesem Mythos ist Iris die Tochter des Meergottes Thaumas und der Ozeanide Elektra. Nach ihrem Vater trägt Iris den Beinamen Thaumantias. Das griechische Wort thauma bedeutet "Wunder" und gleichzeitig auch das Staunen über ein unbegreifliches Wunder. So drückt der Beiname der Iris genau das aus, was wir auch heute noch angesichts dieser Naturerscheinung empfinden. In der bildenden Kunst wurde Iris schwebend oder stehend mit Flügeln und Heroldsstab dargestellt, den Regenbogen über sich oder ihr Haupt von einem Kranz in seinen Farben umstrahlt. So finden wir sie auf antiken Vasenbildern und auf dem Fries des Parthenontempels in Athen. Später wurde Iris in ihrer Funktion als Götterbotin durch Hermes-Merkur verdrängt.

"Wenn man die Stellung des Regenbogens (auch Himmelsring genannt) betrachtet, wie er vom Himmel ausgehend sich bis zur Erde herabsenkt, so ist es leicht gedeutet, daß ihn die alte Welt als einen Verbindungsweg zwischen den Menschen und den Göttern ansah, was wir in verschiedenen Mythen finden"[355]. In der Tat findet sich diese Vorstellung in den Mythologien vieler Völker. Bei den Indianern ist der Regenbogen eine Leiter, die den Zugang zur anderen Welt ermöglicht. Die Germanen sahen im Regenbogen eine von den Göttern erbaute Brücke, welche den Zugang zu dem Göttersitz Asgard darstellt. In der Edda wird sie die "Bifröst"-brücke genannt, die Zitterbrücke, wohl in der Meinung, daß es sich um einen schwankenden Steg handelt, der nur mit angstvollem

Brücke zwischen Himmel und Erde

Zittern betreten werden könne. Am Ende der Bifröstbrücke steht der Wächter Heimdal, damit die bösen Riesen sich dieser nur von den Asen zu betretenden Brücke nicht nähern.

Sibirische Völker glauben, daß der Schamane in der Ekstase über den Regenbogen nach dem Himmel reitet. Die mongolischen Burjaten pflanzen Birken und verbinden diese mit einer blau und weiß gestreiften Schnur, die den Regenbogen symbolisiert, auf dem der Schamane seine Reise zum Himmel macht[356].

Im persischen Mythos wandern die in der Hölle geläuterten Seelen der Verstorbenen über die Tschinevat (den Regenbogen) zum Lichtreich. In Schwaben wurde der Himmelsring als Brücke angesehen, auf der die Engel vom Himmel zur Erde niedersteigen.

Yin und Yang   In der altchinesischen Philosophie ist der Regenbogen das Symbol der Vereinigung der beiden kosmischen Kräfte Yang und Yin. Dem Yang entspricht das Helle, Männliche, der Himmel, die Stärke, dem Yin das Dunkle, das Weibliche, die Erde, die Nachgiebigkeit. Und weil im Regenbogen Himmel und Erde miteinander verbunden werden, so wird er zum natürlichen Symbol der Vereinigung von Yang und Yin.

Der Regenbogenleib des Jogi   In Indien ist der Regenbogenleib die höchste Stufe, die der Jogi bei seinen asketischen Bemühungen erreichen kann. So wie der Regenbogen immateriell ist, so will der indische Büßer ebenfalls die Materie überwinden und sich in ein rein geistiges Wesen verwandeln.

Indras Waffe   In vielen Mythen hat der Regenbogen eine weniger gute Bedeutung. So nennen ihn die Inder "Indras Waffe" (Indrayudha), welche der Beherrscher der Luftregionen beim Aufruhr der Elemente handhabt, wenn er seine Blitzpfeile gegen die rebellischen "Asuras" schleudert. Nach dem Kampf allerdings setzt Indra den Bogen beiseite und zeigt ihn den Sterblichen als Regenbogen.

Auch in Altarabien war der Regenbogen die Waffe des Gewittergottes Ouzah, mit der er seine Hagelpfeile verschoß.

Bei den Sojoten ist der Donner ein Held, dessen Waffe der Regenbogen und dessen Pfeil der Blitz ist.

Ebenso ist der Regenbogen bei den Tungusen ein "Schießbogen" in der Hand ihres Wettergottes.

Bei einigen Völkern Asiens und Afrikas erscheint der Regenbogen als Schlange mit bisexuellen Eigenschaften[357]. Nicht selten kommt der Regenbogen auch als Drachensymbol vor, etwa als Himmelsdrache, der Schätze bewacht oder als Sinnbild für die Macht des Bösen, die ganze Erde umschließend. Oft erwähnt wird die Stelle aus der Ilias, wo Homer den Brustharnisch des Helden Agamemnon schildert[358]:

Schlangen und Drachen

*Lindwürm reckten sich auf zur Halsberg'hüben und drüben,
Jeweils drei, und glichen dem Regenbogen, den Kronos'
Sohn in Wolken gesetzt, den Sterblichen allen zum Zeichen.*

Der Halsteil des Harnisch war also mit Drachen geziert, die in Form eines Regenbogens angeordnet waren. Man hat dieses Bild verschieden gedeutet. Friedreich meint:"Die naturgemäßeste Deutung scheint mir aber folgende zu sein: solche Drachen und in dieser Stellung sollten dem Gegner Schrecken einjagen, weil der Regenbogen in jener Zeit ein Schrecken verursachendes Phänomen war, welches Krieg und Sturm kündete. Und da läßt sich der Vergleich stellen: schrecklich wie der Anblick des Regenbogens, der Ungewitter oder Sturm droht, war der Anblick dieser Drachen[357]".

Natürlich haftet dem Regenbogen auch mancherlei Aberglaube an. So sagt man: man soll auf den Regenbogen nicht mit Fingern zeigen, sonst sticht man die Engel ins Auge. Ferner wird gesagt: da wo die Enden des Regenbogens auf der Erde aufstehen, fällt ein goldenes Schüsselchen nieder und wird nur von einem Menschen gefunden, der vom Glück besonders begünstigt wird. In Kärnten erzählt man sich: wenn man über einen Regenbogen einen Hut wirft, so fällt er mit Gold gefüllt wieder herab. Beide Erzählungen haben es mit der Glück und Segen bringenden Bedeutung des Regenbogens zu tun. Die Serben glauben, der Regenbogen habe die Kraft, das Geschlecht des unter ihm durchgehenden zu ändern. Aber da es natürlich keinem Menschen möglich ist, die Stellen zu finden, wo der Regenbogen auf der Erde steht, seinen Hut über den Regen-

Mancherlei Aberglaube

bogen zu werfen oder unter ihm durchzugehen, so spricht sich in solchen Erzählungen sicher auch ein Stück Schalkheit und Spottlust aus.

Zeichen des Bundes zwischen Gott und der Erde

Die grundlegende Stelle für die biblisch-christliche Symbolik des Regenbogens steht in der Genesis. Nach dem Ende der Sintflut, welche das Alte Testament als Strafgericht Gottes über die von ihm abgefallene Menschheit versteht, erscheint der Regenbogen am Himmel, und Gott spricht: "Das ist das Zeichen des Bundes, den ich gemacht habe zwischen mir und

142
Jakobs Traum
(Gemälde von Marc Chagall)

euch und allen lebendigen Seelen bei euch hinfort ewiglich: Meinen Bogen habe ich gesetzt in die Wolken; der soll das Zeichen sein des Bundes zwischen mir und der Erde"[359]. In diesen Zusammenhang gehört auch das Wort Gen.8/21f: "Ich will hinfort nicht mehr die Erde verfluchen um der Menschen willen... Solange die Erde steht, soll nicht aufhören Saat und Ernte, Frost und Hitze, Sommer und Winter, Tag und Nacht". Der Regenbogen ist also nach alttestamentlicher Überzeugung das Sinnbild für die Liebe Gottes zu seiner Schöpfung, zur Menschheit, zur Erde und zu allem, was auf ihr lebt und webt. Es ist ein sinnfälliges und leicht verständliches Symbol: wie der Regenbogen daran erinnert, daß auch bei dem schwersten Unwetter die Sonne da ist mit ihrem lebenspendenden Licht und ihrer Wärme, ebenso erinnert er daran, daß auch mitten im schwersten Unglück Gott da ist mit seiner Hilfe, mit Hoffnung und Heil.

Auch im letzten Buch der Bibel ist vom Regenbogen die Rede. Der Apostel Johannes sieht in einer seiner Visionen auf der Insel Patmos Gott auf einem hohen Thron im Himmel sitzen: "Und siehe, auf dem Stuhl saß einer, und der da saß war anzusehen wie der Stein Jaspis und Sarder, und ein Regenbogen war um den Stuhl, gleich anzusehen wie ein Smaragd"[360]. Auch hier ist der Regenbogen Sinnbild der Macht und Herrlichkeit Gottes, des Gottes, "der da war und der da ist und der da kommt".

26 Blitz und Donner

Zeichen der Gegenwart des Höchsten

In vorgeschichtlicher Zeit und in der Antike wurden alle Naturerscheinungen als unmittelbar von den Göttern kommend betrachtet. Die großartigsten aller Erscheinungen wurden natürlich dem höchsten Gott und Himmelsherrn zugeschrieben, bei den Römern: Jupiter, bei den Griechen: Zeus und bei den Germanen: Thor. Der katholische Theologe Joh. Leonhard Hug schrieb in seinem Werk "Über den Mythos der berühmten Völker der alten Welt" (1812): "Die fürchterlichprächtige Erscheinung eines über uns dahintreibenden Gewitters in seinen mannigfaltigen und urplötzlich abwechselnden Beleuchtungen, mit seinem fortrollenden, bald dumpfen, bald lauten Getöse, was in der Natur der größte Menschen bekannte Schall ist, von dem die Erde dröhnt und die Gebirge erschüttert werden, und welcher, wo er am höchsten zu sein schien, durch höhere Schläge nah und fern überdonnert wird, diese erhabene Erscheinung hat alle Menschen mit schauriger Ehrfurcht für das große Wesen erfüllt, welches also daher zeucht und ein so mächtiges Wort mit der Schöpfung spricht. Die Lichter des Himmels verhüllen sich, alles Lebendige verbirgt sich, schweigt und fürchtet sich, wenn dieser Mächtige seine Stimme erhebt. Menschen, die noch ganz ohne die Ursache der Dinge zu kennen, aus dem Eindruck urteilen, den ein solches Schauspiel auf sie macht, dachten sich dabei nichts Geringeres als die Gegenwart des Höchsten der Götter, dem man als Zeichen seiner Macht einen Donnerstrahl in Erzählung und Dichtung und späterhin in Werken der Kunst und Bildnerei in die Hand gab".

Die Stimme Gottes

Blitz und Donner wurden also als Handlungen der Götter angesehen. Allerdings wurden diese Handlungen bei verschiedenen Völkern verschieden gedeutet. Hierbei gibt es neben der Auffassung, daß der Himmelsherr durch den Donner seinen Willen, häufiger aber seinen Unwillen kundtue, auch volkstümliche Deutungen, bei denen die Götter vermenschlicht werden und die man nicht ganz ernstzunehmen geneigt ist. Im Alten Testament ist der Donner die Stimme Gottes und das Zeichen seines Zornes. Von daher stammt die volkstümliche Redeweise, Gott solle "mit dem Donner dreinschlagen", wenn man sagen will, daß er ein bestimmtes Verhalten strafen soll.

Bei den alten Griechen war der Donner eine zeichenhafte Handlung des Zeus, die allerdings der Auslegung bedurfte. Auch Jupiter, der Donnergott der Römer, tat seinen Willen im Gewitter kund und erwartete von den Menschen entsprechendes Handeln. Von dem Kaiser Augustus wird berichtet, daß bei einer nächtlichen Reise seine Sänfte von einem Blitz gestreift und der voranleuchtende Sklave erschlagen wurde. Daraufhin gelobte der Kaiser, dem Jupiter tonnans (dem donnernden J.) einen Tempel zu errichten. Eine ähnliche Story wird ja auch von dem jungen Martin Luther berichtet. Als bei Eisleben ein Blitz neben ihm in einen Baum schlug, rief Luther voller Schrecken: "Hilf, heilige Anna, ich will ein Mönch werden!"

Wenn es donnerte, sagte man früher in Deutschland den Kindern gerne: "Der liebe Gott schimpft". In Dithmarschen erklärte man: "Die Engel kegeln oder werfen mit Steinen". Nach einem Volksglauben in Kärnten donnert es, wenn Gott Getreide in den Getreidekasten schüttet. In Tirol sind es die Milchkannen, die Gottvater die Kellerstiege hinabrollt. Die Peruaner stellen sich den Donner als das Zerschmettern eines großen Gefäßes vor, welches die Regengöttin in der Hand hat und das von ihrem Bruder zerschlagen wird. In Skandinavien ruft man beim Hören eines Donners: "Der große Vater hat eine Speiche an seinem Rade verloren".

Wenn es donnert...

Friedrich Grimm hat darauf aufmerksam gemacht, daß bei einzelnen slawischen und asiatischen Völkern das Geschäft des Donners auf den Propheten Elias übertragen worden sei. Von Elias heißt es in der Bibel, daß, als er mit Elisa am Ufer des Jordan ging, "ein feuriger Wagen mit feurigen Rossen" erschien und "Elia fuhr also im Wetter gen Himmel"[361]. Bei den genannten Völkern ist Elias sozusagen zu einem Wettergott geworden. "Blitz und Donner sind in seine Hand gegeben, und

Der feurige Elias

er verschließt den sündhaften Menschen die Wolken des Himmels, daß sie keinen Regen zur Erde fallen lassen". Auch halbchristliche kaukasische Völker verehren den Elias als Donnergott. Die Osseten preisen einen vom Blitz Erschlagenen glücklich und glauben, Elia habe ihn zu sich genommen. Von Muslimen wird gesagt, daß sie in ihren Gebeten zur Abwendung eines Gewitters den Namen "Ilias" nennen. Bei den Walachen geht die Sage, daß Elias sehr schlechte Erfahrungen mit dem Teufel gemacht habe und ihn seitdem mit Donner und Blitz verfolge. "Daher duldet kein Walache während eines Gewitters Katzen und Hunde im Haus, weil der Teufel sich gern in diesen Tieren birgt und Elias daher seine Blitze nach ihnen schleudert".-

Vielleicht hat sich Grimm aber auch geirrt, insofern die geschilderte Gestalt eigentlich nichts mit dem alttestamentlichen Propheten zu tun hat, sondern es sich um eine selbständige vorderasiatische Gewittergottheit mit dem altsemitischen Gottesnamen El handelt, der auch im Alten Testament verwendet wird.

Perkunas Der Donnergott der baltischen Völker war Perkunas. Wenn er seine Stimme erschallen ließ, fielen die Menschen auf die Knie, schlugen mit der Stirn auf den Boden und riefen: Perkunas erbarme dich unser ! Es galt als besonderer Vorzug, durch seinen Blitzstrahl erschlagen und in die Gemeinschaft der Götter aufgenommen zu werden. Bildliche Darstellungen des Perkunas zeigen die Züge eines zornentbrannten Mannes. Sein rotes Gesicht deutet den Blitz an, das schwarze Haar die finsteren Wolken des Gewitterhimmels und die zornentstellten Gesichtszüge das Schreckliche der Naturerscheinung. In der Hand hält Perkunas einen geschlängelten Stein, dessen Form der Gestalt des Blitzes nachempfunden ist.

Der fahrende Thor Während es in der baltischen Mythologie keine Götterhierarchie gab und Perkunas nur ein Gott unter anderen Göttern war, ist der germanische Donnergott Thor, wie Jupiter und Zeus, der Chef im Götterhimmel. Seine Waffe ist der Donnerkeil Mjölnir oder auch der Hammer. Er fährt auf einem mit Böcken bespannten Wagen durch die Lüfte. Deswegen heißt er auch "der fahrende Thor" und "der Herr der Böcke". Seine Blitze und Donner richten sich weniger gegen die Menschen als vielmehr gegen Dämonen und böse Geister. Darum galt er auch als der Beschützer der Menschen, dessen Beistand man durch Gebet und Opfer erflehen konnte.

Bei den Finnen hieß der Donnergott Ilmari oder Ilmarinen. Auch er hat - wie Thor - große Ähnlichkeit mit Zeus und Jupiter. In finnischen Liedern erscheint er oft als Schmied. Man opferte ihm einen Ochsen und betete dabei: "Lieber Donnerer, wir opfern dir einen Ochsen und bitten dich wegen unseres Pflügens und Säens, daß unser Stroh kupferrot und unser Korn gelb werden möge. Stoße doch anderswohin alle schwarzen Wolken: über große Moräste, hohe Wälder und breite Wüsten. Uns Pflügern und Säern aber gib fruchtbare Zeit und süßen Regen. Heiliger Donnerer, bewahre unsern Acker, daß er möge gutes Stroh unterwärts, gute Ähren oberwärts und gutes Getreide immerwärts tragen"[362]. Die Waffe Ilmarinens ist eine eiserne Rute, die von Feuer glüht, womit er die Unterweltsgeister züchtigt. Damit hängt der Brauch der Finnen zusammen, an ihre Häuser ein die Rute Ilmarinens darstellendes Emblem zu hängen. Es soll die Unterweltsgeister abschrecken.

Ilmarinen

Blitz und Donner sind zwar eng miteinander verbundene, aber auch deutlich voneinander zu unterscheidende physikalische Phänomene. Der Blitz ist nur optisch, der Donner nur akustisch wahrnehmbar. Dadurch wird der Blitz zu einem häufigen und beliebten Motiv der bildenden Kunst, während der Donner höchstens musikalisch dargestellt werden kann. Getrennt sind beide Erscheinungen auch durch eine allerdings minimale zeitliche Differenz. Dementsprechend finden wir auch in der Mythologie nicht selten eine isolierte Behandlung je für den Blitz und für den Donner. Erstreckte sich unsere bisherige Betrachtung vorwiegend auf das akustische Phänomen, so wenden wir uns nun vorwiegend dem optischen zu. Ganz voneinander trennen lassen sich die beiden Erscheinungen natürlich nicht.

Optik und Akustik

Mehr noch als der Donner gilt der Blitz als das Zeichen des Zornes und der Strafe Gottes oder der Götter. In diesem Sinne wird der Blitz im Alten Testament wiederholt erwähnt[363].

Antike Blitzeschleuderer

Rubens hat ein Bild gemalt, auf dem Christus mit dem Blitz in der Hand wie ein zürnender Jupiter durch die Wolken schreitet und Maria ihn zurückzuhalten sucht. In der griechischen Antike waren der Blitz und der den Blitz tragende Adler die Attribute des Zeus, welchem goldene Blitze als Weihegaben dargebracht wurden. Der orientalische Glaube, daß Schwefelregen göttliche Strafe sei, steht wahrscheinlich in Verbindung mit dem Schwefeldampf, welcher entsteht, wenn Zeus seine Blitze schleudert. Bei den Römern war Jupiter der Fulminator und Fulgurator, der strafende und Blitze schleudernde Gott.

Ebenfalls bei den alten Römern durfte sich ein Mensch, der vom Blitz berührt, aber mit dem Leben davongekommen war, als ein Liebling der Gottheit betrachten. Er war des Ruhmes und der Dauer seiner Nachkommenschaft versichert.

Bidental Wenn der Blitz an einem Ort einschlug, so glaubte man, daß derselbe von Gott geheiligt worden sei. Einen solchen Ort nannte man Bidental. Man errichtete dort einen Altar, auf dem ein zweijähriges Schaf geopfert wurde. Die Stelle wurde mit einem Zaun oder einer Mauer umgeben und durfte von niemand betreten, ja nicht einmal angeschaut werden. Für die Verrichtung der Opfer gab es besondere Priester, die Sacerdotes Bidentales.

Eselskopf und Lorbeerkranz In der römischen Antike glaubte man auch, daß man durch bestimmte Sprüche und Rituale den Blitz abwenden oder auch herbeiführen könne. Nach Plinius gibt es angeblich für beides Beispiele in der römischen Geschichte. So sei nach einer alten Überlieferung in Etrurien ein Ungeheuer erschienen, welches die Äcker verwüstete und die Menschen in Angst und Schrecken versetzte. Als es sich der Hauptstadt näherte, habe der König Porsena den Blitz herbeigerufen, der das Ungeheuer tötete.

Als probates Zaubermittel zur Abwendung eines Blitzes galt der abgehäutete Kopf eines Esels, der an den Grenzstein des Landes geheftet wurde. Wer einen Lorbeerkranz auf dem Haupte trug, wurde vom Blitz verschont, denn wegen ihrer Beziehung zu Apollo schrieb man dieser Pflanze eine solche Wirkung zu.

Eine förmliche Blitzlehre wurde von den Etruskern entwickelt. Sie kannten drei Arten von Blitzen: den ratgebenden Blitz, den Bestätigungsblitz und den Blitz des Standes. Der ratgebende Blitz war der, welcher dem über eine Sache Nachdenkenden zu oder ab rate. Der Bestätigungsblitz zeigte an, ob irgendein Geschehen gute oder üble Folgen haben werde. Der Blitz des Standes findet statt, wenn einem ganz ruhigen Menschen, der weder etwas betreibt, plant oder bedenkt, ein Blitz kommt und droht, verspricht oder mahnt. Aber außerdem gab es noch viele andere, sogenannte augurische Blitze, etwa: Forderungsblitze, mahnende, Verderben bringende, täuschende, helfende Blitze und andere mehr.

Etruskische Blitzlehre

Blitz und Donner erwecken in der menschlichen Seele vor allem Angst und Schrecken. Umso bemerkenswerter ist die Tatsache, daß schon vor Jahrtausenden die Menschen den Blitz auch als eine befruchtende, zeugende und lebenspendende Macht verstanden. Für sie war der Wetterstrahl eine außergewöhnliche Erscheinungsweise des Feuers und des Lichtes. Feuer und Licht aber sind Segensmächte, die der Mensch zum Leben dringend braucht. Die Menschen des Altertums erlebten den Segen der Himmelsmächte vor allem in der Fruchtbarkeit von Weib, Herden und Acker. Sie bemerkten, daß Gewitterregen fruchtbringender ist als gewöhnlicher Regen und lernten ihn daher als segen- und lebenspendende Kraft schätzen. Ganz in diesem Sinne rühmt Goethe in seinem Gedicht "Grenzen der Menschheit"

Segnende Blitze

> *den uralten heiligen Vater,*
> *der aus rollenden Wolken*
> *segnende Blitze über die Erde sät.*

Kein Wunder, daß man denn auch dem Blitz allerlei wunderbare und positive Wirkungen zuschrieb, über die wir heute lächeln. So hat man Jahrtausende hindurch geglaubt, daß die Perlen entstehen, wenn der Blitz die Muschel trifft und in sie eindringt. Die Herakles-Sage erzählt, daß Zeus dem durstigen Helden eine Quelle durch den Blitz geschaffen habe. Auch die heißen Quellen sollen durch Blitzschlag aus der Erde gesprungen sein. Nach griechischem Volksglauben entstehen die beliebten Trüffelpilze beim Gewitter.

Perlen und Trüffelpilze

Phallische Bedeutung des Blitzes

Aber das alles sind nur Kleinigkeiten gegenüber der Zeugung von Königen und Heroen durch einen himmlischen Feuersamen, von der griechische und altitalische Mythen berichten. Ein göttlicher Feuerfunke, der identisch ist mit dem göttlichen Feuer des Blitzes, hat den Schoß sterblicher Frauen befruchtet, so daß sie Mütter von Ausnahme-Menschen wurden. In diesen Sagen wird der Blitzstrahl zum göttlichen Zeugungsorgan. Von Romulus und Remus bis zu Alexander dem Großen wird von vielen antiken Heroen eine solche wunderbare Zeugung erwähnt.

Feuertaufe

Solche Gedanken finden sich keineswegs nur in heidnischen Mythen. Vorstellungen vom himmlischen Feuer, das mit zeugender Kraft begabt ist, finden sich auch im Neuen Testament.

Johannes der Täufer verkündigte: "Ich taufe euch mit Wasser, aber der nach mir kommt, wird euch mit dem heiligen Geist und mit Feuer taufen". Und Jesus selbst: "Ich bin gekommen, ein Feuer anzuzünden auf Erden". Das göttliche Feuer ist der heilige Geist, der an Pfingsten über die im Tempel zu Jerusalem versammelten Menschen ausgegossen wurde. Es geschieht ein großes Brausen vom Himmel und der Geist bricht herein und läßt sich in "verteilten Zungen wie von Feuer" auf die Anwesenden herab. Speyer schreibt:"Der Heilige Geist ist seinem Wesen nach Kraft, Dynamis. Die Vergleiche, die der Verfasser der Apostelgeschichte aus der sichtbaren Natur gewählt hat, weisen in die Richtung alter religiöser Vorstellungen einer Liebesvereinigung Gottes mit den als Braut gedachten Menschen. Die Gotteskraft des heiligen Geistes tritt als himmlisches Feuer und als göttlicher lebenspendender Atem in Erscheinung".

Ein Funke Feuers in der Luft...

Frühe Christen waren der Meinung, daß Jesus bei seiner Taufe aus irdischem Wasser und göttlichem Feuer zum Christus und Gottessohn wurde. Apokryphe Schriften wie etwa das Ebionäer-Evangelium berichten von Feuererscheinungen, die bei der Taufe Jesu über dem Jordan zu sehen gewesen seien. Ephrem der Syrer spielt auf dies Feuerwunder an, wenn er Johannes zu Jesus sprechen läßt: "Ein Funke Feuers in der Luft wartet deiner über dem Jordan: wenn du ihm folgst und getauft sein willst, so übernimm du selbst, dich abzuwaschen". Speyer:

"Wie lebendig und geradezu selbstverständlich diese Urphänomene von zeugendem göttlichen Feuer und empfangendem weiblichen Wasser den Christen waren, zeigt auch die Liturgie der Taufwasserweihe des Ritus Romanus. Die brennende Osterkerze wird dreimal, immer tiefer, in das Wasser getaucht und befruchtet das Taufbecken wie einen Mutterleib als ausgesprochenes Symbol des heiligen Geistes"[364].

Speyer macht noch auf einen weiteren sehr bemerkenswerten Zusammenhang im Neuen Testament aufmerksam, wo - allerdings in sehr verschleierter Form - das Motiv vom zeugenden himmlischen Feuer begegnet. Im Lukasevangelium [365] kündigt der Engel Gabriel zweimal die wunderbare Zeugung eines Sohnes an. Elisabeth, die unfruchtbare und bejahrte Frau des Priesters Zacharias, soll einen Sohn bekommen, und die Jungfrau Maria soll vom heiligen Geist ebenfalls einen Sohn empfangen. Der Engel Gabriel wird sonst im Neuen Testament nicht erwähnt, nur an diesen beiden Stellen von Luk.1, wo es beidemal um wunderbare Zeugung geht. Nun galt aber im alttestamentlichen Judentum Gabriel als der Engel des Feuers. Belege hierfür finden sich bei Strack-Billerbek: Kommentar zum Neuen Testament aus Talmud und Midrasch, wo es heißt: "Von den vier Elementen der Welt hat man Gabriel das Feuer unterstellt; er heißt nicht bloß der Fürst des Feuers, er ist auch selbst von Feuer" (bei Speyer S.72). Wenn nun Lukas gerade diesen Engel zum Boten der Verheißung gemacht hat, so hat er "das alte Motiv vom zeugenden himmlischen Feuer kunstvoll abgewandelt. Bote und Botschaft bilden eine Einheit: Gabriel als Feuerengel und seine Verheißung weisen gleichermaßen auf die himmlische Zeugung von Johannes und Jesus hin".

Gabriel - Fürst des Feuers

Vergleicht man die antiken Mythen vom zeugenden himmlischen Feuer mit den genannten Stellen aus den christlichen Offenbarungsurkunden, so fällt auf, daß hier nicht mehr von physischen Realitäten die Rede ist. Im Neuen Testament findet eine Vergeistigung statt, die seitdem das Denken der christlichen Theologen in ähnlicher Weise auszeichnet wie das Denken der griechischen Philosophen. Die Vorgänge der sichtbaren Natur werden nur noch als Bilder für die wunderbaren Wirkungen des Geistes Gottes verwendet.

Vergeistigung

Zeichen   Schon immer haben die Menschen für wichtige Begriffe
und Symbole   Zeichen und Symbole erfunden, in vorgeschichtlicher Zeit ebenso wie in der Antike und in unserer Zeit. Das Zeichen erspart lange Erklärungen. Bei seinem Anblick weiß jeder, was gemeint ist. Je einfacher das Zeichen, desto eindrucks- und wirkungsvoller ist es. Seine Kenntnis ist wichtig und kann unter Umständen vor tödlicher Gefahr retten. Kein vernünftiger Mensch wird etwa das Blitzzeichen an Leitungsmasten ignorieren, denn es bedeutet: Vorsicht, Hochspannung, Lebensgefahr ! Die Schule gibt sich große Mühe, schon den Kindern die Verkehrszeichen beizubringen. Wer sie nicht beherrscht, darf kein Auto lenken. Zeichen und Symbole spielen in allen Bereichen des menschlichen Lebens eine wichtige Rolle, im Alltagsleben ebenso wie in Wissenschaft und Technik, in der Mythologie und in der Religion der Menschen. So gibt es auch für die hier behandelten meteorologischen Erscheinungen eine Fülle von Zeichen und Symbolen, von denen wir nun einige herausgreifen wollen.

Die Doppelspirale   Wenn Kinder - und nicht nur sie - einen Blitz darstellen wollen, dann tun sie es in der bekannten Zick-zack-Form. Dieses Zeichen ist uns allen sehr geläufig, und wir denken nicht darüber nach, daß es völlig unrealistisch ist. Noch nie hatte ein Blitz eine solche Gestalt. In Wirklichkeit hat der Wetterstrahl rundliche Formen. Da kommt es der Realität schon wesentlich näher, wenn der keltische Donnergott Taranis ein S-förmiges Objekt in der Hand hält als Symbol des Blitzes: eine Doppelspirale. R.Lefort des Ylouses schreibt: "Das Ornament, das mehr als irgendein anderes völlig frei von einem realistischen Ausdruck zu sein schien, ist in der Tat die Darstellung des eindrucksvollsten Phänomens der Natur"[366], nämlich des Blitzes. "Die Alten haben den Blitz unter der Form von Spiralen dargestellt"[367]. Sicher hat die Spirale auch noch andere symbolische Bedeutungen (siehe das Kapitel über solare Symbole). Aber in der Hand des Donnergottes steht das Symbol eindeutig für den Blitz.

Die Svastika   Bemerkenswert ist auch die Feststellung von Lefort, daß das S-förmige Blitzsymbol eine halbe Svastika ist oder, in umgekehrter Definition, die Svastika (das Hakenkreuz) ist ein

Bündel von zwei Blitzen. Allerdings gilt dieses alte und in Europa, Asien und Amerika, auch in Ägypten verbreitete Symbol in erster Linie als Sonnenzeichen. Hierbei ist zu beachten, daß nach antiker Meinung das himmlische Feuer des Blitzes von der Sonne erzeugt werde. Eine weitere Verbindung des Blitzes mit der Sonne finden wir in der griechischen Vorstellung, daß Blitz und Donner zwei von den vier Pferden des Wagens seien, mit dem der Sonnengott über den Himmel fahre. Pindar und Homer sagen von Donner und Blitz, daß sie "unermüdliche Füße" hätten, ein Ausdruck, der leichter verständlich ist, wenn Donner und Blitz als Ideogramm ein Zeichen haben, dessen Eigenart die vielen "Füße" sind, eben die Svastika, die in der skandinavischen Mythologie "Vielfuß" genannt wird.

Häufiger als die Spirale ist allerdings der Dreizack in der Hand aller Blitz-, Donner-, Wetter- und auch Meergötter. Der Dreizack ist ein ambivalentes Symbol. Einerseits bedeutet er mit seinen drei Zacken ein Blitzbündel. Manchmal findet sich auch der doppelte Dreizack oder auch ein Bündel von Doppeldreizacken. Die vielen Zacken symbolisieren die große Macht, Gefährlichkeit und Furchtbarkeit des Gottes, dem Blitze ohne Zahl zur Verfügung stehen, um seine Feinde zu vernichten. Auf der anderen Seite symbolisiert die Dreizahl aber auch positive Eigenschaften. "Alle guten Dinge sind drei" sagt das Sprichwort. Der Himmelsherr hat zwar die Macht zu strafen und zu zerstören, aber er ist ja auch der Schöpfer, der Erhalter, der Segnende. In diesem Sinne ist der Dreizack verwandt mit dem Segenszeichen des Dreisproß. So wie der Blitz selber nicht nur Zerstörung anrichtet, sondern auch den Acker fruchtbar macht, so bedeutet auch das Blitzsymbol beides: den Zorn und die Segenskraft des Himmelsherrn.

Der Dreizack

Das Attribut des germanischen Wettergottes Thor ist der Hammer. Wenn der "Zerstörer" ihn schleudert, verfehlt er niemals sein Ziel, und immer kehrt er zu Thor zurück. Der Hammer als Zeichen der strafenden und zerstörenden Macht des Donnergottes - darin liegt eine leicht zu verstehende Symbolik. Schwerer zu verstehen ist, wenn das gleiche Werkzeug auch als Segens- und Weihesymbol gilt. Bekannt ist Thors

Der Hammer

Ausspruch aus der Edda:"Gib mir den Hammer, die Braut zu weihen". Diese doppelte Bedeutung rührt vielleicht daher, daß der Hammer ja nicht nur und nicht in erster Linie eine Waffe ist, sondern ein Werkzeug, das in der Hand des Schmiedes dazu dient, wichtige und nützliche Dinge herzustellen, so daß er zum Sinnbild für die kreative Intelligenz des Weltschöpfers wird. Der Sinngehalt vieler alter Symbole ist sehr komplex. Darum muß es auch nicht abwegig sein, wenn ein Forscher die Meinung vertritt, die schöpferische und Fruchtbarkeit spendende Bedeutung des "Hammers" rühre daher, daß er eigentlich und ursprünglich ein Zeichen für Phallus und Testikel gewesen sei.

Die Axt   Die Axt oder Doppelaxt ist ein bedeutungsvolles Symbol. Viele Himmelsgötter führen es als Sonnensymbol und Zeichen ihrer Macht. Bei den Wettergöttern bedeutet sie natürlich Donner und Blitz. Damit verbunden ist die Vorstellung von der "heiligen Hochzeit", nämlich der Vereinigung des Himmelsherrn mit der Erdgöttin, die sich im Gewitter vollzieht.

Das Rad   Das Rad war im römischen Gallien das Attribut Jupiters. Lefort fragt, indem er anspielt auf das französische roue = Rad: "Ne pourrait-elle pas symboliser ce que nous appelons encore le roulement du tonerre ? (Könnte es nicht symbolisieren was wir das Rollen des Donners nennen ?). Diese Auffassung von dem donnernden Rade war den Griechen nicht fremd. In einem Vers von Pindar wird Zeus der "Fahrer des Donnerwagens" genannt. Denselben Gedanken finden wir in der Bibel in Psalm 76/19 (Vulgata): vox tonitrui tui in rota, was man übersetzen kann:"Die Stimme deines Donners erdröhnt in dem Rade deines Wagens". Und von Thor, dem nordischen Himmelsherrn, geht die Sage, er fahre in einem Wagen mit donnernden Rädern über die Wolken, gezogen von mythischen Böcken.

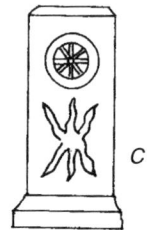

143
A: Stele mit Rad und der Widmung: dem Jupiter
B: Das Rad zwischen zwei Blitzen und Jupiterwidmung
C: Stele mit Rad und Blitz
(Nach Lefort des Ylouses)

Wolken 27

Wie Regenbogen, Donner und Blitz, so sind auch die Wolken im mythischen Glauben der Völker dem Himmel zugehörig. Sie stehen in Beziehung zu den Gottheiten. Die Wohnstätten der Götter liegen über oder hinter den Wolken, so daß sterbliche Menschen sie nicht sehen und sich ihnen nicht nahen können. Das gilt sowohl vom Götterhimmel der Griechen, dem Olymp, als auch von Asgard, dem Wohnsitz der germanischen Götter.

Dem Himmel zugehörig

Aber auch, wenn die Götter vom Himmel herabsteigen und sich den Menschen nahen, verhüllen sie sich in einer Wolke, denn ein Mensch kann den unverhüllten Anblick der Gottheit nicht ertragen. Ist Gott zornig und will die Menschen strafen, so kommt er in dunklen Gewitterwolken. In der akkadischen Fluterzählung erscheint der Wettergott Adad in einer unheilverkündenden schwarzen Wolke. Dagegen naht sich der freundliche und gnädige Gott in einer hellen Wolke. In einer solchen erscheint dem Aaron und dem Volk Israel die "Herrlichkeit des Herrn" [368]. In ihr geleitet Gott die "Kinder Israel" durch die Wüste, und wenn das Volk ruhte, dann ruhte die Wolke auf der Stiftshütte: "Die Wolke des Herrn war des Tages auf der Wohnung, und des Nachts war sie feurig vor den Augen des ganzen Hauses Israel, solange sie reisten" [369]. In den apokalyptischen Visionen des Neuen Testaments heißt es von dem wiederkommenden Christus: "Und dann werden sie sehen des Menschen Sohn kommen in den Wolken mit großer Kraft und Herrlichkeit" [370] und ähnlich in der Offenbarung des Johannes: "Siehe, er kommt mit den Wolken, und es werden ihn sehen alle Augen und die ihn zerstochen haben" [371].

Dunkle und helle Wolken

Wenn der Gott des Alten Testaments zornig war über die Sünden der Menschen, dann verdeckte er sich sozusagen mit

Hand Gottes aus der Wolke

einer Wolke, "daß kein Gebet hindurchdringen konnte"[372]. Andererseits: Wer Gott wohlgefällig dient, wird aufgenommen, sein Gebet durchdringt die Wolken und nahet sich zu Gott. Die ihn vor den Augen der Menschen verbergende Wolke hindert Gott nicht daran, tatkräftig in das Geschehen auf der Erde einzugreifen. Das Symbol hierfür ist die Hand Gottes, die aus der Wolke herausgreift. Manchmal trägt sie auch ein Schwert, wie im Wappen der Freiherren von St. André, wo das Schwert Sinnbild der göttlichen Macht ist. Allerdings ist hier die Wolke auch Sinnbild der Scheu des Menschen vor bildlicher Darstellung des Schöpfers, denn im Alten Testament wird geboten: "Du sollst dir kein Bildnis noch irgendein Gleichnis machen, weder des, das oben im Himmel ist, noch des, das unten auf Erden ist...Bete sie nicht an und diene ihnen nicht"[373].

Träger von Gedanken und Gefühlen

So wie die über Länder und Meere dahinziehenden Schwalben und andere Zugvögel häufig zu Trägern von Gedanken und Gefühlen werden, so auch die ziehenden Wolken. Der romantische junge Mann übersendet der fernen Geliebten durch die Wolken seine Liebesgrüße. "Die gefangene Maria Stuart läßt durch die Segler der Lüfte ihr Jugendland grüßen"[374]. Im skandinavischen Mythus von dem Riesen Ymir werden die Gedanken noch auf ganz andere Weise mit den Wolken in Verbindung gebracht.

Der Mythus erzählt: Der Frost von Niflheim und die Hitze von Muspelheim begegneten einander, und da entstand ein Geschöpf in menschlicher Gestalt: Ymir, der Stammvater eines bösen Riesengeschlechts. Er wurde von den Söhnen des Bör, eines seiner Nachkommen, erschlagen. Aus seiner Leiche bildeten sie die Erde, nämlich aus seinem Blute das Meer und die Seen, aus seinen Knochen die Berge, aus seinen Zähnen die Steine, aus seinen Augenbrauen die Verschanzungen Asgards, aus seiner Hirnschale den Himmel und aus seinem Gehirn die Wolken. Die Wolken erscheinen hier also als die Gedanken Ymirs, und sie hießen die Hartnäckigen, weil sie die bösen Gedanken aus der bösen Riesennatur Ymirs sind.

Aus der Wolke quillt der Segen

Für den Bauern und für alle Menschen wichtig ist natürlich die Wolke als Bringerin des Regens, ohne welchen es kein Gedeihen der Früchte auf den Feldern, in Gärten, Weinbergen und Obstpflanzungen gibt. So wird die Wolke zum Sinnbild des Segens Gottes, der es regnen läßt über Böse und Gute, wie es Schiller in seinem "Lied von der Glocke" besingt:

> *Aus der Wolke quillt der Segen,*
> *strömt der Regen.*

Papst Gregor der Große hat dieses Bild weitergesponnen, indem er in den Wolken Sinnbilder auch des geistlichen Segens Gottes sieht. Er sagt: episcopi nubes sunt qui ex verbis meditationis pluunt: die Bischöfe sind Wolken, welche durch die Worte der Predigt regnen.

28 Der Wind - Atem der Erde

Wind des Lebens

So nannten die alten Ägypter den Atem, der nach ihrer Meinung zwischen den Lippen ihrer Göttin Hathor hervorkam. Wie die meisten Naturerscheinungen, so wurde auch der Wind von den alten Völkern personifiziert. Der Wind- und Sturmgott der Germanen war Odin. In Japan hieß er Susanowo. In den Mythologien aller Völker spielt der Wind eine große Rolle. Sein geheimnisvolles Wesen und Wehen bewegte Gemüt und Denken der Menschen. Woher kam und wohin wehte er - bald als der kalte Boreas (Nordwind), bald als willkommener Zephyr (Westwind), bald als scharfer Caecias (Ostwind) oder warmer bis glutheißer Volturnus (Südwind)? Oft erlebte man ihn als Wohltäter der Menschen: wenn er die Regenwolken herantrieb, welche die Saaten gedeihen ließen oder als Sommerwind, der die Getreidefelder wogen ließ und für die Befruchtung der Ähren sorgte. Die Seefahrer freuten sich, wenn eine "steife Brise" die Segel blähte und ihre Schiffe gute Fahrt machten. Aber wehe, wenn er als Sturmwind daherkam, Schiffe zerbrach und Äcker verwüstete! Als Nordwind ließ er Bäche, Flüsse und Seen zu Eis erstarren und frierende Tiere und Menschen sich in ihre Behausungen zurückziehen. Als Tauwind aber brachte er neues Leben in die Natur und Hoffnung und Freude in die Herzen der Menschen. Indessen: Ganz sicher konnte man nie sein, daß er jederzeit in der von den Menschen erwarteten Gestalt zur Stelle war. Launisch schienen sie zu sein, die Windgötter. Man mußte versuchen, sie günstig zu stimmen.

Kult der Winde

Götter günstig stimmen, das konnte man - wenn überhaupt - wohl am ehesten durch Opfer und Gebet. Dazu brauchte man den Windgöttern geweihte heilige Stätten, Tempel und Altäre. So gab es in Titane bei Korinth einen Altar der Winde, auf dem der Priester einmal im Jahr opferte. In spätminoischer Zeit gab es auf Kreta einen regelrechten Kult der Winde. Er bestand nicht nur in gelegentlichen, einmaligen Opfern, sondern war eine ständige Einrichtung mit einer Priesterin der Winde. In Athen hatte Boreas ein Heiligtum am Bach Ilissos und Zephyros einen Altar am Kephissos. Auch in Pergamon hat man einen den Winden geweihten Altar gefunden. Im Kult der Winde versuchte man, die Gegenwinde zu bändigen, um die Schiffahrt zu ermöglichen, und die günstigen Winde anzuspornen, das Herdfeuer anzufachen, den Opferrauch zu den Himmelsgöttern emporzutragen, den Äckern Regen zu verschaffen oder der Feldfrucht die notwendige Kühlung.

Wie ernst man die Anrufung der Windgötter nahm, zeigt die Tatsache, daß man - jedenfalls in der Frühzeit - Menschenopfer darbrachte. So opferte Themistokles vor der Seeschlacht von Salamis (480 v.Chr.) drei junge persische Kriegsgefangene, um günstigen Wind zu bewirken. Als Menelaos in Ägypten durch widrige Winde aufgehalten wurde, schlachtete er zwei Knaben als Opfer. Eine Sage erzählt, daß der Trojaner Chaon bei einem Sturm auf See sich selbst opferte. Die Sage erinnert an die biblische Erzählung von Jona, dem Propheten, der auf der Flucht vor Gott war und in Japho ein Schiff nach Tharsis bestiegen hatte. Während der Meerfahrt erhob sich "ein großer Wind und ein großes Ungewitter, daß man meinte, das Schiff würde zerbrechen". Jona sprach zu den Schiffsleuten: Nehmt mich und werft mich ins Meer, so wird euch das Meer still werden, denn ich weiß, daß solch groß Ungewitter über euch gekommen ist um meinetwillen". Nach anfänglichem Zaudern "nahmen sie Jona und warfen ihn ins Meer, da stand das Meer still von seinem Wüten" [375]. - Homer berichtet, daß die Atriden, nachdem sie Troja zerstört hatten, auf der Heimfahrt bei der Insel Lesbos durch widrige Winde aufgehalten wurden. Sie konnten nicht weiterfahren, bis sie dem Zeus, der Göttin Hera und dem Dionysos Omestes geopfert hatten. Allerdings ist nicht ersichtlich, ob es sich dabei um Menschen- oder Tieropfer gehandelt hat. Jedenfalls begnügte man sich in späterer Zeit mit Tieropfern. Auch Trankopfer verschmähten die Götter nicht.

Blutige Opfer

Hierfür erzählt Homer in der Ilias[376] ein Beispiel. Bei der Totenfeier für Patroklos will der Scheiterhaufen nicht brennen,

Trankopfer aus goldenem Humpen

DER WIND 257

weil kein Wind weht. Kein Wunder, denn die Windgötter haben sich in Thrakien bei ihrem Kollegen Zephyr zum festlichen Schmaus versammelt und sind darum "außer Dienst". Da ruft Achilleus die Windgötter an, schüttet ihnen edlen Wein als Trankspende aus goldenem Humpen und erfleht ihr Kommen. Die Götterbotin Iris überbringt die Botschaft den feiernden Göttern. Diese lassen sich nicht lange bitten. Boreas und Zephyr und und die andern alle stürmen mit göttlichem Brausen davon,"Wolken ballend, das Meer aufwühlend" und fachen die ganze Nacht über den Scheiterhaufen zu heller Lohe an. Erst am Morgen, nach getaner Arbeit, kehren sie wieder heim über das thrakische Meer.- Übrigens soll es in Thrakien eine Höhle oder Grube gegeben haben (griechisch: Bothros), aus der die Winde hervorbrausten.

Windzauber   Aus der Antike und aus neuerer Zeit gibt es Berichte über die Anwendung von allerlei magischen Praktiken, um die Winde zu beschwören. Als einmal die Etesien so heftig wehten, daß sie die Feldfrucht verdarben, ließ der von den Griechen hochgeschätzte Philosoph Empedokles aus Eselshäuten Säcke machen. Diese ließ er um die Hügel und Bergspitzen herum aufspannen, um die Winde einzufangen. Ob er damit Erfolg hatte, ist unbekannt. Jedenfalls verlieh ihm das Volk den Beinamen "Windabwehrer".- Auch Gesängen schrieb man eine magische Wirkung auf die Winde zu. Pindar berichtet, daß das Singen der Sirenen zur Musik von Lotosflöten nicht nur die schnellen Winde des Zephyr aufgehalten habe, sondern sogar den Nordsturm des Boreas.- Roland Hampe berichtet, man habe "noch bis vor etwa 200 Jahren auf der Insel Ikaria Windbeschwörungen durchgeführt. Oben auf dem Berg an einem Platz, der Anemotaphia (Windgrab) genannt wurde, hat man den Wind begraben, indem man einen Wasserkrug in eine Grube versenkte und dazu Zauberformeln sprach. Jeder der Anwesenden warf einen Stein auf das Windgrab und stieß dazu einen Fluch aus. Der Brauch wurde dann durch die Kirche verboten".- Daß solche Bräuche durch Verbote nur schwer aus der Welt zu schaffen sind, zeigt die Tatsache, daß in entlegenen Orten Kretas heute noch Windzauber im antiken Sinne ausgeübt wird. Zur Beschwichtigung des Windes, der das Worfeln des Getreides verhindert, wird um das Dorf ein magischer

Kreis gezogen. An der Kirchentür befestigt man einen Faden und spannt ihn um das ganze Dorf herum, ohne ihn zu zerschneiden oder neu anzuknoten[377].

Nach der naturphilosophischen Anschauung der griechischen Antike besteht die Welt aus den vier Elementen Erde, Wasser, Luft und Feuer. Diese vier Begriffe sind Stufen, die vom Materiellen zum Geistigen aufsteigen:

Griechische Naturphilosophie

Die Erde ist das materielle, schwere und unbewegliche Element.

Das Wasser ist auch materiell und schwer, aber beweglich und kann sich in Dampf auflösen.

Die Luft ist leicht, unsichtbar, sehr beweglich und kann nur mit dem Gefühlssinn wahrgenommen werden.

Das Feuer ist noch leichter als Luft, fast immateriell und von großer Verwandlungskraft.

Nach dieser Lehre sind das dritte und vierte Element, die Luft und das Feuer, dem unsichtbaren Geist am nächsten und werden daher im Glauben der Menschen zu Symbolen göttlicher Segens- und Zerstörungskraft.

In der Bibel wird für den Windhauch und für den lebendigmachenden Geist Gottes das gleiche Wort verwendet. Im Alten Testament ist es das hebräische Wort ruach. In diesem Sinne wird es in der Schöpfungsgeschichte gebraucht:

Wind und Geist im Alten Testament

Gen.1/2: "Und die Erde war wüst und leer, und es war finster auf der Tiefe, und der Geist Gottes schwebte (brütend) auf dem Wasser".

Gen.2/7: "Und Gott der Herr machte den Menschen aus einem Erdenkloß, und er blies ihm ein den lebendigen Odem in seine Nase. Und also ward der Mensch eine lebendige Seele".

Hes.37 hat der Prophet Hesekiel eine großartige Vision. Er sieht im Geist "ein weites Feld, das voller Totengebeine lag...und siehe, sie waren sehr verdorrt". Und dann spricht Gott zu ihm: "Weissage von diesen Gebeinen und sprich zu ihm: Ihr verdorrten Gebeine, höret des Herrn Wort! So spricht der Herr von diesen Gebeinen: Siehe, ich will einen Odem in euch bringen, daß ihr sollt lebendig werden. Ich will euch Adern geben und Fleisch lassen über euch wachsen und euch mit Haut überziehen und will euch Odem geben, daß ihr wieder lebendig werdet. Weissage und sprich zum Wind, komm herzu aus den vier Winden und blase diese Getöteten an, daß sie wieder lebendig werden! Und ich weissagte, wie er mir befohlen hatte. Da kam Odem in sie, und sie wurden wieder lebendig und richteten sich auf ihre Füße. Und ihrer war ein sehr großes Heer".

Wind und Geist im Neuen Testament

"Das Schönste was Menschenmund je über die Symbolik des Windes gesagt hat" - so Photina Reich - steht im Neuen Testament Joh.3/7f. Dort sagt Jesus in seinem Nachtgespräch mit Nikodemus: "Wundere dich nicht, daß ich dir sagte, ihr müsset von oben her gezeugt werden. Der Wind weht, wo er will. Du hörst sein Brausen, aber du weißt nicht, woher er kommt und wohin er weht. So ist es auch mit jedem, der aus dem Geist gezeugt ist". Jesus gebraucht hier für Wind und Geist das gleiche griechische Wort pneuma. Damit setzt er kraft schöpferischer Autorität die Einheit von Symbol und Wirklichkeit bis hin zur Identität des Namens.

Ich glaube an den heiligen Atem

In vielen indogermanischen und semitischen Völkern wird die Seele als ein Lufthauch vorgestellt.

Das beweist die etymologische Bedeutung des griechischen Wortes pneuma, des lateinischen spiritus und anima, des hebräischen nefesch und ruach sowie das alt-indische Wort atman. Letzteres ist wurzelverwandt mit unserem deutschen Atmen und Atem. In seiner althochdeutschen Form atum war es die älteste Übersetzung für pneuma und spiritus. Das Glaubensbekenntnis des Weißenburger Katechismus, verfaßt von dem St.Gallener Mönch Otfried im 9.Jahrhundert, hat das Wort bewahrt. Dort heißt es nämlich statt

"Ich glaube an den heiligen Geist": "Ich glaube an den heiligen Atem (wiho atum)". Statt dieser alten süddeutschen Übersetzung hat sich aber das aus der angelsächsischen Mission stammende Wort "Geist" durchgesetzt.

144
Hesekiels Vision von Israels Auferstehung und Wiedervereinigung (Stich von Merian)

Der Wind

Weiß nicht, woher er kommt
und wohin er geht,
ob er bei dir verweilt
oder verweht.
    Ist, allem Geiste gleich,
    grad wie er will,
    balde wie Sturm und bald
    unsagbar still...
Baut sich der Mensch ein Haus,
stößt er es um,
ruft ihn verschneit das Land,
hält er sich stumm,
    brüllt aus der Mitternacht,
    tanzt mit der See,
    wirbelt ins Blütenfeld
    kristallnen Schnee...   S.Stehmann

29 Besuch von Hawaiki

Waren die Götter Astronauten?

Die Symboldeutung dieses Buches beruht auf dem Welt- und Menschenbild der Evolution. Dem Autor ist aber bewußt, daß es neben einer solchen Deutung für viele Symbole und Phänomene noch eine ganz andere Erklärung gibt. Diese gründet sich auf die Annahme, daß in vorgeschichtlicher Zeit Bewohner anderer Planeten auf der Erde gelandet sind. Der bekannteste Vertreter dieser Theorie ist Erich von Däniken mit seinen Büchern "Erinnerungen an die Zukunft", "Zurück zu den Sternen", "Aussaat und Kosmos". Außer ihm gibt es aber auch viele andere Autoren, die von der vorgeschichtlichen Raumfahrt überzeugt sind und eine Fülle von Indizien zusammengetragen haben, z.B. Karl F. Kohlenberg in seinem Buch "Enträtselte Vorzeit - Tatsachen Utopien - Deutungen". Nach Kohlenberg, dem der Verfasser dieses Buches viele Einsichten verdankt, ist die Entwicklung der Menschheit nicht so relativ glatt und folgerichtig verlaufen, wie es dem evolutionären Weltbilde nach erscheint. Kohlenberg ist davon überzeugt und führt viele bemerkenswerte Argumente dafür an, daß nahe dem Zentrum unserer Galaxis eine Zivilisation menschlicher Wesen von erstaunlicher Höhe existiert hat und möglicherweise noch existiert. In den Sagen der Ozeanier wird die Heimat der Besucher aus dem Weltall Hawaiki genannt. Dank ihrer überlegenen Technik sei es diesen außerirdischen Besuchern möglich gewesen, mit wahrscheinlich eiförmigen Raumfahrzeugen auf der Erde zu landen und hier eine äußerst energische kolonisatorische Tätigkeit zu entfalten. Wegen ihrer überragenden Fähigkeiten erschienen sie den Erdbewohnern als "Götter", obgleich sie natürliche Wesen waren und als solche auch mit Fehlern und Irrtümern behaftet. Das Wirken dieser "Götter" auf der Erde dauerte aber nur eine begrenzte Zeit, dann verschwanden sie wieder. Die Erinnerung an sie schlug sich nieder in Mythen, Sagen, Märchen, lebte aber auch fort in der Intelligenz, die sie den Menschen vermittelt hatten, in mancherlei Wissen, Kenntnissen und Kulturgütern, deren die Menschheit ohne die "Götter" nicht teilhaftig geworden wäre. Die archetypischen Inhalte der menschlichen Seele, von denen die Psychologie spricht, haben nach Kohlenberg ihren Ursprung in dieser grundlegenden und eindrücklichen Erfahrung der Menschheit, dem Besuch der "Götter" aus Hawaiki.

Die These von den Kulturbringern aus dem Weltall paßt natürlich nicht in das uns vertraute Welt- und Menschenbild. Wer sich aber ernsthaft mit Mythen und Symbolen und überhaupt mit der Kulturgeschichte der Menschheit befaßt, stößt immer wieder auf rätselhafte Tatsachen, die durch ein Fortschreiten der Evolution kaum zu erklären sind und den Verdacht nahelegen, daß interstellare Kommunikation dabei eine Rolle gespielt haben müsse. Wenn etwa bei der Behandlung des Weltenbaumes (Kap.8) der Verfasser zu dem Schluß kommt, daß die Menschen, die vor Jahrtausenden dieses Sinnbild erdachten, im Besitz astronomischer Kenntnisse gewesen sein müssen, die wir als Ergebnis neuzeitlicher wissenschaftlicher Forschung betrachten, so erhebt sich sofort der Gedanke, daß solches Wissen eigentlich nur von den sogenannten "Göttern" stammen kann. Und wenn Kohlenberg sagt, daß das abstrakte Gebilde des Weltenbaumes nur von einem "trainierten Gehirn" ersonnen werden konnte, so liegt es nahe, die Frage nach den "Trainern" so zu beantworten: es waren die "Götter" mit ihrem überlegenen astronomischen Wissen.

Indizien

Man sollte nicht vorschnell den Gedanken verwerfen, daß Säulen, Stelen, Menhire und Obelisken nicht mehr verstandene Abbilder vorzeitlicher Raumfahrzeuge sein könnten oder späte Nachbildungen von Energieanlagen, die längst nicht mehr existieren. Charroux (Das Geheimnis der Anden) verweist auf einen neuzeitlichen Vorgang, der modellhaft zeigt, wie es vielleicht zum Säulenkult unserer prähistorischen Vorfahren gekommen ist: Im zweiten Weltkrieg landeten amerikanische Militärflugzeuge auf Rollbahnen, die zuvor von Kommandos der USA in Rekordzeit auf mehreren pazifischen Inseln und auf Neuguinea angelegt worden waren. Die Soldaten brachten den Eingeborenen und den Papuas Geschenke mit: Zigaretten,

Modell von Mythenbildung

Kaugummi, Messer, Äxte und Bilder von Rita Hayworth. Doch im weiteren Kriegsverlauf wurden die Luftstützpunkte nach Guam und Tinian auf den Marianen verlegt. Zur Verzweiflung der Papuas vergingen Jahre, ohne daß die Himmelsvögel mit den köstlichen Geschenken zurückkehrten. So bildete sich nach und nach unter der nachwachsenden Generation in wehmütiger Erinnerung an glücklichere Zeiten eine mündlich überlieferte Tradition heraus: "Ehedem, als noch Menschen vom Himmel kamen und Geschenke mitbrachten...". Allmählich setzte sich ein ganz bestimmtes Wunschbild im Geist der Papuas fest. Ihnen war aufgefallen, daß der Ankunft der Himmelsvögel allerlei Arbeiten voraufgegangen waren. Deshalb fingen sie nun an zu roden und das Terrain einzuebenen. Sie bauten Abbilder der feuerspeienden Flugmaschinen, die sie mit Gesängen und rituellen Zeremonien umtanzten. Nach gut zwanzig Jahren waren aus den Soldaten Götter geworden, und nach hundert oder zweihundert Jahren - so folgert Charroux weiter - wird die Ursache für all das vergessen sein, der Kult selbst dagegen wird wahrscheinlich immer noch begangen werden. Man kann solche Entstehung kultischer Bräuche empört oder lächelnd abweisen, muß sich aber trotzdem fragen oder fragen lassen: Könnte es so ähnlich auch mit manchen kultischen Bräuchen, Gegenständen und Bauwerken der Menschheit gewesen sein?

Karakarasan, Quat und Hatuibwari

Im Kapitel über das Thema Himmelfahrt werden mehrere Sagen pazifischer Inselbewohner zitiert, z.B. die Karakarasan-Sage von den neun Brüdern, die mit ihrem Kanu in die Nähe der Sonne gerieten, Schiffbruch erlitten und ins Meer fielen. Nur Karakarasan konnte sich retten. Er kletterte auf einem Baum in den Himmel und kam auf einen Stern. Die Brüder waren die Erfinder der Lebensmittel, der Häuser und Werkzeuge sowie des Kanus. Sie waren also das, was wir heute "Kulturheroen" nennen. Sollte das Meer, von dem in der Sage die Rede ist, vielleicht der Weltraum sein? Vergleich und Verwechslung von Meer und Weltraum kommen in der Mythologie sehr oft vor. Und sollte das "Kanu" ein Raumfahrzeug gewesen sein? Bei den pazifischen Inselsagen drängen sich solche Fragen geradezu auf. Etwa auch bei der Erzählung von Quat, dem vom Himmel gekommenen Mädchen, oder von Hatuibwari, der "geflügelten Schlange", die "gleichzeitig im Himmel und auf dem Gipfel eines Berges" lebte und Menschen, Tiere, Lebensmittel und allerlei Kulturgüter schuf. Oder was hat es mit dem achtfüßigen Sleipnir auf sich, auf dem sich Odin durch den Weltenbaum tummelt, ähnlich wie Indiens Gott Wischnu auf seinem "Reittier" Garuda?

Einige von den in diesem Buch behandelten Symbolen, Mythen und Phänomenen sind von Verfechtern der vorgeschichtlichen Raumfahrt im Sinne ihrer Thesen gedeutet worden. Hier nur einige Beispiele aus Steinhäusers Buch "Jesus Christus, Erbe der Astronauten - Die Religion aus der Retorte". Der Erzvater Jakob hat bei Beth-El nicht eine Himmelsleiter gesehen, "er sah vermutlich Fallreep oder Gangway eines landenden Raumfahrzeuges".- Die Tragsäulen der Tempel waren "natürlich" steinerne Nachbildungen von Hochspannungsschaltern und -isolatoren.- Die Wolke ist seit Moses ein bekannter Bestandteil einer göttlichen Erscheinung, der "Rauch von Götter-Fahrzeugen", und die vom Himmel erschallende Stimme ist eine "Lautsprecherstimme". "Das meist verwendete Allzweck-Fahrzeug der Götter scheint der "Stier" gewesen zu sein, der vermutlich schwimm- und flugfähig und überhaupt so vielseitig war wie eines der Jetztzeit. Und bei den Stierkämpfen in Spanien und Südamerika sterben diese gequälten Kreaturen als Stellvertreter und Sündenböcke früherer Götter". Wenn von der symbolischen Deutung von Türen und Toren die Rede ist, dann sollte auch die Rede sein von der dritten Möglichkeit der Raum-Zeit-Überwindung (neben Raumfahrt mit Raumschiffen und Himmelfahrt nach körperlicher Verwandlung),nämlich vom "Nullzeit-Transport durch Energie-Tore".

Alternative Symboldeutung

Ja, und "wenn wir heute unter dem Weihnachtsbaum stehen und Christi Geburt feiern, dann feiern wir in Wirklichkeit die Erdenankunft eines fremden und fernen Gottes oder Halbgottes, der Tausende Jahre vorher lebte". Bei den seemännischen Bezeichnungen der Tempelarchitektur (Schiff, Vorschiff) sollte man an die Himmelfahrer, die Astro-"Nauten" denken, die in das naos gingen, um zu den Sternen zu reisen , während ihre Techniker in der Schalthalle manipulierten".

Science Fiction   Im Gefolge von Däniken und Kohlenberg gibt es heute eine unübersehbare Zahl von mehr oder weniger seriösen Autoren, die versucht haben, den Gedanken vorgeschichtlicher Astronautik weiter auszubauen und auf geschichtliche Gestalten und Ereignisse von sagenhaftem Charakter anzuwenden. Aber bis zur Stunde ist das alles eine in die Vergangenheit gerichtete Science Fiction geblieben. Es ist nicht auszuschließen, daß solche Ideen durch künftige Erkenntnisse sich als Reportagen erweisen, die der Wirklichkeit nahe kommen, so wie ja auch manche Ideen in die Zukunft gerichteter Science Fiction-Literatur - siehe etwa Jules Vernes Roman über die Reise zum Mond - spätere Tatsachen vorweggenommen haben. Solche Literatur ist gewiß interessant, und manches davon ist spannend, ja faszinierend zu lesen. Das ändert aber nichts an der Tatsache, daß es sich dabei ausnahmslos um Spekulationen handelt, um unbewiesene Annahmen, die keinen Anspruch auf wissenschaftliche Glaubwürdigkeit erheben können.

Dementsprechend behaupten die ernsthaften unter diesen Autoren auch nicht "So war es", sondern sie begnügen sich mit der Aussage "So könnte es gewesen sein". Der Autor dieses Buches hatte nicht die Absicht, sich an diesen Spekulationen zu beteiligen. Ihm schien die Welt der Symbole auch abgesehen von extraterrestrischen und prähistorisch - astronautischen Aspekten interessant genug und einer Darstellung würdig, zumal die meisten der von ihm behandelten Symbole, Mythen und Phänomene keinen Bezug zu dieser Thematik haben. Dabei bleibt er durchaus offen für weitergehende Deutungen, deren Realität allerdings erst die Zukunft erweisen kann.

Literatur 30

Adam von Bremen	*Geschichte des hamburgischen Erzbistums*
	deutsch 1926
Goblet d'Alviella	*La migration des symboles*
	Paris 1891
W.Andrae	*Die jonische Säule*
	Berlin 1933
Johann Jakob Bachofen	*Mutterrecht und Urreligion*
	Ulm 1941
Bauer - Dümotz	*Lexikon der Symbole*
	Wiesbaden 1980
Udo Becker	*Lexikon der Astrologie*
	Freiburg i.Br.1988
Berdorfer Festschriften	*undatiert*
Bhagavadgita	*übersetzt und eingeleitet von Richard Garbe*
	Darmstadt 1978
Kurt von Boeckmann	*Vom Kulturreich des Meeres*
	Berlin 1924
Georg Breuer	*Der sogenannte Mensch*
	München 1981
M.L.Buhl	*The Goddesses of the Egyptian Tree Cult*
	In: Journal of Near Eastern Studies 6 1974
Johannes von Buttlar	*Das UFO Phänomen*
	Frankfurt a.M.Berlin 1990
Johannes von Buttlar	*Zeitriß*
	München 1990
C.W.Ceram	*Götter, Gräber und Gelehrte*
	Hamburg 1958 27.Auflage
Louis Charpentier	*Die Riesen und der Ursprung der Kultur*
	Stuttgart 1969
Matthias Claudius	*Sämtliche Werke*
	Darmstadt 1980

J.C.Cooper	*Illustriertes Lexikon der traditionellen Symbole* Leipzig 1986
Sibylle von Cles-Reden	*Die Spur der Zyklopen* Köln 1960
Das Buch Daniel	Bibel Altes Testament
Helene Dantine	*Le palmier-dattier et les arbres sacrés dans l'iconographie de l'Asie occidentale ancienne* Paris 1937
Lo Duca	*Die Geschichte der Erotik* Wiesbaden 1980
Die Edda	übertragen von Felix Genzmer Düsseldorf und Köln 1981
Mircea Eliade	*Die Sehnsucht nach dem Ursprung* Wien 1973
Mircea Eliade	*Traité de l'histoire des religions* Paris 1949
Evangelisches Kirchengesangbuch	17.Auflage Hamburg 1963
Firdousi	*Schahname; in: Volkssagen fremder Völker* Band II, Wien 1979
S.Fischer-Fabian	*Die ersten Deutschen* Locarno 1975
Christoph Freyer	*Haustüren auf Sylt* Westerland 1981
J.B.Friedreich	*Die Symbolik und Mythologie der Natur* Würzburg 1859
H.von Glasenapp	*Die Literaturen Indiens* Potsdam 1929
Joh. W. von Goethe	*Die Externsteine*
Joh. W. von Goethe	*Faust I*
Sergius Golowin	*Ursymbole; in: Lexikon der Symbole* Wiesbaden 1980
Gottschalk	*Lexikon der Mythologie* Berlin 1979
H.G.Griep	*Das Bürgerhaus der Oberharzer Bergstädte* undatiert

Pierre Grimal (Herausgeber)	Mythen der Völker 3 Bände Frankfurt a.M.und Hamburg 1967
Jakob und Wilhelm Grimmm	Deutsche Sagen. Herausg.Dr.H.Schneider Berlin und Leipzig undatiert
Christoph Haag	Unterrichtshilfen für den Heimatkunde- und Geschichtslehrer Schwabach 1953
Heinz Haber	Welchen Einfluß hat der Mond auf unser Wetter ? In: Welt am Sonntag Nr.52 v.26.12.1982 S.34
Heinz Haber	Unser Sternenhimmel München 1981
R.Hampe	Kult der Winde in Athen und Kreta Heidelberg 1967
Jean Jacques Hatt	Kelten und Gallo-Romanen München 1979
Henne am Rhyn	Kulturgeschichte des deutschen Volkes Berlin und St.Gallen 2.Aufl.1892
Carl Hentze	Mythes et Symboles Lunaires Anvers 1932
Herder-Verlag	Lexikon der Symbole Freiburg 1978
H.A.Herrmann	Schmuckformen am Bauernhaus in Holstein In: Veröffentlichungen der schleswig- holsteinischen Universitätsgesellschaft Kiel 1956
Hesiod	Theogonia Herausg.F.Jakoby 1930
Georg Hetzelein Herausg.Rud.Schlamp	Mittelfränkische Heimatbogen Nr.40 Ansbach undatiert
Homer	Ilias Übers.Rud.Al.Schröder Berlin und Frankfurt 1952
H.K.Horken	Ex nocte lux Tübingen 1972
HÖR ZU	Das Fliegerspiel. Ein altamerik.Indianertanz Zur Fernsehsendung am 13.8.1980

Aniela Jaffé	Bildende Kunst als Symbol
	In: Der Mensch und seine Symbole
	Olten 1979
Der Brief des Jakobus	Bibel
	Neues Testament
Der Prophet Jesaja	Bibel
	Altes Testament
Das Evangelium	Bibel
des Johannes	Neues Testament
Basil Johnston	Und Manitu erschuf die Welt
	Köln 1979
C.G. Jung	Der philosophische Baum
	Zürich 1954
C.G. Jung	Ein moderner Mythus
	Zürich 1958
Otmar Keel	Die Welt der altorientalischen Bildsymbolik
	und das Alte Testament Köln 1980
H. Kircher	Die Menhire in Mitteleuropa
	und der Menhirgedanke
	Wiesbaden 1955
Friedrich Kluge	Etymologisches Wörterbuch
	der deutschen Sprache
	Berlin 1960
Karl F. Kohlenberg	Enträtselte Vorzeit
	München und Wien 4. Aufl. 1970
Karl Kolb	Wallfahrtsland Franken
	Würzburg 1979
Der Koran	Übers. Max Henning
	Wiesbaden undatiert
Das zweite Buch	Bibel
der Könige	Altes Testament
Der 2. Brief des Paulus	Bibel
an die Korinther	Neues Testament
Kröner-Verlag	Wörterbuch der deutschen Volkskunde
	Stuttgart 1955
R. Lefort des Ylouses	La roue, le swastika et la spirale

Herbert A. Löhlein	Die Astrologie
	In: T. Pakraduny, Die Welt der geheimen
	Mächte
	Wiesbaden undatiert
Die Apostelgeschichte	Bibel
des Lukas	Neues Testament
Das Evangelium	Bibel
nach Lukas	Neues Testament
M. Lurker	Wörterbuch der Symbolik
	Stuttgart 1983
Eirikr Magnusson	Odins Horse Yggdrasil
	London 1895
Das Evangelium	Bibel
nach Markus	Neues Testament
Das Evangelium	Bibel
nach Matthäus	Neues Testament
Ingeborg	Gottes gelehrte Vaganten
Meyer-Sickendiek	Stuttgart 1980
Das erste Buch Moses	Bibel
	Altes Testament
Das 2. Buch Moses	Bibel
	Altes Testament
O. A. Müller	Bildstöcke in Mittelbaden
	In: Soweit der Turmberg grüßt
	Beilage des Durlacher Tagblattes
	Karlsruhe 1958
Werner Müller	Die Jupitergigantensäulen
	und ihre Verwandten
	Meisenheim am Glan 1975
Rolf Müller	Der Himmel über den Menschen der Steinzeit
	Heidelberg 1970
Gert von Natzmer	Die Kulturen der Vorzeit
	Berlin 1955
Ferdinand Niel	Auf den Spuren der großen Steine
	München 1977
Peter Noelke	Fund einer Jupitersäule in Köln
	In: Rheinischer Merkur Nr. 23 v. 8.6.1979

	Nordbayerische Zeitung, Lokalbeilage Schwabach
	Stadt und Land
	Schwabach 1980
Werner Ohnesorge	Das Questenfest - alter Brauch in neuer Zeit
	In: Beitr. z. Heimatforschung
	Sangerhausen 1980
Nell Perrot	Les représentations de l'arbre sacré sur
	les monuments de Mésopotamie et d'Elam
	Paris 1937
Der erste Brief	Bibel
des Petrus	Neues Testament
Der zweite Brief	Bibel
des Petrus	Neues Testament
Plato	Kritias Bd.7 der Studienausgabe
	Herausg. Klaus Widdra 1972
Die Psalmen	Bibel
	Altes Testament
Martti Räsänen	Regenbogen - Himmelsbrücke
	In: Studia Orientalia. Helsinki 14. 1947
Photina Rech	Wind und Atem
	In: Inbild des Kosmos
	Eine Symbolik der Schöpfung
	Salzburg 1966
Otto Remmert	Säulen- und Sonnentüren
	Gevelsberg 1949
O.S.Reuter	Germanische Himmelskunde
	München 1934
Robin und	Das innere Gesicht von Schamanismus und
Tonia Ridington	Totemismus
	In: Über den Rand des tiefen Canyon
	Düsseldorf und Köln 2.Aufl.1980
Riesenfeld	The Megalithic Culture of Melanesia
	Leiden 1950
Josef Röder	Pfahl und Menhir
	Neuwied 1949
W.H.Roscher	Omphalos
	Leipzig 1913
O.Rössler	Die Weltsäule im Glauben und Gebrauch der
	Kanarier Archiv f.rel.Wiss. Bd.37 1941

Herbert Röttgen/	*Indianische Symbole*
Janette Woolverton/	*In: Lexikon der Symbole*
Otto Werth	*Wiesbaden 1980*
Oskar Rühle	*Sonne und Mond im primitiven Mythus*
	Tübingen 1925
Der Prophet Sacharja	*Bibel*
	Altes Testament
Otto Schell	*Der Donnerbesen in Natur,*
	Kunst und Volksglauben
	In: Zeitschrift des Vereins für Volkskunde
	Jahrgang 19 1909
Friedrich von Schiller	*Gedichte*
E.H.Schmitz	*Beweisnot*
	Genf 1978
George Ryley Scott	*Phallic Worship*
	London 1966
Jürgen Spanuth	*Atlantis*
	Tübingen 1965
Wolfgang Speyer	*Die Zeugungskraft des himmlischen Feuers*
	in Antike und Urchristentum
	In: Antike und Abendland 24/1978
Karl Spieß	*Monatsbaum, Jahresbaum, Weltenbaum*
	In: Wiener Zeitschrift für Volkskunde
	28.Jahrgang 1923 Heft 2 ff
Dennis und	*Über den Rand des tiefen Canyon*
Barbara Tedlock	*Düsseldorf und Köln 1980 2.Aufl.*
Thukydides	*Geschichte des peloponnesischen Krieges*
Herausg. I. Bekker	*Berlin 1846*
Edouard Tièche	*Atlas als Personifikation der Weltachse*
	In: Museum Helveticum Vol.2 1945 Fasc.2
Uwe Topper	*Das Erbe der Giganten*
	Olten 1977
Helmut Tributsch	*Die gläsernen Türme von Atlantis*
	Frankfurt a.M.und Berlin 1986
Helmut Tributsch	*Das Rätsel der Götter*
	Frankfurt a.M.und Berlin 1983
Die Upanishaden	*In: Diederichs Gelbe Reihe*
	Köln 1981

H. de St. Vagine	Der Peniskult
	undatiert
Thorkill Vanggaard	Phallos. Symbol und Kult in Europa
	München 1971
Volkssagen fremder Völker Bd.1	
	Wien 1979
Vollmer	Wörterbuch der Mythologie
	Stuttgart 1974 3. Aufl.
Ed und	UFOs Es gibt sie
Frances Walters	München 1990
Karl Theodor Weigel	Sinnbilder in Niedersachsen
	Hildesheim 1941
H. Wirth	Die heilige Urschrift der Menschheit 2 Bde.
	Leipzig 1931 - 1936
Werner Wolf	Der Mond im deutschen Volksglauben
	Bühl 1929
August Wünsche	Die Sagen vom Lebensbaum und Lebenswasser
	In: Ex Oriente Lux Bd.1
	Leipzig 1905
Oskar von Zaborsky	Urväter-Erbe
	Leipzig 1936
Heinrich Zimmer	Indische Mythen und Symbole
	Neuausgabe
	Köln 1981

Anmerkungen 31

1 Tedlock 12
2 Tedlock 169
3 Ridington 176
4 Dan.427-34
5 Eliade Ursprung 11
6 Wirth 430
7 Ohnesorge 53 ff
8 Plato 119 b
9. Pato 119/120
10 Spanuth 451 f
11 Hesiod 746 f
12 bei Spanuth 449
13 Plato 119 b
14 Plato 119 b
15 Rößler 356 ff
16 vgl.Psalm 19
17 Reuter 223
18 Griep 179 ff
19 Freier 4
20 Grimm 177 f
21 Schmitz 172
22 Niel 45
23 Niel 53
24 Cles-Reden 255 f
25 Cles-Reden 178
26 Röder 14
27 Kirchner 87
28 Cles-Reden 118
29 Röder 74
30 Cles-Reden 178
31 Cles-Reden 178
32 Niel 23
33 Kirchner 50
34 Röder 78
35 Cles-Reden 255
36 Kirchner 46
37 Kirchner 53
38 Cles-Reden 255
39 Kirchner 45
40 Kirchner 45
41 Charpentier 136 ff
42 Röder 11
43 Kirchner 97
44 Cles-Reden 11
45 Cles-Reden 256
46 Röder 82
47 Psalm 43/12 (Septuaginta)
48 Hesekiel 5/3
49 Eliade traité 319
50 Eliade traité 200
51 Roscher 30
52 Roscher 20
53 Eliade traité 319
54 Eliade traité 319
55 Goethe, Urworte, Orphisch
56 Andrae 3
57 Ex.20/10
58 Sach.8/16
59 Andrae 36
60 Andrae 43
61 EKG 128
62 Andrae 57
63 Andrae 57
64 Kohlenberg 59
65 Kohlenberg 61
66 Kohlenberg 69 f
67 Schiller, Das Ideal
  und das Leben
68 Jes.45/8
69 2.Petr.3/10
70 2.Kor.12/2
71 Edda Grimnirlied 27

72 Bhagavadgita, 15.Gesang
73 Jung, Philos.Baum
74 Gottschalk 354
75 Wörterbuch der deutschen Volkskunde
76 Gen.1/22
77 EKG 6
78 Apok.2/7
79 Apok. 22
80 Apok.22/14
81 Apok.22/19
82 1.Petr.2/24
83 Kolb 19
84 Wörterbuch der deutschen Volkskunde
85 Danthine
86 Danthine 152
87 Danthine 160
88 Perrot
89 Danthine 157
90 Wünsche 15
91 Wünsche 17
92 Wünsche 22 f
93 bei Spieß
94 Spieß
95 bei Spieß
96 Homer, Ilias 2.Gesang 303 ff
97 Spieß
98 bei Spieß
99 Wörterbuch der deutschen Volkskunde
100 Henne am Rhin, I/343
101 Spieß
102 Wörterbuch der deutschen Volkskunde
103 Vollmer
104 Noelke
105 Hatt 245. 276 f
106 Werner Müller 17

107 Berdorfer Festschriften
108 Hatt 228 f
109 Hatt 276
110 Charpentier 137
111 Noelke
112 Werner Müller 27
113 Werner Müller 28
114 Werner Müller 32
115 Werner Müller 8
116 Weigel 28
117 Reuter 230
118 Spanuth 476
119 Gottschalk 25
120 Reuter 240 4
121 Reuter 240
122 HÖR ZU
123 Reuter 226 ff
124 Gottschalk 402
125 Reuter 214
126 Scott 126
127 Vanggaard 79
128 Adam von Bremen IV/XXVI
129 Vanggaard 81
130 Vanggaard 82
131 Edda Nr.29
132 Thukydides VI/27 ff
133 Vanggaard 57
134 Gen.24/2 und 47/29
135 Lo Duca 7
136 Vagine 53
137 Zimmer 108
138 bei Glasenapp 109
139 Vagine 75
140 Gen.11/1-9
141 Gen.11/8
142 Irrtum Herodots: nur 7 Türme
143 Ceram 312
144 Ceram 310

145 Ceram 310
146 Holmberg 37
147 Ceram 311
148 Ceram 311
149 Ceram 313
150 Ceram 313
151 Holmberg 45
152 Holmberg 51
153 Holmberg 39 f
154 Holmberg 40
155 Holmberg 47 f
156 Holmberg 44
157 Holmberg 44
158 Holmberg 43
159 Herrmann 51 ff
160 Herrmann 51 ff
161 Herder Symbole
162 Herrmann 51 ff
163 Wörterbuch der deutschen Volkskunde
164 Schell
165 Wörterbuch der deutschen Volkskunde
166 Bauer-Dümotz 37 ff
167 Weigel 27
168 Herder Symbole
169 Golowin 257
170 Fischer Fabian 225 f
171 Weigel 27
172 Bauer-Dümotz 37 ff
173 Bauer-Dümotz 37 ff
174 Golowin 27
175 Golowin 26
176 Gen.8/21
177 Jak.1/17
178 Glasenapp 109
179 Kluge 34
180 Weigel 16
181 d'Alviella 19
182 d'Alviella 18
183 d'Alviella 19 f
184 Weigel 17
185 d'Alviella 21
186 Scott 221
187 Meyer Sickendiek 45
188 d'Alviella 231
189 Scott 224
190 Weigel 16
191 Weigel 16
192 Jaffé
193 Weigel 26
194 Bauer-Dümotz 97
195 Holmberg 135 ff
196 Holmberg 140
197 Gottschalk 457
198 Holmberg 140
199 Ridington 170
200 Riesenfeld 150
201 Riesenfeld 389 f
202 Riesenfeld 405
203 Riesenfeld 80 f
204 Gen.5/24
205 II.Reg.2/11
206 Gen.2/8
207 Gen.28/12 ff
208 II.Kor.12/2.4
209 Mark.16/19
210 Luk.24/50 f
211 Acta 1/7 ff
212 Koran 17/1 und Anmerkung 2 von Rudolf
213 Firdousi 267 ff
214 Wörterbuch der deutschen Volkskunde
215 Wörterbuch der deutschen Volkskunde
216 Nordbayerische Zeitung
217 Hetzelein 32
218 Hetzelein 31
219 O.A.Müller 13

220 O.A.Müller 11
221 O.A.Müller 15
222 Haag
223 O.A.Müller 12
224 Haag 436 f
225 O.A.Müller 4
226 Rühle 7
227 Weigel 16
228 d'Alviella 68
229 d'Alviella 96
230 Wirth 24
231 Wirth 23
232 Weigel 14
233 Weigel 14
234 Wirth 37
235 Bauer-Dümotz 44
236 Wirth 304
237 Wirth 427
238 Herder Symbole 84
239 Wirth 66
240 Herder Symbole 75
241 Herder Symbole 104
242 Mt.26/34
243 d'Alviella 37
244 Gen.1/16 f
245 Haber, Sternenhimmel 40
246 Claudius, Brief an den Mond Nr.1
247 Goethe, Faust I
248 Rühle 37
249 Haber, Sternenhimmel 41
250 Wolf 72
251 Rühle 37
252 Rühle 37
253 Rühle 24
254 Gottschalk 433
255 Volkssagen I/304
256 Rühle 41 f
257 Johnston 32 f
258 Gen.1

259 Scott 32
260 Bachofen 150
261 Breuer 275
262 Scott 34
263 Zimmer 198
264 Zimmer 69
265 Hentze 33
266 Hentze 153
267 Wolf 73
268 Rühle 16 f
269 Wolf 72
270 Haber, Wetter
271 Gen.9
272 Ps.90/10
273 Gen.11 und 25
274 Topper 386
275 Rühle 18
276 Rühle 25
277 Hentze 164
278 Hentze 157
279 Hentze 127
280 Hentze 118 ff
281 Rühle 24
282 Rühle 30 ff
283 Upanishaden 144
284 Wolf 73
285 Wolf 75
286 Kluge
287 Löhlein 570
288 Löhlein 570
289 Haber, Sternenhimmel 48
290 Herder Symbole
291 Löhlein 574 f
292 Bauer-Dümotz 290
293 Bauer-Dümotz 289
294 Bauer-Dümotz 295
295 Bauer-Dümotz 296
296 Bauer-Dümotz 296
297 Bauer-Dümotz 296
298 Haber, Sternenhimmel 36ff

299 Haber, Sternenhimmel 45
300 Bauer-Dümotz 286
301 Haber, Sternenhimmel 45
302 Bauer-Dümotz 292
303 Haber, Sternenhimmel 10
304 Bauer-Dümotz 297
305 Bauer-Dümotz 298
306 Bauer-Dümotz 299
307 Bauer-Dümotz 300
308 Haber, Sternenhimmel 73
309 Topper 101
310 Topper 99
311 Löhlein 656 f
312 Haber, Sternenhimmel 107
313 Ex.32
314 Haber, Sternenhimmel 90
315 Bauer Dümotz 311
316 Acta 28/11
317 Haber, Sternenhimmel 95
318 Joh.12/24
319 Bauer Dümotz 314
320 Haber, Sternenhimmel 97 f
321 Vollmer 362
322 Haber, Sternen-
    himmel 100 f
323 Bauer-Dümotz 315
324 Bauer-Dümotz 315
325 Grimal I/226
326 Haber, Sternenhimmel 101
327 Bauer-Dümotz 316
328 Haber, Sternenhimmel 103
329 Gottschalk 450
330 Haber, Sternenhimmel 104
331 Bauer-Dümotz 317
332 Bauer-Dümotz 317
333 Gen.6-9
334 Boeckmann 138 f
335 Bauer-Dümotz 318
336 Joh.7/38
337 Joh.4/14

338 Buttlar, UFO 51
339 Buttlar, UFO 49 f
340 Buttlar, UFO 44 f
341 Buttlar, Zeitriß 90 f
342 Buttlar, Zeitriß 91 f
343 Jung, Mythus 109
344 Jung, Mythus 110
345 Buttlar, Zeitriß 77 ff
346 Buttlar, UFO 217
347 Buttlar, Zeitriß 148 f
348 Jung, Mythus 15
349 Buttlar, UFO 101 ff
350 Buttlar, UFO 59 ff
351 Jung, Mythus 14
352 Jung, Mythus 16 f
353 Jung, Mythus 18
354 Jung, Mythus 27 f
355 Friedreich 96
356 Räsänen 10
357 Lurker
358 Homer, Ilias XI/26-28
359 Gen.9/12 ff
360 Apok.4/2 f
361 II.Reg.2/11
362 Bei Friedreich
363 Deut.32/41. Hiob 20/25
364 Speyer 71
365 Luk.1/5-38
366 Lefort 13
367 Lefort 16
368 Ex.16/10
369 Ex.40/38
370 Mk.13/26
371 Apok.1/7
372 Threni 3/44
373 Ex.20/4 f
374 Friedreich
375 Jona 1
376 Homer, Ilias XXIII/194 ff
377 Hampe 16 f

32 Nomina

Aachen 146
Aaron 206,253
Abraham 105,177
Achilles 212,258
Adad 253
Adam 46,70,176
Adam von Bremen 101
Aeskulap 212
Aegypten 67, 79, 105, 127,
   128, 157, 163, 164, 165, 172,
   201, 205, 206, 212, 219, 251,
   256, 257
Afrika 170,239
Agamemnon 239
Agrippa von Nettesheim 197
Ahura Mazda 62
Ainu 49
Akkad 253
Alencon 226
Alexander der Große 248
Algonkins 49,180
Alilat 172
Alkibiades 103
Allersberg 145
Altai 133
Altes Land bei Hamburg 24
Alviella, Goblet d' 128
Alwis 175
Amerika 126,228,251
Amor 192
Amrita 173
Andrae 52,53

Aphrodite 192,209
Apis 205
Apollo 47,86,92,106,246
Apollodor 15,74
Aquarius 213,214
Arabien 106,2o1,238
Arafat 233
Argonauten 205
Aries 204,205
Arimathia, Joseph von 7,8
Aristoteles 40
Arnsberg 23
Arntz 159
Arpachsad 177
Artemis 163,172
Aschera 172
Asgard 62,63,237,253
Asien 166,239,251
Assurbanipal 113
Assyrien 106,157
Astarte 172,183
Asvattha 66,91
Atapaloka 62
Atguaychafanataman 18
Athen 102,257
Atlantis 14,95,201,223
Atlas 15,18,206,223
Atriden 257
Augustus 243
Australien 173
Avalon 223
Avebury 39

Babel, Babylon 4, 74, 110, 111, 112, 113, 213, 219
Babylonien 106
Bacchus 104
Bachofen, Johann Jakob 172
Bahsad 142
Basel 227
Bayern 145
Beal, M. Samuel 126
Belle Ile 220
Benares 113
Berdorf 85, 86, 87
Berenike 209
Beringstraße 97
Bestenbach 147
Bethanien 140
Beth El 47, 138
Bidental 246
Bifröst-Brücke 237
Bilgula 154
Blocksbergt 119
Bodensee 160
Boeckmann, Kurt 214
Bogdygan 133
Bonifatius 70
Bör 254
Boreas 256, 257, 258
Brahma 107, 124, 127, 166
Branchidai 48
Brant, Sebastian 78
Brasil 223
Breckerfeld 26
Bretagne 36, 37, 45, 218, 219
Brimne 62
Britische Inseln 36, 38, 45
Britisch Guyana 174
Brunnau 145
Buddha 127, 158, 166
Bühler, Dr. med. 230
Burak 142

Burjaten 185, 238
Buttlar, Johannes von 230

Caduceus 190
Caecias 256
Cambridge 49
Cancer 208
Capricornus 212
Carnac 37, 45, 218, 219, 221, 223
Caspar, Melchior, Balthasar 149
Chaon 257
Chaldäa 126, 157
Chanukka ..162, 163
Charpentier, Louis 43, 90
Chartres 130
Cheiron 212
Cheopspyramide 223, 224
China 40, 126, 165, 178, 180, 181, 183, 238
Chios 36
Chorti-Indianer 131
Christus 70, 140, 141, 142, 165, 210, 214, 246
Cicero 83
Claudius, Kaiser 69
Claudius, Matthias 167, 168
Clausthal-Zellerfeld 23, 30, 31, 32, 33
Cles-Reden, Sibylle von 37, 38, 39, 40
Clymene 15
Coccius, Samuel 227
Conon 209
Croix 220
Cypern 192

Dahomey 170
Dal 201
Dänemark 36, 41
Degen 63, 64

Delos 99
Delphi 47,50
Deutschland 36, 144, 155, 180, 243
Diana 92,172
Dioskuren 207
Dithmarschen 243
Donar 70,188
Donegal 128
Druiden 219,222
Dryden, Dr.Hugh L. 232
Dulaure 106
Duranki 112
Dionysios Omestes 257

Ea 213
Ebersteinburg 150
Eckersmühlen 145
Ehrang 88
Eifel 160
Eisleben 243
El 244
Elektra 206,237
Elia 138,139,243,244
Eliade, Mircea 5,49
Elisa 138,243
Elisabeth 249
Empedokles 258
England 118
Engling, Prof. 87
Enkidu 72
Ennepetal-Jellinghausen 25
Enosch 176
Ephrem der Syrer 248
Eresburg 6
Erlach-Renchtal 150
Estland 97
Etemenanki 110,112,113
Etrurien 39,246,247
Euphrat 106,110

Euriminanki 112
Europa 115,161,166,223,251
Externsteine 7,8,9

Faröer-Inseln 159
Feldberg 217
Feriburs.. 143
Filitosa 40
Finnland 115,245
Firdousi 142
Fische 214
Fischer-Fabian, S. 120
Fontainebleau 75
Franken 145
Frankreich 36,39,41
Freier, Christoph 24,33
Frey 101
Freya 188
Friedreich 239
Frigga 63
Fulda, Rudolf von 6,17

Gabriel 249
Gajus Vettius Connougus 92
Gaddhafi 233
Galiläa 140
Gallien 69,88,126,127
Ganges 173
Garizim 47
Garland County/Arkansas 226
Garmer 64
Garuda 163
Gazellenhalbinsel 154
Geismar 70
Gemini 201,206,207
Germanen 213,237
Germania inferior 93
Gevelsberg 23
Gibraltar 115, 201
Gladsheim 63

Goethe, Johann Wolfgang von 7, 8, 51, 168, 247
Goldenes Vlies 205
Golowin, Sergius 119,122
Goslar 31
Gregor der Große 255
Griechenland 36, 95, 104, 126, 164, 205, 212, 237
Griep, Hans Günter 31
Grillparzer, Franz 167
Grim..101
Grimm, Brüder 10,35
Grimm, Friedrich 243,244
Gulf Breeze 231
Gunnar Helming 101

Haag, Christoph 150
Haber, Heinz 175, 199, 203, 209, 210
Hades 195
Hagen/Westf. 25
Haikar 79
Hampe, Roland 258
Hathor 67,256
Hatt, Jean Jacques 88
Hatuibwari 136
Hausen a.d.Zaber 90,91
Havelland 180
Heber 177
Heidenheim am Hahnenkamm 8.9
Heidrun 65
Heimdal 238
Hekate 172
Hel 63,64
Helios 163
Helle 205
Hellespont 205
Henoch..137,138,139,176
Hentze 182,183

Hera 208,237,257
Heritier, Francoise 172
Herkules 15, 86, 88, 89, 208, 212, 247
Hermes 102,237
Herodot 111
Herrmann, H.A. 117
Hesekiel 259,261
Hesiod 15
Hetzelein, Georg 147
Hieronymus von Prag 70
Hieropolis 105,1o6
Holmberg 115
Homer 57, 79, 223, 237, 239, 251, 257
Hopi-Indianer 2,93
Horken, H.K. 166
Höxter 155,156
Hvergelmir 64,65
Idafé 18,19
Ikaria 258
Ilmarinen 245
Inanna-Ischtar 54,37
Indien 36, 49, 96, 107, 126, 158, 165, 182, 211, 238
Indo-Europa 178
Indra 238
Iran 201
Iris 237,258
Irland 128
Irtysch-Ostjaken 95
Ischtar 172,209
Isis 67,105,172,209
Island 97,159
Ismael 177
Israel 64,74,253,261
Italien 145

Jahve 160,177
Jaffé, Aniela 130

Jakob 67,138
Janus 21,80
Japan 114,158,165,256
Japetus 15
Japho 257
Jared 176
Jason 212
Jerusalem 46,140,142
Jesus 128, 129, 130, 140, 164, 214, 248, 249, 260
Jogelland 76
Johannes 241,253
Johannes der Täufer 248,249
Jona 257
Jordan 138,243,248
Judäa 140
Juden 206
Jumna 173
Jung, C.G. 66, 189, 229, 232, 234
Jungfrau 209,210
Juno 86,88,89,92,172
Jupiter 15, 83, 92, 174, 187, 195, 196, 207, 243, 244, 246, 252
Justinian 83

Kai Chosru 142,143
Kalchas 79
Kalifornien 49
Kalki 211
Kalkutta 49
Kalmücken 114
Kappadozien 106
Karakarasan 137
Karl der Große 6,13
Karl V. 146,148
Karlsruhe 89
Kärnten 239,243
Kastor und Pollux 207

Katzwang 150,151
Keitum 34
Kenan 176
Kentaur 211,212
Kerderf 42
Kerlescan 38,220
Kermario 37,220
Kerykeion 190
Kerzhero 220
Khomeini 233
Kilikien 106
Kircher, A. 214
Kirchner, H. 43
Koch-Grünberg 174
Kohlenberg 60,62
Köflach 76
Kolchis 205
Köln 90
Königsbach-Stein 89
Konstantin der Große 129
Konstantinopel 83
Kopernikus 135,140,141
Korea 36
Korsika 36,40
Krebs 208
Kreta 74,256
Krishna 127
Kronos 79,159
Kupferbergweiher 148
Kurnai 173
Kybele 172
Kyros 113

Lamech 176
Lampsacus 104
La Palma 18
Lappland 97
Lauenburg 24,26,27,28,30
Lausitz 180
Lausus 83

Lefort des Ylouses 250, 252
Lenanah 172
Leo-Löwe 208, 209
Le Petit Mont 220
Lesbos 257
Libra 210
Libyen 201
Litauen 170
Loch Ness 223
Locmaria(quer) 36, 219, 220, 221, 222
Löhlein 189, 202
Lohrasp 142
Lucina 172
Lukas 207, 249
Lukian 106
Luna 92, 142
Lüneburger Heide 160
Luther, Martin 141, 142, 243

Magnusson, Eirikr 49
Mag Mell 62
McKenire, John 226
Mahzleel 176
Mainz 83
Malabar-Point 109
Malta 36, 207
Mänabosho 180
Mani 172
Manio 38
Marc Aurel 129
Marduk 111, 112, 113
Maria 139, 149, 165, 221, 246, 249
Markale, Jean 221
Mark, Grafschaft 23
Mars 92, 187, 192, 193, 194, 195, 205
Maru 221

Maschu 201
Massai 169, 179, 184
Matthäus 128
Maxentius 130
Mecklenburg 117
Mekka 142
Melanesien 136, 137
Menec 37, 42
Menelaos 257
Menora 162, 163
Menorca 36
Merkur 88, 89, 92, 187, 190, 191, 237
Meru 113, 114, 115
Mesopotamien 72, 115, 133, 201, 219
Methusalem 176
Mexiko 132, 180, 219
Michael 221
Midgard 61
Mimir 65
Minas Geraes 229
Minerva 86, 88, 89
Minos 74
Minucius Felix 129
Mirtlok 61, 62
Mittelamerika 127
Mjölnir 244
Mohammed 142
Mölln 29, 30
Morgane 223
Mörnir 102
Morsum 34
Mose 206
Müller, F.J. 85, 86
Müller, Hieronymus 16
Müller, O.A. 147, 148, 150, 153
Muspelheim 62, 254
Mykene 183

NOMINA 285

Nabupolassar 112
Nachor 177
Nagezahn 96
Nazca 223
Nebukadnezar 4,12
Nero 83,88,89
Netar 136
Neu-Hebriden 137
Neu-Pommern 154
Nidhöggr 64,65,79
Niflheim 64,254
Night Payne 127
Nikodemus 260
Nil 212,219,224
Njörd 64
Noah 176
Noelke, Peter 90
Nordafrika 36,201
Nordamerika 154,169,179
Norwegen 159
Nürnberg 227
Nut 67

Oceanus 15
Odin 23,59,63,101,159,163, 256
Ohnesorge, Werner 10,13
Ojibwa 171
Okolnir 62
Olaf, König 101
Olymp 62,207,253
Olympia 83
Orinoko 185
Orion 210
Ormuzd 164
Örtel 145
Orville, Albert d' 226
Osiris 105,127,164
Osnabrück 35
Osseten 244

Osterinseln 223
Osterode 31
Österreich 145
Ostjaken 113
Otfried 260
Ouzah 238

Palästina 63,47,127
Pan 104,212
Paphos 47,48
Paris 75,106
Patmos 71,241
Patroklos 257
Paulus 63,139,207
Peleg 177
Pelzland 95
Pergamon 257
Perigueux 130
Perkunas 244
Persephone 209,210
Persien 126,238
Persischer Golf 219
Peru 173,243
Peterstal 147
Petrus 164
Pharao 223
Phidias 57,83
Philipp III.von Burgund 205
Phönix 223
Phönizien 106,157
Phrixos 205
Phrygien 39
Pillenreuth 150
Pindar 251,258
Pisces 214
Pius XII. 139
Plato 14,16,17,95
Plejaden 206
Plinius 118,246
Ploemel 42

Polen 77
Pölletter, Kunz 145
Polyidus 74
Polynesien 211
Pommern 118
Porsena 246
Port Maria 220,221
Portugal 36
Poseidon 16,17,18,195
Poubeau 43
Priamos 79
Priapus 104,127
Prometheus 212
Proserpina 209
Ptolemäus 194
Ptolemäus Euergetes 209
Pythia 47

Quat 137
Questenberg 9,10,14
Quetzalkoatl 126
Quiberon 219,220

Rangun 113
Ratatoskr 65
Ratzeburg 29
Re 163
Regensburg 146
Reich, Photina 260
Reifthursen 63,64
Remus 248
Remmert, Otto 23
Renchtal 147
Reu 177
Reuter 23,95
Rhein 145
Ridington, Robin + Tonia 135
Riesenfeld 137
Röder 40
Rom 129,130,146

Romulus 248
Roscher, Heinrich 48
Rößler, Otto 19
Rotha 11
Rubens 246
Rühle, Oskar 147,185
Rupa 62
Rußland 77

Sacharja 54
Saddam Hussein 233
Sadhu Sundar Singh 143
Saggitarius 211,212
Salamis 257
Salisbury 39
Salomonen-Inseln 136
Samarien 140
Samford, John A. 231
Samojeden 49
Sandweier 152
San Francisco de Sales 229
Sang, Eucharius 145,146
Sanherib 113
Saraswati 173
Sargon 113
Saturn 92,187,196,197,198
Satyaloka 62
Sauerland 160
Schanghai 115
Schelach 177
Schiller 255
Sching 201
Schiwa 107,108,124,127
Schnell, O. 118
Schusch 182
Schütze 211,212
Schwabach 149,150
Schwarzalfenheim 64
Schwarzes Meer 205
Schwarzwald 180

Schweden 36,101,225
Schwelm 24,25
Scorpio-Skorpion 210,211
Scott, Ryley 127,128,172
Selene 172
Sem 177
Serben 239
Serosch 142
Serug 177
Set 176
Sibirien 238
Sinai 206
Sinbrand 154
Sinz 84
Sintflut 214
Sizilien 103
Skade 64
Skandinavien 101, 145, 158, 225, 243
Skuld 64
Skymnos 36
Sleipnir 159,163
Smertrius 89
Sojoten 238
Sol 92
Söndfjord 159
Spanien 36,206
Spanuth, Jürgen 16,17,95
Sparta 103
Speyer 248,249
Spieß 80,93
Sri Lanka 36
St.André 254
St.Cado 43
Stehmann,S. 261
Steiermark 76
Stein bei Pforzheim 84,90
Steinbock 212
St.Gallen 260
St.Matthias 137

Stonehenge 39,45,223
Strack-Billerbek 249
Stralsund 226
Straßburg 89
Stuart, Maria 254
Sulzmatt 42
Sumer 52,73,110,219
Sumpter, J. 226
Surt 65
Susa 183
Susanowo 256
Svargaloka 62
Sylt 24,33,34
Syrien 164,209

Tabor 47
Taimi 136
Taranis 88
Tasita 62
Taulipang 174
Taurus 205,206
Taves,Dr.Ernest H. 228,229
Teneriffa 18
Terach 177
Tersteegen 57
Teutates 88
Tharsis 257
Thaumas 237
Themistokles 257
Theodosius 83
Thetys 15
Thor 101, 188, 201, 243, 244, 251
Thrakien 258
Thrymheim 64
Thukydides 102,103,104
Thursen 201
Tibet 36
Tiengen 43
Tigris 110

Tir nan-og 62
Tirol 243
Tissaphernes 103
Titanen 212
Tlalok 126
Tlatlasikoala 179
Tölz 76
Topper 201
Tory 128
Totonaken 96,97
Tributsch, Helmut 218, 219, 220, 223
Trier 88
Troja 206,257
Tschiglit-Eskimos 169,184
Tschinevat 238
Tukulti-Ninurta 113
Tungusen 239
Tyrus 74

Ulgen 113,133,134
Ungertal 148
Unterwiddersheim 43
Uppsala 101
Urd 64
Urdaborn 64

Vahist 62
Vatikan 104
Vehrte 36,37
Venus 92,174,187,192,193
Viktoria 92
Villas Boas, Antonio 229,230
Virgo 209,210
Volturnus 256
Vorderberg 148
Vulkan 92,192
Vytautas, Großfürst 70

Waage 210

Walaskialf 63
Walhall 62
Washington 231
Wassermann 201,213,214,215
Weigel, K.Th. 119,120,126
Weissel, Georg 71
Weißenburger Katechismus 260
Werdandi 64
Westfalen 119
Widder 204,205
Wiri 136
Wirth, Hermann 10,26,125
Wischnu 107,124,127,211
Wolfach 149
Wunibald 9
Wyandott-Indianer 179

Yao 76
Yggdrasil 59,60,63,65,79,159
Ymir 254

Zacharias 249
Zentralasien 201
Zephyr 256,258
Zeus 47, 50, 79, 192, 195, 210, 212, 237, 243, 244, 247, 257
Zeus Belos 111
Zion 47
Zwillinge 206,207
Zwingli, Ulrich